U0948748

安徽省高等学校“十二五”省级规划教材
高职经管类精品教材

消费心理学

朱吉玉 编著

中国科学技术大学出版社

内 容 简 介

本书是高职院校市场营销专业系列教材之一，是安徽省高等学校“十二五”省级规划教材。本书系统而简要地阐述了消费心理学的基本原理和方法，共有14章内容，分3个部分：第1部分是消费者心理与行为；第2部分是营销手段和媒介的心理效应；第3部分是营销者心理与素质。内容上力求简洁、通俗，体例设计上注意新颖、活泼，充分体现了“必需，够用，实用”的原则，符合高职学生的学习特点。

本书可作为高职院校市场营销及相关专业的通用教材，也可作为高等专科学校、成人高校等市场营销及相关专业的参考用书。

图书在版编目(CIP)数据

消费心理学/朱吉玉编著. —合肥：中国科学技术大学出版社，2014.7
安徽省高等学校“十二五”省级规划教材
ISBN 978-7-312-03508-1

Ⅰ. 消…　Ⅱ. 朱…　Ⅲ. 消费心理学　Ⅳ. F713.55

中国版本图书馆 CIP 数据核字(2014)第157359号

出版　中国科学技术大学出版社
安徽省合肥市金寨路96号，邮编：230026
网址：http://press.ustc.edu.cn
印刷　安徽江淮印务有限责任公司
发行　中国科学技术大学出版社
经销　全国新华书店
开本　710 mm×960 mm　1/16
印张　19.75
字数　385千
版次　2014年7月第1版
印次　2014年7月第1次印刷
定价　39.00元

前　言

本书是按照国家教育部有关高职高专人才培养的精神，以提高学生整体素质为基础，以培养学生专业基本技能为主线而组织编写的高职高专市场营销专业系列教材之一，是安徽省高等学校“十二五”省级规划教材。在编写过程中，充分吸收了国内外同类学科、同类教材的研究成果，并注意与我国国情和市场营销专业教育实际相结合。为此，本书在内容和体例的设计上，设置了学习目标、引例、小思考、补充阅读、伴随案例和心理效应等栏目，在每章章后设置了知识题、案例分析、实践训练等栏目，在书后还附有心理自测练习，形式多样，内容活泼，有助于提高学生的学习兴趣，增强学习效果。

本书共有 14 章内容，分 3 个部分。第 1 部分是消费者心理与行为，主要介绍了消费心理学的基本概念和内容、消费者的一般心理过程和个性心理特征，分析了消费者的需要与动机、购买行为与决策，阐述了影响消费者心理的个体因素、社会因素；第 2 部分是营销手段和媒介的心理效应，包括产品名称（包括商标、包装等）、产品价格、营销促进、营销场景以及网络营销对消费者心理的影响；第 3 部分是营销者心理与素质的基本要求及其对消费者心理的影响。

本书在编写过程中参阅了大量文献，或在文中列出，或在书后参考文献中说明，在此深表感谢。

由于作者水平有限，书中不妥与疏漏之处在所难免，敬请同行专家和读者批评指正。

编　者

2014 年 4 月

目　录

第1章 概　　述

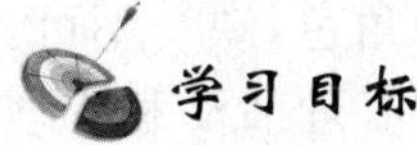

学习目标

1. 了解消费心理学的研究对象和发展历史；
2. 理解消费心理学的研究任务和意义；
3. 掌握消费心理学的研究原则；
4. 了解消费心理学的研究方法。

引　例

钥匙与锁

一把坚实的大锁挂在大门上，一根铁杆费了九牛二虎之力还是无法将它撬开。钥匙来了，瘦小的身子钻进锁孔，只轻轻一转，大锁就“啪”的一声打开了。

铁杆奇怪地问：“为什么我费了那么大的力气也打不开，而你却轻而易举地就把它打开了呢？”钥匙说：“因为我最了解它的心。”每个人的心都像上了锁的大门，即使再粗的铁棒也撬不开。唯有把自己变成一把细腻的钥匙，通过关怀和了解，才能进入别人的心中。

分析启示　是的，营销工作也是这样。要做好销售工作，必须了解客户心理。掌握消费者心理可以激发客户的购买欲望，会使销售工作更加顺利地进行。很多销售员都会这样认为，只要自己对商品有足够的了解，再保持一个良好的个人形象和服务态度，就可以成为一名合格的销售员。然而，事实却并非如此。成功的销售是一种双向的互动行为。作为一名销售员，应该首先主动发起这种互动，然后在互动中了解顾客的真实诉求，而这种深层次的了解，就是了解顾客的心理。

可以说，对于客户心理的研究，是一名成功的销售员应必备的知识。如果能够深入掌握并灵活应用相关知识，那么就能够深入挖掘出顾客潜在的购买意识，从而达成最终的交易。当然，了解顾客的心理，并不是为了与顾客勾心斗角，而是为了更好地为客户服务，从而出色地完成销售任务。

而对于销售员来说，了解顾客的心理仅仅是第一步，毕竟销售员的价值是建立在销售商品之上的。在基本了解客户的心理之后，销售员就可以进一步和顾客进行沟通，并在沟通过程中通过暗示和建议等手段，将其引向购物意愿。科学调查研究已经证明，销售员的价值体现在发展那些弱购买意向，甚至是无购买意向的顾客。而这也是销售员深入学习和了解相关心理知识的原因。只有了解这些知识，才能让销售员在具体的销售行为中不断进步，最终成为一名优秀的销售员，为公司创造利益，为顾客创造价值，为自己创造财富。所谓心通销路通，有心才会有销量。销售活动是由销售员和客户共同参与的活动，双方都是最重要的角色，缺一不可。不管是买还是卖，销售员和客户在整个买卖过程中都会产生各种心理活动和心理变化，有着各自不同的动机和想法。因此，只有懂得心理学，才能使销售工作更加顺利地进行。

在消费中，客户有着复杂的心理，很多因素促使客户购买，也有很多因素导致客户放弃购买，而心理因素对客户的决策的影响是巨大而深远的。销售员要想把自己的商品销售出去，就必须了解客户的心理。只有知道了客户真正想要的是什么，有哪些不利因素影响了客户的心情，才能采取有效的措施，激发促使客户购买的积极因素，消除阻碍客户购买的消极因素，让客户愉快地、满意地购买到自己喜欢的商品，才能赢得客户的心，从而使自己受到欢迎和青睐，也给自己带来巨大的利益。销售是从了解客户的心理开始，要想成为一名优秀的销售员，首先要学会全面地了解客户的心理。销售工作是销售员与客户之间心与心的较量，销售员不仅要洞察客户的心理，了解客户的愿望，还要掌握灵活的心理应对方式，采取灵活的销售策略，用自己的真心、诚心、耐心、爱心来捕获客户的心，控制客户的情绪，化解客户的抵制，让客户的心理变得畅通，交易自然就会达成。

1.1 消费心理学的研究对象和发展历史

1.1.1 什么是心理学

心理学的英文名称是 psychology，是由希腊文中 psyche 与 logos 演变而来的。前者是“灵魂”的意思，后者是“讲述”的意思。心理学原来的意思是指“阐释灵魂的学问”。就其科学定义来说，心理学是研究人的心理现象的发生、发展及其变化规律的科学。

人的心理现象伴随人在清醒状态下的始终，并且多种多样，极其复杂。人的心理作为客观世界的反映，不仅可以感知、记忆各种事物，有情绪，能运动，而且还能运用一定的词和言语来表达愿望，抽象地思考问题和巩固已有的认识，并通过学习和交往接受人类所积累的知识经验，从而形成丰富多彩的包括信念、观点在内的主观世界，即个体意识。人有了意识就会对外界事物产生越来越多的理解、情感和态度，自觉地调节、控制自己的心理与行为，形成意志与性格，表现出个人的能力，使自己成为现实中有个性的能动主体。人们在对客观世界反映和社会实践所形成的错综复杂的心理活动过程和个性心理特征，是心理学所要研究的两个方面的心理现象。

人的心理活动过程是指心理现象的不同形式对现实的动态反应。它保证着人和客观现实的联系。心理活动过程可分为认识过程、情感过程和意志过程。认识过程是最基本的心理过程，包括感觉、知觉、记忆、想象、思维等环节。情感过程伴随着认识过程而产生和发展变化，反映客观事物与人需要之间的关系，是对客观事物所产生的内心体验，包括情绪和情感两种形式。意志过程是人为了达到一定的目的，自觉地组织行动，并与克服困难相联系的心理过程。认识过程、情感过程和意志过程都是人们在实践活动中对客观现实反映的不同方面，即意识的不同表现形式，它们之间是密切联系着的。意志过程包含认识和情感的成分，认识过程和情感过程也包含意志的因素。

心理过程是人的心理现象的一般性或共同性，而这些共同性在各个人身上所表现的差异性，即个性心理特征。所谓个性心理特征，就是一个人在心理活动中所表现出来的比较稳定的心理特点的总和。它包括能力、气质、性格等。人的心理过程和个性心理特征是辩证统一的，是一般与个别关系的表现。心理学对心理现象的研究，不仅需要从心理过程和个性心理特征两个方面分别进行分析，而且需要从二者的结合上进行深入的分析。只有这样，才能得出科学的结论。

1.1.2 消费心理学的研究对象

心理学综合地研究了社会实践各个方面的共同规律，对于人类种种心理现象作了概括的解释。人们的社会实践是多方面、多层次的，参与不同领域实践活动的人们会形成不同的心理现象与心理活动规律。把心理学的一般原理运用到社会实践的各个领域中去，并在为该实践领域的服务中揭示其特殊规律，就派生出心理学的相应分支。其中，消费心理学就是心理学在产品消费领域的一个分支。

消费心理学是研究消费者在商品购买、消费过程中的心理现象及其发展变化规律的科学。也就是说，消费心理学是以消费者购买、使用商品过程中普遍存在的各种心理活动和心理现象作为研究对象的。具体地讲，消费心理学是研究营销者的心理状况与素质，消费者的心理与行为，营销手段和媒介（产品、价格、商标、包装、网络、购物环境、网络营销等）心理效应的综合性应用管理科学。

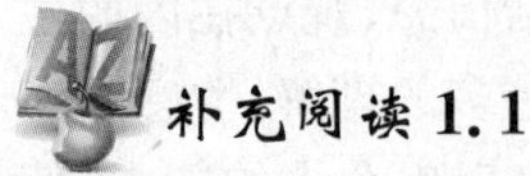

补充阅读 1.1

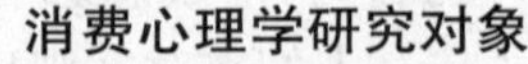

消费心理学研究对象

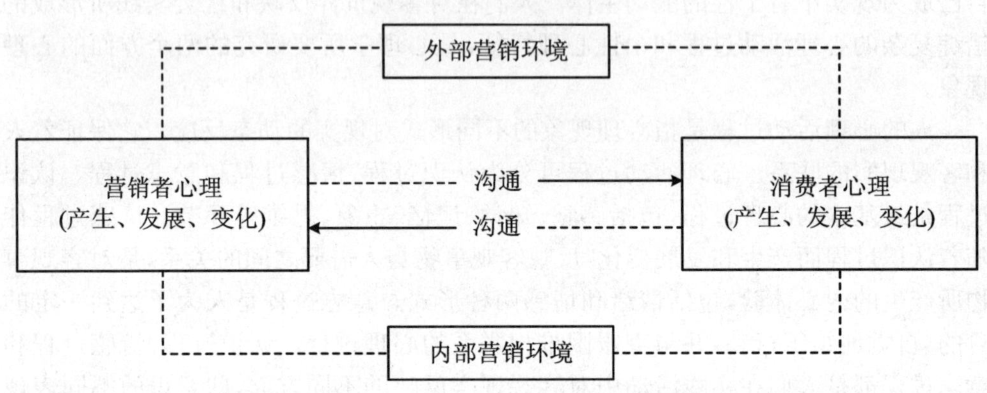

图 1.1　消费心理学研究对象图示

图 1.1 表达了三层含义：

第一，消费心理是一种复杂的心理现象。

第二，消费心理学研究的是消费者购买、消费过程中所产生的心理现象及其变化规律。

第三，消费心理学研究的侧重点是消费者心理。

在消费心理学研究的对象中，重点研究的对象是消费者的心理与行为。即既要研究消费者对产品的心理过程，也要研究消费者作为个体的个性心理特征；既要研究作为消费者的当前心理现象，也要研究在客观条件制约下消费者心理的发展趋势。这样，才能通过探讨其客观规律性，使消费者自觉控制和调节自己的购买、消费行为，使产品营销者制定正确的营销战略与策略，自觉地组织适销对路商品，采用有效的办法来促进销售，引导消费，提高效益，推动社会主义市场经济的发展。

社会的再生产过程是由生产、分配、交换、消费这四个紧密联系的环节所组成的有机统一体。在这个统一体内部，生产是根本的、决定性的因素；分配和交换处于中介；消费是最终环节，是生产和其他环节运动的最终目的。没有生产就没有消费，没有消费也就没有生产。消费包括生产性消费和生活性消费。生产性消费本身就是生产过程的一部分，同生产具有直接的同一性，通常包括在生产的范畴之中。生活性消费，是人类为了自身的生存和发展，消耗一定的生活资料和劳务，以满足自身生理的和精神的需要的过程。人们常说的吃、穿、住、用、行,以及看病、看电影、逛公园等,都属于生活性消费(本书在研究消费心理现象过程中所涉及的消费,一般均指生活性消费)。在市场经济条件下,消费者的消费是以货币向市场购买商品才得以实现的。消费者的消费数量、消费结构、消费质量等,既取决于社会经济因素,又取决于消费者自身的心理因素。消费心理学考察一定社会再生产过程中消费心理形成的机理和发展过程,并研究消费心理对消费者消费行为的影响,通过控制甚至改变消费者行为,充分发挥消费对社会生产、分配、交换,特别是商品销售所起的积极作用,以实现预期的经济目标。

消费既然是社会再生产过程的最终环节,体现了其他环节运动的最终目的,那么,消费者也就成了企业的服务对象。在现实生活中,不同类型的消费者由于所处的社会环境、经济收入、社会地位、社会职业、年龄、性别等方面的差异,会有不同的购买动机和消费心理。消费心理学就是要运用心理学、社会学、营销学、人文科学、经济学等不同学科领域的理论知识和科学方法,分析、研究不同类型消费者的购买动机和消费心理,揭示其内在的客观规律性,预测消费者消费的发展趋势,指导和鼓励消费者进行消费,促进产品更新换代和商品销售活动,更好地满足不同消费者对消费品的物质需求和精神需求。

随着市场经济的迅速发展,社会的商品资源日益丰富,市场繁荣,已经形成了买方市场。于是,商品销售就成为企业经济活动的中心。企业要扩大商品销售,提高经济效益,就必须研究销售的商品和促销措施对消费者心理的影响,即要研究产品设计、产品名称、产品包装、产品广告、产品定价、营销环境等对消费者心理的影响,以便提供适合消费者心理的产品和服务。同时,由于营销人员是商品交换活动中的“当事人”,消费心理学还要研究营销人员的心理现象,充分认识营销人员心理现象对产品销售所起的举足轻重的影响作用,以加强营销人员心理素质培训,提高其在营销工作中的自觉性,避免盲目性和无效劳动。

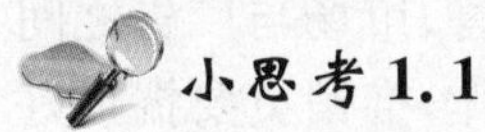

小思考 1.1

消费心理学是不是心理学在营销实践领域的运用?

答 是。消费心理学就是把心理学的一般原理运用到消费者购买、消费实践中,并在为该实践领域的服务中揭示消费者的心理发展规律。

1.1.3 消费心理学的产生与发展

消费心理学作为一门在多学科交叉融合基础上形成的独立的边缘性学科,19

世纪末20世纪初产生于商品经济发达的美国。它的发展大体上经历了以下三个阶段。

1. 形成阶段

从19世纪末到20世纪30年代,有关研究消费者心理与行为的理论开始出现并得到了初步的发展。

在19世纪末20世纪初,主要资本主义国家完成了工业革命。由于资本主义经济的迅速发展,市场上开始出现商品过剩,企业之间的竞争加剧。在这种情况下,一些商品经营者为了更快地推销商品,开始研究如何向消费者提供商品和劳务信息问题,并开展了大规模的广告宣传活动。与此同时,一些人把心理学开始引向了营销领域,对消费者的心理及消费行为进行研究,以便有针对性地开展市场营销活动。

1895年,美国明尼苏达大学心理学教授H·盖尔曾用问卷法调查研究广告效果,即广告在消费者购买动机和购买行为发生中能发挥的作用。美国的社会心理学家W·D·斯科特于1901年12月20日在美国西北大学的学术报告中,首次正式提出心理学可以运用于广告学上,开创了消费心理学研究的先河。1903年,他汇编20余篇论文而出版了《广告理论》一书,标志着消费心理学的雏形——广告心理学的诞生。该书较系统地论述了在商品广告中如何运用心理学原理以引起消费者的注意和兴趣。1912年,德国心理学家闵斯特伯格在出版的《工业心理学》一书中阐述了在商品销售中,广告和橱窗陈列对消费者心理的影响。1925年,美国经济学家科普兰出版了《销售学》一书,该书对消费者的购买动机进行了详尽的研究。他提出的购买动机可以划分为情感动机和理智动机,至今还有一定的意义。1925年,深受机能主义学派影响的卡内基人事研究所所长E·K·斯特朗出版了《销售与广告心理学》一书,该书重点论述了购买者的动机、市场调查、销售理论、前景分析、开场—介绍—收尾的交谈策略、选拔培训、销售管理以及销售、市场与广告之间的联系。美国西北大学心理学教授克伦也认为,要搞好推销工作,推销员要揣摸好消费者的心理。在他们最佳心理时刻,即易于接近实现购买行为的时刻向他们推销产品,以取得事半功倍的效果。还有一些心理学家也在他们各自有关的著作中研究和阐述了消费者心理和行为问题。20世纪的前30年,消费心理学处于萌芽和形成阶段。

2. 成熟阶段

从20世纪30年代到60年代末,消费者行为研究广泛地应用于市场销售活动并得到迅速发展。

1929～1939年,整个资本主义世界出现了严重的经济危机。市场商品大量的供过于求,销售极为困难。企业在困境中求得生存与发展,必须解决产品销路问题。第二次世界大战以后,美国的军事工业转向民用消费品的生产,加剧了市场商品供过于求所引起的矛盾以及消费需求的多变性。严重的生产过剩、消费萎缩和消费需求的复杂多变,迫使许多心理学家和经济学家不得不为刺激消费、扩大需求而寻求新的出路。由此,消费者需求的研究成了心理学家和经济学家的热门话题,以消费者为中心的新市场营销观念开始占据统治地位,消费心理学无论是在理论上还是在实证上,都有了突破性的进展。震撼资本主义经济学界的所谓的"凯恩斯革命"的主要构成部分,恰恰是以消费心理的分析作为重要理论依据的。J·M·凯恩斯于1936年发表了他的代表作《就业、利息和货币通论》。凯恩斯认为,当时社会有效需求不足的根本原因是三个基本心理规律发挥作用的结果。这三个基本心理规律分别是:①边际消费倾向递减规律,或称之为边际储蓄倾向递增规律;②资本边际效益递减规律;③流动偏好规律。正是这三个基本心理规律制约着消费,从而形成了消费需求和投资需求不足。解决需求不足的途径是什么?凯恩斯认为,应该通过国家的干预,增加政府支出以扩大需求。同时,国家还应通过减免税收以鼓励消费者增加支出,鼓励企业家积极投资。凯恩斯试图通过需求管理刺激社会总需求的理论,是从宏观经济的角度论证的。作为工商企业,如何扩大本企业产品的市场范围、提高市场占有率、增加消费者的需求量,就成为消费心理学研究的主要内容了。为了扩大消费需求,缩小和消除产品过剩危机,要求企业必须了解消费者的需求,唤起消费者的购买欲望,促进消费者购买行为的发生,为此,专门以消费者为对象的消费者研究会出现了。广告心理的研究也不断深入和成熟,以消费者为中心的市场研究也得到了长足发展。这些都强化了人们对消费者心理的探索,并取得了可喜的成果,使消费心理学作为一门独立学科逐步发展完善并走向自己的成熟阶段。

3. 繁荣阶段

第二次世界大战以后,消费心理学随着科学技术的进步和资本主义市场经济的迅速发展而走向自己的繁荣时期。1953年,美国广告基金会公布了80多个商业机构采用投射技术,通过对消费者心理进行的深层次研究所揭示出来的消费者动机,引起了人们的注意。心理学家布朗从1953年开始研究消费者对商标的倾向性。1957年,社会心理学家鲍恩研究了参照群体对消费者购买行为的影响。1960年,由心理学界、企业界、医学界、法律界等方面的权威者共同发起,在美国正式成立了"消费者心理学会"。1969年,成立了顾客协会。自20世纪70年代以来,有关消费者心理与行为的研究论文、报告、专著数量剧增,质量日臻完善,研究方法也越来越科学，许多新兴学科如计算机、经济数学、行为科学也被运用于消费者行为的研究，并且被广泛应用于工商企业的生产经营活动，与市场营销关系日益密切。目前，它已成了西方国家市场营销管理人员和大专院校经济类专业学生的一门必修课。

近二十几年，随着整个经济的发展和消费领域的日益复杂化，消费心理学的研究出现了新的趋势：①理论得到进一步发展；②重视宏观方面的系统研究，不少研究者能够从整个社会经济系统的高度去研究消费行为；③转向因果关系的研究，即由过去单纯地确认描述变量关系，转向解释性的研究和对因果关系的探讨；④引入现代研究方法进行研究，即对心理学的基本范畴如动机、人格等引入现代方法进行研究。

1978 年以前，我国的一些学者也曾对消费心理学理论与实践方面进行了研究工作。但是由于不发达的商品经济和计划经济管理模式，没有从客观上提出需要，使这一研究停留在比较肤浅的层面上。党的十一届三中全会以来，随着党和国家工作重点转移到经济建设和改革开放的深入发展，以及社会主义市场经济体制的确立，国民经济得到快速、健康、持续的发展，市场上的商品日益丰富，并逐步由卖方市场转化为买方市场。于是，消费心理学越来越受到学术界、教育界和企业界的重视，对消费心理与行为的研究和对销售心理学的介绍与普及，随之在我国取得了一定的成果。目前，具有我国特色的适应社会主义市场经济发展需要的消费心理学体系正在探索和形成过程中，随着市场经济的迅速发展和市场经济体制的日臻完善，我国消费心理学的科学体系必将迅速建立和发展起来。

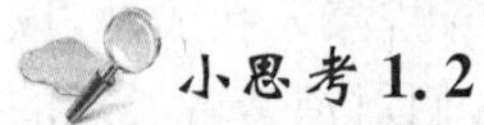

小思考 1.2

没有市场经济的发展就没有消费心理学，这句话对吗？

答 对。因为市场经济的发展是消费心理学形成和发展的前提。

心理效应

首因效应

美国社会心理学家洛钦斯提出“首因效应”，即初次会面，45 秒钟就能产生第一印象，包括容貌、衣着、姿势和面部表情等，会在后续交往中占主导地位。这提示我们，和顾客初次见面应注意言谈举止，尽量给客户留下良好印象。

1.2 消费心理学的研究任务和意义

1.2.1 消费心理学的研究任务

消费心理学是以消费者购买、消费过程中普遍存在的各种心理活动和心理现象作为研究对象的，而企业的市场营销活动又与消费者心理活动密切联系、相互制约。这就决定了消费心理学必须把企业的市场营销过程如何引起消费者的心理活动，消费者各种心理活动过程是怎样进行的，消费者的个性心理特征又是如何形成和发展的，消费者的心理现象的产生、发展与工商企业市场营销实践有什么关系等作为自己的研究任务。即通过观察、记述、解释和预测营销活动中的消费者心理与行为趋向，为企业的生产和销售提供科学的心理依据。具体来说，有以下几个方面。

1. 揭示消费者购买行为的心理过程及其内在规律

消费者为了满足个人或家庭生活的需要，必须用货币从市场上购买相应的商品，形成购买行为。在消费者购买商品过程中，必然伴随着复杂的心理过程，并影响和制约消费者购买行为的发生和进行。例如，消费者对商品的感觉、知觉、表象、联想、回忆、思考、情感、意志等心理活动，一般都会激发某种行为，或采取购买行为，或拒绝购买等。消费心理学通过对这些心理活动的研究，揭示消费者对商品认识过程、情感过程和意志过程的产生、发展到完成的一般规律，熟悉消费者在购买活动中的心理状态，预测消费者心理的发展趋势，以便根据消费者的心理来组织商品销售活动，提高市场营销效果。

小思考1.3

电影《聚宝盆》中，大明首富沈万山有段话：生意的“意”字，是要伙计们“每天”、“站着”、“用心”对待顾客。这句话说得对吗？

答 对。无论是营销活动，还是管理活动，了解人的心理，“用心”对待人，才能获得成功。

2. 揭示消费者个性心理特征的形成和发展规律

消费者在商品购买行为中的认识过程、情感过程、意志过程作为意识对市场客观现实的反映形式，是每一个消费者所共同具备的，是购买心理产生、发展和变化的一般规律。由于每个消费者的需要、动机、能力、气质和性格不同，心理过程在各个消费者身上表现出不同的心理特征。这些个性心理特征使消费者的购买行为显现出较大的差异性。例如，有的消费者认识商品比较全面，有的则比较片面；有的消费者情感体验比较深刻，有的则比较肤浅；有的消费者在采取购买行动上比较果断，有的则比较犹豫。消费者购买行为的差异性是消费者个性心理特征的表现，特别是消费者的气质、性格，对于购买动机、购买决策和购买行为有着重大的、直接的和明显的影响。消费心理学就是要研究不同类型消费者的个性心理特征形成和发展的内在原因，努力揭示其发展变化规律以及与购买行为的关系，从而在营销活动中有针对性地采取有效的策略和方法，去满足消费者不同的心理需要，实现扩大销售的目标。

3. 揭示消费者购买行为规律

心理学的研究成果表明：人们的行为都有一定的动机，而动机又产生于人们内在的需要。当人们产生某种需要而又未得到满足时，会产生一种紧张不安的心理状态；在遇到能够满足的目标时，这种紧张不安的心理就转化为动机，并在动机的驱动下进行满足需要的活动，向着目标前进。当达到了目标，需要得到满足时，紧张不安的心理状态就会消除；这时又会产生新的需要和新的动机，引起新的行为。这样周而复始，直至人的生命的终结。这里，任何一次循环，就是一个人的基本心理过程和行为过程，如图 1.2 所示。

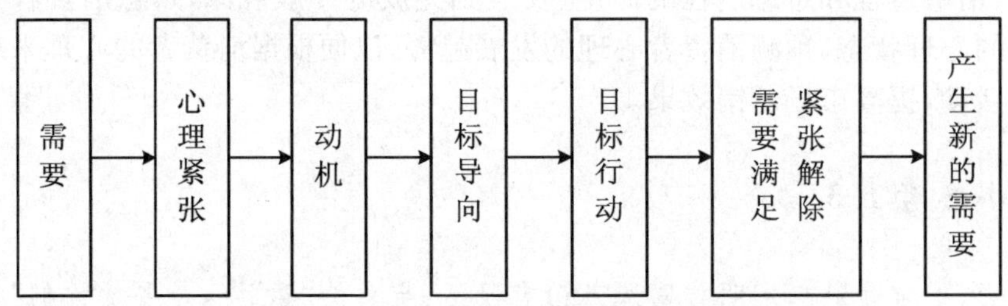

图 1.2 人的基本心理过程和行为过程

消费者的购买行为也是这样。消费者在心理、精神、物质上的需要，使其产生了购买动机，在购买动机的驱动下发生了购买行为，购买目标的实现正是消费者的需要得到了满足。消费心理学通过对消费者心理的研究，去揭示消费者对商品需求的原因、购买动机和购买行为规律，为企业制定经营目标、市场战略和营销策略提供理论依据。

4. 揭示消费者心理与市场营销策略之间的变化规律

各类消费品市场都有其独特的消费特点，其主要的销售对象也有不同的心理要求。消费者心理与市场营销策略之间客观存在着相互联系、相互影响、相互制约、相互作用的变化规律。市场营销采取何种策略，对消费者心理活动的产生、发展有很大的影响；反过来，各类消费者的心理特点和心理趋向，也对市场营销起到一定的制约作用。消费心理学就是通过对消费心理的研究，把握消费者千差万别的心理要求和各种不同的需要，以提供相应的商品加以满足。同时，研究商品设计、商品名称、商标、包装、广告、价格、服务、营销环境等方面，以制定相关的策略迎合消费者的心理，采取相应的办法来适应消费者的需求，有效地开展商品销售活动，使企业在市场营销活动中锐意创新、不断发展。

5. 揭示营销人员的心理变化规律

商品营销过程实质上是企业营销人员与消费者心理和行为的互动过程。扩大商品销售，提高市场占有率，必须根据消费者的心理活动规律开展商品营销活动。同时，营销人员的心理素质及心理活动对消费者购买行为的实现至关重要。因此，消费心理学必须研究营销人员的心理活动和心理现象，揭示其变化规律，以便对营销人员进行有效的素质训练，培养与消费者购买需求相适应的心理特点和行为方式。

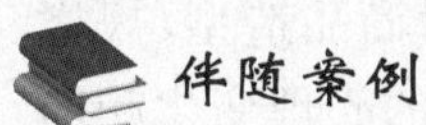

伴随案例

一家电视机厂销售状况不佳。厂长把销售科长找来训斥说："我们的电视广告说，我们厂生产的电视机质量非常好，'从四楼摔下去，电视照样能看'。广告投入了上百万元，为什么电视机却卖不出去？"

分析启示 不了解消费者的心理，广告也未能准确地把握消费者的实际需求。

1.2.2 研究消费心理的意义

1. 研究消费心理，有助于发展社会主义市场经济

在市场经济条件下，物质资料生产表现为商品生产，消费需求表现为市场需求。商品从生产领域到消费领域的转移，需要通过一个交换过程。发展社会主义

市场经济，不仅要求商品供求在总量上的平衡，而且要求商品结构合理。做到这一点，就需要研究消费者的购买特点，以市场需求为导向按需组织社会商品生产和商品经营。特别是在买方市场的条件下，广大消费者对商品的要求由低变高，由粗变精，由将就变为讲究，由简单变为丰富。人们普遍想买质量好、品种新、款式美和价格相宜的商品。在吃的方面，人们更加注重食品的卫生和营养价值；在穿着上，讲究外形设计、花色和式样，追求流行，款式多样；在用的方面，不仅需要品种齐全，而且重视商品外观，讲究功能齐全，追求名牌优质。消费者需求所出现的新的特点，包含着消费者丰富的心理活动。这就要求营销者必须科学地分析消费者的心理活动过程，透过消费者心理活动的表面现象找到本质特点及其规律性，能够比较正确地、深入地了解和掌握消费者的需求及其发展趋势，据此调整产业结构，生产适销对路商品，促进社会主义市场经济的发展。

2. 研究消费心理，有助于企业科学地组织商品经营，提高经济效益

商贸企业的基本职能是专门媒介商品交换。为此，企业首先用自己的货币资金从生产者那里购进商品，即把货币转化为商品（G—W），然后再把这些商品卖给消费者，即把商品再转化为货币（W—G）。商贸企业就是在这样不断的商品买卖活动中实现价值增值，在国民经济发展中发挥着桥梁和纽带作用。当然，商贸企业的商品买卖活动能否做到不间断，最主要的是看其所营销的商品能否被广大消费者所接受。如果企业所经营的商品不符合消费者的需要，必然会滞销积压，造成资金沉淀，商品买卖过程中断。研究消费心理就可以掌握消费者对商品造型、规格、色彩、商标、品名、包装、价格等方面的心理欲求，认真考虑消费者的心理变化趋向，预测商品销售的趋势，科学地制订营销计划和经营决策，组织符合人们消费需要的商品，从而扩大销售，提高企业经济效益。

3. 研究消费心理，有利于提高服务质量

服务是伴随着商品营销活动而产生的经济行为，是与商品营销并驾齐驱的一种职能。市场越繁荣，竞争越激烈，服务越重要。企业在出售商品的同时出售着服务，而企业的服务工作大量的、主要的是面对具有丰富心理活动的、各种类型的消费者进行的。所提供的商品和服务，包含着极为生动的精神因素，亦即心理因素。如何使企业营销服务能够满足消费者心理上的需要，往往是企业工作的主要方面，甚至是企业参与市场竞争赖以生存和发展的生命线。现代企业流行的一些口号，如“一切为顾客着想”、“顾客是上帝”等，也就是要在营销的指导思想和措施上充分考虑到顾客的心理因素。提高服务质量，既包含丰富的物质因素，又包含复杂的心

理内容。“微笑”是市场销售服务的重要内容,但是人们为什么欢迎和需要“微笑”?在任何情景下都需要“笑”吗?“笑”能否都反映积极友好的情绪?这些都需要从消费心理学的角度进行科学的分析研究,才能得出正确的答案。实践反复证明,消费心理学能够帮助我们了解各种类型消费者的心理特点,提出服务工作应遵循的心理规律,为我们提高服务质量提供心理学方面的理论依据。

4. 研究消费心理,有助于提高营销人员素质

企业职工是企业的主人。企业的发展和服务质量的提高,主要依靠全体职工,特别是企业营销人员的共同努力。改善经营管理,极大地调动广大职工的积极性,就需要提高营销人员的素质。随着国民经济的发展和国民文化素质的提高,企业的每位成员都应该具有较高的文化水平和业务水平,掌握必要的营销技能。消费心理学作为一门专门的学科,是企业市场营销人员所不可缺少的。深入学习和研究这门学科,创造性地指导工作实践,对搞好营销工作关系十分密切。它可以帮助营销人员去认识工作对象,培养工作所需要的心理品质,正确地对待每个人心理上的特点和差异,有效地开展营销活动。实践证明,许多优秀的营销人员之所以能给消费者以充分满足,不仅因为他们有着全心全意为消费者服务的崇高思想和优秀品质,以及娴熟的营销技能,而且善于分析消费者的购买行为,揣摩消费者的心理状态,按照消费者的心理特征有预见性和针对性地进行营销实践。事实上,营销人员掌握了心理学知识,具有良好的心理品质,就能在营销工作中通过观察消费者的言谈举止和表情流露来了解他们的购买心理,有意识地采取恰到好处的心理接待方法。这对于处理好买卖矛盾,提高营销工作效果,把整个营销过程变成一种心情舒畅和欢乐喜悦的情感交流过程,是非常必要和可能的。

5. 研究消费心理,有助于开拓国际市场

在当今世界经济发展的条件下,经济的全球化和一体化是不可逆转的趋势。任何闭关锁国、自我循环和自我平衡走孤立的经济发展道路,都是行不通的。我国要搞社会主义现代化建设,使国家繁荣昌盛,人民富裕幸福,就必须坚持“对外开放,对内搞活”的基本国策,在独立自主、自力更生、平等互利、互守信用的基础上,积极开发国际市场,参与全球经济竞争,特别是加入 WTO 以后,更需要认真了解和研究国外有关消费者的心理。因为,由于民族经济、文化及社会环境的差异,不同国家、不同地区的消费者对某一产品的品质、规格、式样、包装、商标、造型等各方面需求都不一样,甚至大相径庭。比如,红色是我国和日本等东亚地区人民喜庆的标志色,而在某些西欧国家则被认为是“流血”的象征,不吉利的征兆。西方国家“超级市场”在商品销售中已占主导地位,进口商十分注意商品的包装,要求包装牢

固，标志鲜明，以适合消费者挑选。另外，对于中国工艺品和土特产品，西方国家的顾客在购买后有相当一部分是作为馈赠礼品，特别注意包装的外形和质量。例如，以前我国出口瓷器时，用稻草和纸盒包装，不仅易损耗，而且给人以质量低劣的感觉，尽管价格低廉，消费者也不欢迎。后来我们改为软缎、描花彩的木匣小包装，因为符合国外消费者抬高自身身价的心理，使同样的商品价格上涨了数倍，还大受西方国家消费者的欢迎。这种有效的促销，正是洞察消费者心理的结果。因此，研究国外消费者的心理，针对国外消费者的心理特点和心理变化趋势组织出口商品和劳务，是开拓国际市场的重要环节和有效途径。

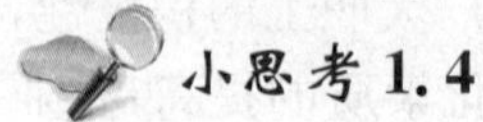
小思考1.4

有人说：要想猎到狐狸，就要像狐狸一样思考，即换位思考。

答 这是了解客户心理最好的办法。好猎手并不在于他的捕猎技巧，而在于他能了解狐狸的心理。正所谓“知己知彼，百战百胜”。

1.3 消费心理学的研究原则和方法

1.3.1 消费心理学研究的基本原则

1. 理论联系实际原则

贯彻理论联系实际的原则，就是要求从企业市场营销活动和消费者购买商品的实际行为中总结和概括消费心理学的基本理论、原则、程序和方法，并指导人们的实际行动，坚持在实践中检验、丰富和发展。随着我国经济发展步伐的加快和人们生活水平的提高，一些人得了现代消费“幼稚病”，如偏低价消费或偏高价消费、集中消费、宠爱消费等，影响消费的正常发展和对经济的误导。对这些不科学的消费行为，消费心理学应从消费者心理的角度去研究，找出原因，分析弊端，提出解决的措施和途径，引导消费者科学、合理地进行消费。

2. 客观性原则

人脑是心理的器官，心理是人脑对客观事物的主观反映。消费心理学就是在商品买卖活动这个特定范围内的客观事实和客观需要在营销人员和消费者头脑中的反映。它是由商品交换和商品消费的客观存在引起的,并表现在社会实践活动之中,因此,研究消费心理,必须坚持客观性原则,即联系企业营销活动的实际情况,依据人们可以观察并加以检验的客观事实,客观地、全面地分析社会主义市场经济条件制约下的心理现象的特点,揭示心理发生、发展和变化的规律,而不能凭借主观臆测,把营销人员与消费者的心理当作脱离客观存在的抽象理论,或者单凭在实验室的观察下所猜测与推断出来的思想意识。当然,在消费心理学研究中,也可以提出某些假设,但必须付诸市场营销的实践中加以检验。

3. 联系性原则

唯物辩证法认为,世界是普遍联系的。自然环境与社会诸因素内部及其之间是相互制约、相互作用、紧密结合的,必然直接或间接地影响和制约消费心理的形成和发展。研究消费心理,就必然要坚持联系性原则。即在研究消费心理的形成时,就要研究社会经济环境、社会环境、自然环境的影响作用,就要研究市场营销战略、营销手段、服务方式、营销环境等因素对消费者心理的影响,就要研究不同消费者个性心理特征的相互作用,就要在研究消费者心理的同时,研究企业营销人员的心理活动以及相互关系等。只有坚持用联系的观点去分析营销人员的心理现象和消费者的心理现象,分析二者心理现象之间的关系,才能认识消费心理学的心理全貌,揭示消费心理的内在本质。

4. 发展性原则

客观事物是一个永恒的发展过程,作为反映客观事物的人们心理,也是伴随着客观事物的发展而发展的。消费者心理在商品经济的历史演变中经历着自己的发展过程。在小商品经济条件下,消费者心理无论在内容上还是在形式上都比较简单,消费心理更多地表现在满足自己的物质需要上。在发达的商品经济条件下,消费者心理复杂,内容丰富,对其购买行为的作用更强。比如,以往购买商品侧重于经久耐用,今天则在注重质量的同时讲究造型、款式与美观。消费心理发展依赖于商品经济发展,要求用发展的观点研究消费者心理的发展过程。同时,研究消费者心理必须坚持发展性原则,就是要在研究消费者心理时,不仅要看其现时的个性心理特征与心理状态,还要预测其发展趋向;不仅要熟悉历史和现实已经形成的心理品质与习惯行为,还要看到其发展前景,以发展的眼光看待市场营销活动中的消费者心理现象,掌握消费心理规律。

1.3.2 消费心理学的研究方法

消费心理学的研究对象是市场营销活动和消费者在商品购买、消费过程中的心理现象。营销人员和消费者都是有思想、有感情的人，这就决定了消费心理学的研究方法有其自身的特点。消费心理学的研究方法，不能像物理、化学、生物等自然科学那样，可以借助望远镜、显微镜、天平、化学试剂等工具。它的实验也不可能在完全或严格控制的环境中进行。消费心理学只能在马克思主义唯物辩证法的指导下，运用心理学、社会学、人文科学所使用的方法，即主要是社会调查的方法，通过调查、实验、观察，了解和掌握各类消费者的心理状况和变化，并加以综合分析，概括出原理、原则、方法等消费心理学理论，再放到营销实践中去验证，在实践中经受检验，在实践中丰富和发展。

由于消费者的心理与行为涉及的领域非常广阔，既有经济的又有政治的，既有群体的也有个体的。其产生行为的动机、具体行为及行为后果复杂多样，研究成果往往不像数理科学那样，可以用精确的公式和精确的计算来表示。但这并不排斥它的科学性和有效性。任何事物的发生、发展和变化都有它本身的客观规律性，消费者行为和心理现象也不例外，同样存在着客观的规律性。只要在研究中坚持按照客观事物的本来面目进行观察，坚持在占有大量材料的基础上，并对材料进行“去粗取精，去伪存真，由此及彼，由表及里”的科学抽象和概括，并在实践中加以验证，就可以对消费者的心理和行为取得规律性的认识，而一旦有这样规律性的认识，就能指导我们有效地开展市场销售活动，从而取得良好的经济效益和社会效益。

消费者心理具有复杂性、多样性、多变性等特征，消费心理学的具体研究方法也是多种多样，如观察法、调查法、实验法、统计分析法等。

1. 观察法

观察法是科学研究中的最一般、最简便易行的研究方法，也是消费心理学的一种最基本的研究方法。

所谓观察法，是指在日常市场营销活动中观察者通过感官对消费者的言行和表情有目的、有计划地实际考察，并对考察结果按时间顺序系统地记录下来，分析其内在联系。它是研究消费者心理活动规律的方法。如何对消费者进行观察，要根据研究的目的和任务决定。观察法的优点在于：①简便易行；②被观察者在自然条件下心理和行为表露比较自然，观察所获得的资料比较真实可靠；③观察过程中不需要被观察者合作，不会干扰被观察者的行为；④观察所得的结果有直接意义。但是，这种方法也有缺点，如观察的时候，研究者处于被动的地位，只能等消费者感兴趣的现象出现时，才从外部动作去观察，这样难以了解他们的内心活动，并且对观察所取得的材料往往不足以区别哪些是偶然的，哪些是规律性事实，因而不易作出数量分析，也不能精确地确定某些行为发生的原因。正是观察法的这些优缺点决定了它一般在研究广告、商标、包装、橱窗和柜台设计效果、商品价格对购买行为影响、新产品的开发和企业的营销状况等方面能加以运用。

2. 调查法

调查法是向被调查的对象提出问题让他回答,以取得某种必要资料的方法。它是消费心理学中很重要的一种研究方法。因为有些消费者的行为及其内在的心理活动(如消费者对商品的意志过程)难以通过直接观察而探明,但可以在调查中了解,在研究中掌握。调查法有普遍调查、重点调查、抽象调查等。调查法的具体方式也很多,例如邀请各种类型的消费者座谈,或与个别消费者面谈,了解消费者各种购买行为的心理动机;通过商品试销、展销活动或采取现场点数的方法,了解消费者的兴趣爱好与消费者心理的变化;通过问卷调查、民意测验等形式,了解消费者对企业的市场营销策略和促销方式的各种心理反应与心理要求;通过市场营销或营销人员的经验总结材料,以及直接参加市场营销活动,观察和了解消费者的消费趋向和购买行为等。采用调查法,能够按照调查目的较为系统地取得各个方面的第一手资料,归纳和分析消费者的需求发展趋势,从而了解消费者各种心理现象的产生、发展和变化,探索其规律性。

3. 实验法

实验法是研究者有目的地严格控制或创造一定的环境条件,使某一消费者在控制条件下进行活动,据以研究消费者心理的一种研究方法。实验法有自然实验法和实验室实验法。自然实验法是在企业市场营销工作的实际情况下,有目的地创造某些条件或变更某些条件,给消费者的心理活动以一定的刺激或诱导,观察消费者心理活动的表现。自然实验法具有主动性,能够按照一定的研究目的获得比较准确的材料,因而在消费心理学研究中具有广泛的应用范围和很强的适应性。实验室实验法是指在实验室内借助各种特设的心理仪器进行研究的方法。实验室实验法以先进的技术和设备作为研究者视听感觉的延伸,可以严密分析市场营销活动中消费者的某些心理现象,所得的结果一般比较准确。但实验室实验法只能研究简单的心理现象,对各种类型的消费者的复杂多样的个性心理特征是无能为力的,因此,目前在消费心理研究中应用范围较窄。

消费心理学除了上述研究方法以外,还可以使用分析与综合法、归纳与演绎法、概括与抽象法、类推与模拟法、历史比较法、统计分析法等。但必须指出的是,研究方法的选择要根据需要和可能。同时,不管采用哪一种方法,或者各种方法综合使用,对其所取得资料的可靠程度,都需要遵循理论联系实际原则、客观性原则、联系性和发展性原则,采取科学的方法加以分析和验证,只有这样,才能更充分、更准确地掌握消费者心理的一般规律。

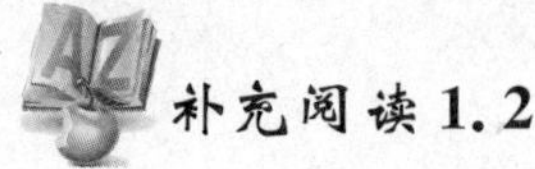

补充阅读1.2

掌握各类客户的心理弱点

• 随和型的客户怕压力　随和型的客户怕压力，但是压力太大又会刺激其逆反心理，一定要适时、适度，而最好的压力是你的真诚，对于这样的客户不能急于求成，而是用自己的真诚和耐心让客户信任你、接受你。

• 独断专行的客户注重自我　独断专行的客户以自我为中心，喜欢表现自己，对自己中意的商品情有独钟，不愿意接受销售员的推荐和介绍。因此，销售员不要试图改变客户的意愿，否则会适得其反。

• 虚荣的客户爱面子　人人都有虚荣心，有些客户的虚荣心较强，那么销售员就应该给其足够的重视，主动给客户制造风光的机会，顺着客户的心思行事。

• 精明的客户要真诚　精明的客户最在乎的就是销售员和销售的产品的可信度，所以销售员应尽量消除客户的疑虑，用真诚的态度和货真价实的商品来接受客户的检验。

• 外向的客户怕啰嗦　外向的客户性格开朗、善于交往，但他们不喜欢销售员啰啰嗦嗦，喜欢干练、简洁。

• 内敛型客户要温柔　内向型客户自己说话很少，但是却喜欢对方比较善谈，能把自己带进去，而不显得尴尬，依赖性比较强。销售员要用自己的真诚和温柔来打动客户。

• 标新立异的客户爱独特　标新立异的客户购物时为了凸显自己，引起别人的注意和重视，往往喜欢购买一些比较独特的商品，以便和别人区别开来，让自己显得与众不同，别具一格。

• 墨守成规的客户注重实用　墨守成规的客户购物时注重商品的质量和价格，只要有保障，让客户感到安全放心，客户还是比较容易接受的。

• 炫耀型客户喜欢被恭维　炫耀型客户在购买中更加渴望得到心理的满足，希望通过购买来体现自身的价值、地位或者财富，销售员要及时地给予必要的恭维和夸赞。

知识题

1. 什么是消费心理学？如何理解消费心理学的研究对象？
2. 为什么要学习和研究消费心理学？
3. 消费心理学的研究任务有哪些？

4. 研究消费心理学要坚持哪些原则?

5. 简述消费心理学的研究方法。

案例分析

欲擒故纵

某售楼中心的推销员小邓负责推销A、B两套房子。一天有个客户前来咨询,并要求看看房子。而这时小邓想要售出的是A套,在带客户去看房子的同时,他边走边向客户解释说:"房子您可以先看看,但是A套房子在前两天已经有位先生看过并预订了,所以如果您要选择的话,可能就剩下B套了。"

这样说过之后,这位客户的心理会产生这样一种效应,那就是"既然已经有人预订了A套房子,就说明A、B两套房子相比,A套比较好一些"。有了这样的心理,在看过房子以后,客户更加觉得A套房子好,但是既然已经有人预订了,只能怪自己来得太晚了,于是客户带着几分遗憾离开了。

过了两天,推销员小邓主动地打电话给前两天来看房子的客户,并兴高采烈地告诉他一个好消息,他对客户说:"您现在可以买到A套房子了,您真是很幸运,之前预订A套房子的客户因为资金问题取消了预订,而当时我发现您对这套房子也比较喜欢,于是就先给您留下了,您看您还需要购买吗?"

客户听到这样的消息,十分高兴,有一种失而复得的感觉,既然机会来了,一定要把握住,于是他迅速地与推销员小邓签了这份单子。

就是因为他善于利用客户害怕买不到的心理,巧妙地把客户的注意力吸引到A套房子上来,并且让他产生了购买不到的遗憾,激发起了其强烈的购买欲望。

针对客户这样的心理,销售员要善于在推销过程中恰当地给客户制造一些悬念。比如,只剩一件商品,只有三天的优惠活动,已经有人预购等,让客户产生一种紧迫感,觉得如果自己再不买的话,就会错过最佳的购买机会,可能以后再没有机会得到。这样就会促使客户果断地作出决定,使交易迅速达成。

问题

1. 推销员小邓此次交易成功的秘诀是什么?
2. 这个案例反映了什么心理现象?对营销工作有何启发?

实践训练

调查相关营销人员或高年级的实习生对了解顾客心理的看法,并了解营销中运用心理技巧的案例。

第 2 章　消费者的一般心理过程

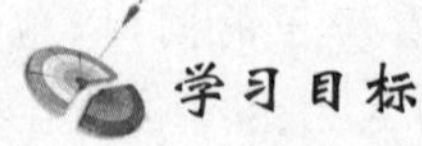

1. 了解消费者的认识过程及其在营销活动中的作用；
2. 掌握消费者的情感过程及其在营销中的表现；
3. 认识消费者的意志过程，掌握意志对购买活动的影响。

真诚获得信任

俄国著名诗人莱蒙托夫曾经遇到这样一件事。有一年，正是梨子上市的季节，许多卖梨者都喊自己的梨好。有一位小伙子却对莱蒙托夫说："先生，这是我栽的梨树第一次结的梨，没有经验，其中的梨有的可能不甜。"莱蒙托夫最后毫不犹豫地买了这个小伙子的梨。

分析启示　这个小伙子在卖梨的过程中，用诚挚的语言向莱蒙托夫诚实地介绍了自己所卖的梨子。这种表达方式，获得了诗人的信任。其他销售活动也是如此，真诚的情感会获得所有人的信任。

心理活动是消费者行为的基础。消费者在购买商品的过程中，要受到各种心理机能或心理要素的支配。其中，某些带有共性的心理机能或要素彼此联系、共同作用于消费者行为的始终，由此构成一个统一的心理过程。探讨消费者的一般心理过程可以揭示出不同消费者心理现象的共性及其外部行为的共同基础。

消费者的一般心理活动过程是消费者各种心理现象对客观现实的动态反映。按照心理反映的形式和性质不同，这一过程又可具体分为认识过程、情感过程、意志过程三个方面。这三个方面，既相互依存，又相互制约，从而构成消费者完整的心理活动过程。

2.1　消费者心理活动的认识过程

心理学认为，认识过程是人的最基本的心理活动过程。消费者购买商品的心理活动，首先是从对商品的认识过程开始的。它是消费者购买行为的前提，也是其他心理过程的基础。消费者的认识过程是通过消费者的感觉、知觉、注意、记忆、想象、思维等心理活动实现的。具体可分为两个阶段，即认识的形成阶段和认识的发展阶段。

2.1.1　消费者对商品认识的形成阶段

认识过程不是单一的、瞬时的心理活动。消费者对商品的认识，通常经过由现象到本质、由简单到复杂的一系列过程。消费者对商品认识的形成阶段便是认识过程的初始阶段，是消费者通过自己的各种感觉器官获得有关商品的各种信息及属性的资料的过程，主要包括感觉和知觉两种心理活动。

1. 消费者的感觉

1）感觉的概念

感觉是人脑对直接作用于感觉器官的客观事物个别属性的反映，是我们日常生活中最常见的心理现象。人们对客观事物的认识，都是从具体事物的个别属性开始的。例如，我们面对一个苹果，看到的是红色（视觉），闻到的是香味（嗅觉），手触摸后知道它的软硬度（触觉），尝到的是酸甜可口的味道（味觉）。苹果的这些颜色、形状、味道都是它的个别属性。由于感觉反映的是事物的个别属性，而不是事物的整体属性，所以，它只是一种最简单的心理现象。消费者通过感觉获得的只是对商品属性的表面、个别、孤立的认识。因而，人们认识事物仅凭感觉是不够的。但是，它在心理活动中的作用是十分重要的。感觉是认识过程乃至全部心理活动的起点，是一切较高级、较复杂的心理活动的基础，是人们认识世界的开始。人们只有通过感觉，才能认识外部客观世界，进而改造客观世界。

2）感觉的分类

（1）外部感觉。外部感觉是指接受外部刺激，反映外部事物属性的感觉。属于外部感觉的有：视觉、听觉、嗅觉、味觉和触觉等。据测定，在外部感觉中，视觉是人们获取信息的主要渠道，约85％，10％是通过听觉取得的，其余的通过其他渠道取得。

（2）内部感觉。内部感觉是指接受机体内部刺激，反映身体位置、运动和内部器官不同状态的感觉。属于内部感觉的有：运动觉、平衡觉和机体觉。

3）感觉的特点

主要表现为：

一是感受性。感受性，是指感觉器官对于外界刺激强度及其变化的感觉能力。如眼睛对光波、色调的感觉能力，鼻子对气味的感觉能力等。但不是任何刺激都能引起我们的感觉。例如，我们听不到远处别人的低声说话声，感觉不到落在皮肤上的尘埃。这说明，人的感受性总是同刺激强度有关。人只有在足够量的刺激作用下，才能感觉到刺激物的存在。我们把能够引起某种感觉并持续一定时间的刺激量叫感觉阈限。感受性通常用感觉阈限的大小来度量。例如，人的耳朵可听到的声音频率的范围是 20～2 000 赫兹，在此界限内就产生感觉，超过这个界限就感觉不到。

每一种感觉都有两种类型的感受性和感觉阈限，即绝对感受性和绝对感觉阈限、差别感受性和差别感觉阈限。我们把能够引起感觉的最小刺激量叫绝对感觉阈限，对这种能觉察出最小刺激量的能力叫绝对感受性。绝对感受性与绝对感觉阈限成反比关系。绝对感觉阈限越小，即能引起感觉的刺激量越小，绝对感受性就越大，说明人的某个感受器官就越灵敏；反之，感觉就比较迟钝。可见，绝对感觉阈限是消费者感觉能力的下限，凡是没有达到这个下限的刺激物，就不会引起我们的感觉。例如，电视广告的持续时间若少于 3 秒钟，就不会引起消费者的视觉感受。

在刺激物引起感觉之后，如果刺激的数量发生变化，但变化量极其微小时，人们也不能感觉到。例如，在 1 000 克的重物上，如果只增加 10 克左右的重量，我们一般觉察不到二者的差异；当增加到 35 克甚至更多时，我们才能感觉到两种物体重量上的差别。我们把能够觉察到两个同类刺激之间的最小差别量，叫做差别感觉阈限。差别感觉阈限反映差别感受性的大小，二者也成反比关系。不同商品的差别感受性或差别感觉阈限是不一样的。比如，售价数千元的彩电、冰箱，价格变动几十元并不能引起消费者的注意，但日常生活中的柴米油盐，即使上涨一毛钱，消费者也十分敏感。

二是适应性。人对刺激的感受性还与刺激物的作用时间有关。这种人的感受性由于刺激物的持续作用而发生变化的现象叫适应。适应是一种普遍的感觉现象，它既可以引起感受性的提高，也可以引起感受性的降低。一般来说，强烈刺激的持续作用会引起感受性的降低，而微弱刺激的持续作用会引起感受性的提高。例如，人刚走到鱼摊前，会感到鱼腥味扑鼻。过了一会儿，由于嗅觉感受性降低，适应了，鱼腥味就感觉少了。这就是所谓的“入芝兰之室，久而不闻其香；入鲍鱼之肆，久而不闻其臭”。适应性引起的感受性降低对激发消费者的购买欲望是不利的。要使消费者保持较强的感受性，商业企业可以通过调整刺激物的作用时间或经常变换刺激物的表现形式来达到目的。

三是关联性。人对一种刺激的感受性，不仅取决于感官器官的机能状态，同时还会受其他感觉的影响。比如，人的眼睛看到淡蓝色，皮肤就产生凉爽的感觉；见到橘红色，就会产生温暖的感觉。还比如，一个笨重的物体如果采用明亮浅色的包装，就会使人觉得很轻巧；而轻巧的物体使用浓重颜色的包装，就会觉得笨重等。这个原理在市场营销活动中，常被用于商品设计、包装、店内装潢和陈列等方面。

4）感觉在营销活动中的应用

主要表现为：

其一，感觉使消费者获得对商品的第一印象。感觉是消费者认识商品的起点，是一切复杂心理活动的基础。在消费者购买活动过程中，每一步都需要感觉来提供具体的信息来源，从而获得对商品的全面认识。

其二，消费者的感觉阈限制约着营销刺激信号。在市场营销活动中，向消费者发出的刺激信号强度受到消费者感觉阈限的制约。如为推销商品而降价的行为就是如此。降价幅度就是刺激信号，降价幅度过小，刺激不够，消费者不会积极购买；而降价幅度过大，消费者可能会怀疑商品的质量，因而必须要正确把握。

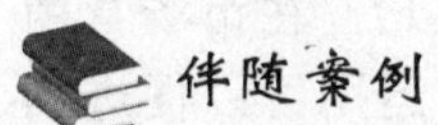

伴随案例

音乐对营业额的影响

心理学家曾经做过一个实验，在两个月的时间内，在一家超级市场里，每天随机播放两种背景音乐（一种是每分钟108节的快节奏音乐，一种是每分钟60节的慢节奏音乐），有时不播放任何音乐。结果发现，播放快节奏音乐时的平均行走速度比在慢节奏音乐下快17%，没有音乐播放时的行走速度介于二者之间。更让商场经理感兴趣的是，播放慢节奏音乐的时间内营业额比播放快节奏音乐时的营业额高出38%，不播放音乐时的营业额介于二者之间。可见，轻松、优美的背景音乐的确让人流连忘返。

分析启示　可见，音乐可以影响顾客心理变化。

2. 消费者的知觉

1）知觉的概念

知觉是人脑对直接作用于感觉器官的客观事物的整体反映。知觉是在感觉的基础上形成的，是由多种感觉器官联合活动的结果，是感觉的深入。例如，我们感觉到苹果的颜色、滋味、香味、硬度和温度等，在综合对苹果的各种感觉的基础上，就构成了我们对苹果的整体印象，这就是我们对苹果的知觉。但是，知觉并不是各种感觉信息的简单相加，而是各种感觉信息的有机综合，是对事物的各种属性、各个部分及其相互关系的综合的、整体的反映。

2）知觉的分类

根据不同的分类标准，可以将知觉分为不同的类型：

其一，根据知觉反映的事物特征，可分为空间知觉、时间知觉和运动知觉。空间知觉是指人脑对物体的形状、大小、远近、方位等空间特性的知觉。通过空间知觉，我们可以认识事物的各种形状、大小以及物体的上下、左右、前后的方位等。时间知觉是反映客观事物现象的延续性和顺序性的知觉，即对事物运动过程的先后和时间长短的知觉。运动知觉是对物体的空间位移和运动速度的知觉。通过运动知觉，我们可以辨别事物的静止和运动及其运动速度的快慢。

其二，根据知觉过程中哪一种器官活动起主导作用，可分为视知觉、听知觉、触知觉、嗅知觉、味知觉等。

其三，错觉。知觉作为客体在人脑中的主观映像，有的是符合客观现实的，有的则不符合。我们把不符合客观实际的知觉叫做错觉。它是由人的各种生理和心理原因引起的。错觉现象相当普遍，差不多各种知觉中都会发生。比较常见的是视错觉，如图形错觉、横竖错觉、形状错觉和时间错觉等（见图 2.1）。在市场营销活动中，错觉既有消极的一面，也有积极的一面。若巧妙地加以运用可以促进销售。例如，在商店的墙壁上安装上大幅镜子，会使原来狭小的店堂变得宽敞许多；美容、美发师可根据顾客的体态、脸型，设计不同的发型；身材较瘦的人穿横条纹衣服则显得丰满，身体较胖的人穿深色衣服则显得苗条等。

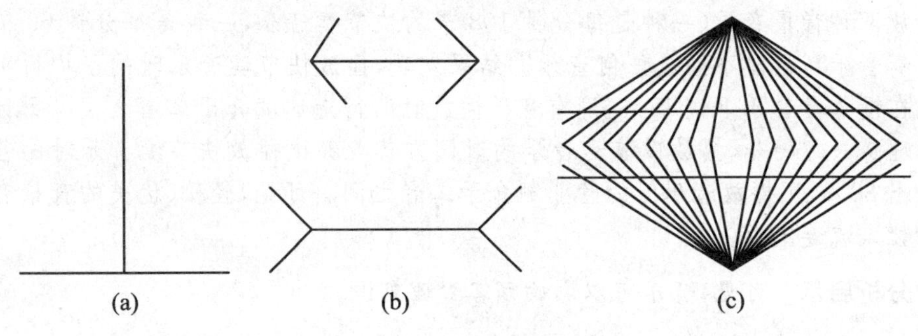

图 2.1 图形错觉

3）知觉的特点

具体表现为：

其一，知觉的选择性。人体对外界各种信息有选择地进行加工的能力就是知觉的选择性。在现实生活中,在同一时刻有大量的客观事物作用于人的感官器官。人不可能也不必要对周围的一切事物和现象作出反应,总是有选择地以少数事物作为知觉的对象,对它们感知得格外清晰,而对其余的事物则反映得比较模糊。比如,我们逛商店时,面对琳琅满目的商品,能一眼看到自己熟悉的、喜欢使用的品牌,而对其余商品不太注意,这就是由知觉的选择性引起的。

其二,知觉的理解性。知觉的理解性,是指在知觉过程中人们总是运用过去所获得的有关知识和经验来帮助理解当前所感知的对象。它是在过去知识经验的基础上形成和进行的。各人的理解不同,知觉到的事物特性也会不同,正所谓智者见智,仁者见仁。人对知觉的客观事物理解愈深,则知觉愈迅速、全面。例如,有丰富购买经验的消费者在挑选商品的时候,要比一般消费者知觉得更快、更细致和全面。

其三,知觉的整体性。这是知觉区别于感觉的本质特征。当客观事物的个别属性作用于人的感官时,人能够根据知识、经验把它知觉为一个整体,这就是知觉的整体性。例如,一位消费者购买服装,他一般不会只注意服装的面料,或者颜色、款式,他总是把布料、颜色、款式等因素综合在一起,构成一个完整的、对服装整体感知的映像。

其四,知觉的恒常性。当知觉的客观条件在一定范围内有所改变时,知觉映像仍保持相对不变,这就是知觉的恒常性。例如,消费者见过的白色冰箱,在晚上看起来要比白天灰暗得多,但他对这台冰箱的知觉仍是白色冰箱。知觉的恒常性有助于人们全面、真实、稳定地反映客观世界,而不受条件变化的影响。

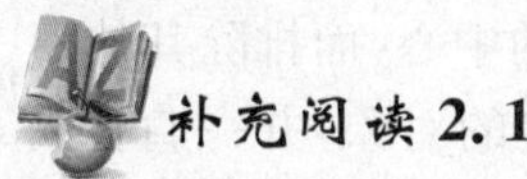
补充阅读2.1

颜色对知觉的影响

美国色彩研究中心曾作过一个实验,研究人员将煮好的咖啡分为三杯,然后在三个杯子旁分别放置贴有红、黄、绿三种不同标签的咖啡的味道不同,标有绿色标签的咖啡味酸,红色的味美,黄色的味淡。由此,在系列试验的基础上,专家们得出结论,包装的颜色能左右人们对商品的看法。

2.1.2　消费者对商品认识的发展阶段

在认识的形成阶段,消费者获得了对商品本身直观形象的了解,但这仅仅局限在商品的表面,消费者要想进一步加深对商品的认识,还要利用注意、记忆、想象、思维等心理活动来完成其认识过程。这便是认识的发展阶段。

1. 消费者的注意

1）注意的概念

所谓注意，就是指人的心理活动对外界一定事物的指向和集中。指向性和集中性是注意的两个基本特征。注意的指向性，是指在某一时刻人们的心理活动有选择地、有方向地指向某一特定的客体，同时离开其他事物。注意的集中性，则是指心理活动能在特定的选择和方向上保持并深入下去。

2）注意的分类

具体有：

一是无意注意。无意注意，是指事先没有预定目的，也不需要任何意志努力的注意。它一般不是由于自觉的目的，而是由于外部的某种刺激所引起的。刺激物的强度、对比度、活动性、新异性等，是引起无意注意的主要原因。比如，造型独特、色泽鲜艳的商品容易引起消费者的无意注意。

二是有意注意。有意注意，是指自觉的、有预定目的的，在必要时还需要意志努力的注意。它是主动的、服从于当前一定的任务要求的注意。例如，到商店里寻找自己想购买的商品的注意。

3）注意的功能

具体有：

一是选择功能。即选择有意义的、符合需要的消费对象加以注意，排除或避开无意义的、不符合需要的外部影响或刺激。面对纷繁复杂的商品世界，消费者只能把心理活动指向和集中于少数商品或信息，将它们置于注意的中心，而排除其他。

二是维持功能。表现在它使注意能长时间地集中于一定的对象，并一直保持到完成行为动作和达到目的为止。由于注意的作用，消费者会把某种选择贯彻于对商品的认知、决策和行为的全过程，而不致中途改变方向和目标。

三是加强功能。即排除干扰，不断促进和提高消费者心理活动的强度与效率。在注意的情况下，消费者可以自动排除干扰，克服心理倦怠，对错误的偏差及时进行调节和矫正，从而使心理活动更加准确和高效率地进行。

2. 消费者的记忆

1）记忆的概念

所谓记忆，是指人脑对过去经历过的事物的反映，是人脑积累经验的功能表现。人们在生活实践中，对看过的事物、做过的事情，经过一段时间后，其印象仍保留在头脑中，并且在一定条件下以经验的形式再现出来，这就是记忆。记忆是人脑的重要机能之一。通过记忆，消费者把感知过的广告、使用过的商品、光顾过的商店在脑海中留下印迹。当再次购买时,便自觉地利用这些经验对商品进行评价判断,从而影响消费者的购买决策。

2) 记忆的分类

根据不同的分类标准,可将记忆分为不同的类型:

其一,根据记忆的内容,可分为形象记忆、逻辑记忆、情感记忆和运动记忆。①形象记忆,是以对感知过的消费对象的形象为内容的记忆,如消费者对商品形状、大小、颜色等记忆。②逻辑记忆,是指以概念、判断、推理为内容的记忆,如关于商品质量、制作原理、质量标准、广告宣传等方面的记忆。③情感记忆,是指以体验过的某种情感为内容的记忆,如消费者对以往购物时受到热情接待的喜悦心情或发生争吵的气愤心情等的记忆。④运动记忆,是指以做过的运动或动作为内容的记忆,如消费者到超市购物,由进场挑选到成交结算的动作过程的记忆。

其二,根据记忆保持的时间长短,可分为瞬时记忆、短时记忆和长时记忆等。①瞬时记忆,时间短暂,一般在2秒以内;②短时记忆,一般在1分钟以内;③长时记忆,在1分钟以上,直到数日、数年。

3) 记忆的过程

记忆是个复杂的心理过程,主要包括识记、保持、再认和回忆四个基本环节。

第一环节:识记。识记是人们为了获得对客观事物的深刻印象而反复进行的感知过程。识记是记忆的开端,是记忆过程的第一步。根据人在识记时有无明确的目的,识记可分为无意识记和有意识记。无意识记是事先没有明确目的,也不须经过特殊的意志努力的识记。比如,消费者随意阅读报纸、观看电视时,无意中被某些广告所吸引,而不知不觉的识记过程。有意识记是指有明确的目的,经过意志努力及运用一定的方法而进行的识记。比如,欲购买汽车的消费者对各种汽车的品牌、性能、质量、价格等信息的全面了解和记忆过程。

第二环节:保持。保持是巩固已获得知识经验的阶段,也就是指知识经验在头脑中积累、储存和巩固的阶段。保持是记忆过程中的一个关键阶段,是联结识记与再认、回忆的中间环节。

第三环节:再认。再认是指对过去经历过的事物出现时能够识别出来,就是再认。例如,消费者能够很快认出购买过的商品、光顾过的商店、观看过的广告等。一般来说,再认比回忆容易。

第四环节:回忆。回忆是指过去感知过的事物现在不在眼前,但能把它在头脑中重新出现的过程。比如,消费者选购商品时,常常把商品与自己使用过或见过类似的商品在头脑中进行比较。这种回想过程就是回忆。

记忆的识记、保持、再认和回忆这四个基本环节是紧密联系又相互制约的。识记和保持是再认和回忆的基础,再认和回忆是识记和保持的结果,并能进一步巩固和加强识记和保持。

3. 消费者的想象

1）想象的概念

所谓想象，是指人脑对过去形成的表象进行加工、改造而产生新形象的心理过程。表象，是指保留在人脑中的感知过的事物形象。想象是在记忆表象基础上进行的，它与记忆有联系，但又不同于记忆。记忆是知识经验的积累、贮存和提取，而想象则是以改造旧表象、创造出过去没有直接感知过的新形象的过程。

想象是新形象的创造，但任何想象都不是凭空产生的，想象的源泉来源于人们的社会生活实践。因此，如果一个人脑子里什么印象都没有，那他的想象就成了无源之水、无本之木了。

2）想象的种类

根据不同的分类标准，可将想象分为不同的类型：

其一，根据想象有无目的性，可以分为无意想象和有意想象。无意想象是没有特别目的、不自觉的想象。有意想象是指带有一定目的性和自觉性的想象。

其二，根据想象内容的新颖性、独特性和创造性的不同，可以分为再造想象和创造想象。再造想象是根据语言、文字的描述或条件的描绘（如说明书、图纸等）在头脑中形成有关事物的形象的过程。创造想象是在个人头脑中独立创造出来的事物的形象的过程。创造想象是在个人头脑中独立创造出来的事物的新形象。例如，层出不穷的新产品设计等。

3）想象在营销活动中的运用

想象对于发展和深化消费者的认识有很重要的作用。在消费者选择、评价商品时，常常伴有想象的心理活动。例如，女顾客在选购衣料时，会把衣料搭在身上，对着镜子边欣赏边想象；顾客在购买名牌汽车时，想象自己开着这辆车时他人对自己的羡慕、赞誉等，会极大地激发他的购买欲望。所以，想象对于推动消费者的购买行为具有很重要的作用。在商业活动中，运用想象激发消费者的购买欲望，提高宣传效果，几乎是必不可少的手段。此外，在企业各项营销活动中，如商品的包装、命名、陈列、橱窗、宣传促销等方面，想象的运用也极为广泛。

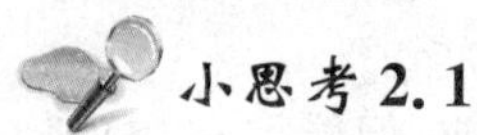

小思考 2.1

消费者观看商品广告所引起的想象是什么想象？

答 是无意想象。

4. 消费者的思维

1) 思维的概念和特征

思维是人脑对客观事物概括的、间接的反映，它反映的是事物的本质和规律性的联系。思维是大脑运用分析、综合、比较、抽象、概括等一系列活动，把握事物本质特征和规律，在知识和经验的基础上，认识和推断未知事物的过程。它是人的认识活动的最高阶段。

思维有两个基本特征，即概括性和间接性。

其一，思维的概括性。就是把同一类事物的共同特征抽取出来加以概括。比如，我们把苹果、橘子、香蕉等一类东西，概括起来叫"水果"；把猴子、老虎、小兔等概括为"动物"等。

其二，思维的间接性。人们认识某些事物时，没有直接或无法直接认识其内在本质，而是通过其他事物为媒介，经过判断、推理来认识客观事物，就是思维的间接性。例如，随着商品房销售的增长，可以预测家庭装潢和居室配套设施将成为新的消费热点，这就是运用判断、推理的间接思维活动。

2) 思维的种类

具体有：

一是动作思维，是指依赖实际动作(操作)进行的思维。它伴随着动作而进行。例如，修理一台电视机，必须借助各类仪器进行检查、分析，是伴随实际动作进行的思维。

二是形象思维，是凭借事物的形象或者表象进行的思维。当人利用直观形象来进行分析、思考时，形象思维就表现出来了。例如，对居室的装潢布置进行构思、设计，以及产品的造型、广告和包装设计等。

三是抽象思维，也称逻辑思维。它是运用概念、判断、推理的形式来认识事物本质特征的思维方式。比如学生在对一些自然科学理论的学习上，消费者在对某些电子产品原理、结构、性能的分析理解上，都要运用抽象思维来认识。

3) 良好的思维品质在营销活动中的作用

在市场营销活动中，为适应激烈的市场竞争的需要，企业经营者必须掌握灵活多样的思维方式，树立良好的思维品质。

其一，思维的变通性与经营活动。思维的变通性即灵活性，是指善于根据事物的变化发展，运用已有的知识经验，灵活机动地进行思维，及时地改变解决问题的步骤和方法的思维能力。比如古代就有"围魏救赵"这样的思维典范。在现代企业经营中，运用变通性思维，也常常能使企业摆脱困境。例如，一家布店，仓库积压不少低档滞销布，多次降价，效果甚微。他们就想办法，把这些布料开裁成儿童裤片，并配上动物贴片，或制作成床罩、枕套等商品，结果上柜台后竟成了热销货。

其二，思维的敏捷性与市场决策。思维的敏捷性表现为一个人能够迅速地作出反应的思维能力。在现代市场竞争中，经营者要善于把握时机，看清商品的销售走势，及时、迅速地作出正确的经营决策，这就需要有敏捷的思维能力。例如，伊拉克战争期间，美国政府将伊政府高官头像制作成扑克牌，在军中散发以便捉拿。美国一商人很快发现这里的商机，便立即在网上发布广告，在世界范围内推销这种扑克牌，他很快就成了百万富翁。

其三，思维的独创性与经营活动。思维的独创性，是指思维活动具有新颖、独特的思维品质。所谓“新颖”，就是不墨守成规，前所未有；所谓“独特”，就是与众不同，别出心裁。例如，日本一钟表商，为了开拓国外市场，提高其手表的知名度，挖空心思想了一条推销方法：采用飞机空投，从高空把手表扔下来，落到指定地点，谁拾到就给谁。消息传开，马上引起轰动，成千上万的人拥到指定地点，好奇地看着一只只手表从天而降。当人们拾起手表时，表针还在“嘀嗒”走动，手表完好无恙。结果这种手表在该地区名声大噪，迅速打开销路。

2.2 消费者心理活动的情感过程

人们通过认识过程，实现了对客观事物的了解和认识。但人的心理活动并不停留在认识水平上，还赋予所认识的事物不同的情感，这便是情感过程。情感过程具体表现为情绪和情感两种形式。消费者的购买活动也是充满情感体验的活动过程。

2.2.1 情绪与情感的关系

人们在认识世界和改造世界的过程中，对于所接触到的各种事物，并不是无动于衷，而是常常抱有各种不同的态度，如高兴、喜欢或气愤、讨厌等。可见，情感是一个人对一定事物所持的态度体验。

情感又可细分为情绪和情感两个方面。情绪是与有机体生理需要是否得到满足相联系的态度体验。它是人与高等动物共有的、低级的心理现象。当心理需要得到满足时，人就会产生积极的情绪体验；反之，就会产生消极的情绪体验。情绪表现的形式是短暂和不稳定的，具有较大的情景性、短暂性和冲动性。如触景生情引起的激动和回忆。

情感是指与人的社会性需要和意识紧密联系的内心体验，是较高级的、深层次的，也是人类所持有的心理现象。和情绪相比，情感具有较强的稳定性、深刻性、社会性、持久性。如对祖国的热爱、对侵略者的仇恨、对高尚情操的赞美等。

情绪与情感之间既有区别，又有着密切的联系。情绪的变化一般受到早期形成的情感的制约；而离开具体的情绪过程，情感及其特点则无从表现和存在。因此，从某种意义上说，情绪是情感的外在表现，情感是情绪的本质内容。

情绪和情感都具有两极性的特点，如喜悦与悲哀、热爱与憎恨、满意与不满意等。并在一定条件下会相互转化，如“破涕为笑”、“乐极生悲”等。在营销活动中，消费者的购买行为也更多地受他的情绪和情感的影响。良好的情绪和情感会促进购买行为的产生，不良的情绪和情感会阻碍购买行为的进行。

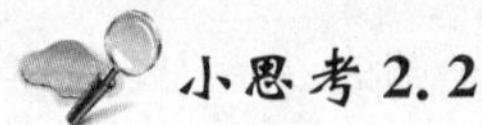

小思考2.2

许多企业宣传：要让顾客“高兴而来，满意而去”，“和气生财”。这是什么道理？

答　高兴、满意、和气都是积极的情绪，保持消费者积极的情绪可促使消费者购买行为的实现。

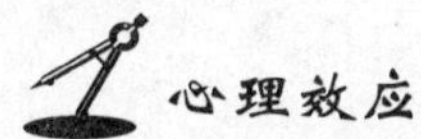

心理效应

诚 信 定 律

“人无信不立”，诚信是人际交往的基础、做人的根本。在当今“人情社会”中，你必须懂得人际交往的诚信定律。从事营销工作更是如此。“诚则信，信则成”。

2.2.2　情感的外部表现

1. 面部表情

人的面部表情极为丰富，也最能表现一个人的情绪和情感。如一个人高兴时，往往双眉展开，两眼闪光，嘴角后伸，上唇提升，笑容满面；而悲伤时，则头部低垂，双眉紧锁，两目无光，满面愁容。在面部表情中，尤以眼神为第一要素，所以人们常说“眼睛是心灵的窗户”。

2. 体态表情

体态表情是以身体各部位的姿势和肢体运动来表达一个人的情绪与情感，尤以手、脚的变化为主要形式。例如,人在高兴时,会手舞足蹈、挺胸阔步;而在悲痛时,则会捶胸顿足、垂头丧气;人在惧怕时,会手足无措、呆若木鸡等。

3. 言语表情

言语表情是指人们运用言语的声调、节奏、速度等方面的变化来表达不同的情绪和情感。例如,人高兴时语调高、速度快、语言高低差别大;悲哀时,音调低沉、言语缓慢、言语高低差别很小、声音断断续续等。

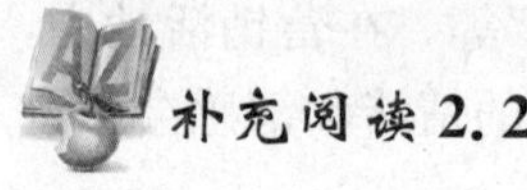

补充阅读 2.2

信息表达的方式

美国心理学家艾伯特·梅拉比安曾提出一个公式:信息的全部表达=7%语言+38%非语言声音+55%表情。我们把非语言声音和表情作为非语言交往的符号,那么,人际信息沟通就只有7%是由语言进行的,而绝大部分是通过非语言形式进行的。同样一句话,可以正话反说,也可以反话正说,也可以是有口无心,甚至是冷嘲热讽,这都通过语调、面部表情和体态表情来实现的。

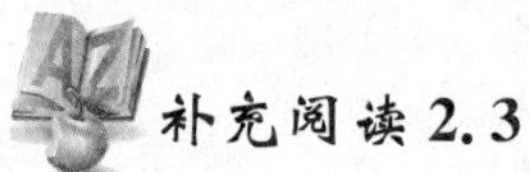

补充阅读 2.3

情商 (EQ)

情商就是指情绪商数,就是指情绪控制能力或情绪管理能力,也就是我们所说的驾驭情绪的能力。它包括以下几个方面的内容:一是认识自身的情绪;二是能妥善管理自己的情绪;三是自我激励;四是认知他人的情绪;五是人际关系的管理,即领导和管理能力。有人认为,"20%IQ+80%EQ=100%成功"。

心理学家认为,情商不仅能让智商发挥更大的效应,还是影响个人健康、情感生活以及人际关系的重要因素。未来的时代,仅凭知识和聪明并不一定能成大事,还要具有良好的心理素质。情商为人们开辟了一条事业成功的新途径,它能使人们摆脱过去只讲智商所造成的无可奈何的宿命态度,只要不断学习、认知与调整,正确面对情绪的变化,就有开创美好前景的希望。

2.2.3 情感的分类

1. 以情感发生的强度、速度和持续时间的长短为划分标准

(1) 心境。心境就是人们常说的心情,是一种比较微弱、平静而持久的情感体

验。心境的主要特点是弥散性和持续性。某种心境在某一段时间内影响着一个人的全部生活,使人的语言、行动及全部情绪都染上了这种心境的色彩。因此,消费者心境的好坏对其购买行为具有重要影响。

(2) 激情。激情是一种猛烈的、迅速的、爆发而短暂的情感体验,也可叫激动。例如,狂喜、暴怒、恐惧、绝望等,其主要特点是瞬息性和冲动性。激情对人可带来积极和消极两方面的影响。消极的激情要加以控制,比如营业员要控制自己的消极激情,避免和顾客发生争执。

(3) 应激。应激是出乎意料的紧张情景所引起的情绪状态。当人遇到突如其来的事变,在十分危急的条件下,情绪就出现应激状态。在应激状态下,人可能出现两种反应:一种是目瞪口呆,陷入一片混乱状态;一种是急中生智,动作准确地排除险情。

2. 以情感的社会内容为划分标准

(1) 道德感。道德感是根据一定的社会道德标准,评价人的行为举止、思想意图时所产生的情感体验。当别人的思想、行为符合自己掌握的道德准则时,就会产生注意、愉快的情感;反之,则产生不安、愤怒的情感。比如,在购买活动中,消费者总是按照自己的道德标准来衡量服务水平,如果受到礼貌、真诚的接待,就会产生满意感;相反的,就会产生不满或气愤。

(2) 理智感。理智感是人的认识和追求真理的需要是否得到满足而产生的情感体验。它是与人的认识活动、求知欲、兴趣等社会需要相联系的。人在认识过程中有所发现时,会产生愉快或喜悦的情感;在遇到困难时,会产生疑惑或惊讶的情感。

(3) 美感。美感是人们根据美的需要,对自然、社会生活和它们在艺术上的反映进行评价时所产生的情感体验。凡是符合人们美的需要的一切对象都能引起美的体验。但是由于各人掌握的审美标准不同,对同一事物会产生不同的美感。例如,消费者在购买活动中的审美差异等。

2.3　消费者心理活动的意志过程

人们不仅要认识客观世界,更重要的是人们还要有意识、有目的、有计划地改造客观世界,这就是意志行为。

2.3.1 消费者意志的定义及其基本特征

1. 消费者意志的定义

消费者意志是指导消费者自觉地确定购买目的，并根据目的支配、调节自己的购买行为，克服各种困难，实现预定购买目标的心理过程。人的意志行为总是表现在人的实际行动之中。例如，为争取优异成绩而刻苦学习，为强身健体而坚持锻炼，为实现理想而奉献终身等。凡此种种都有明确的目的和动机，有达到目的的决心和毅力，并将思想付诸行动的心理现象。

2. 消费者意志的基本特征

(1) 有明确的目的性。一般来说，人在做一件事或采取某一行动之前，该行动的结果已作为意志行为的目的以观念的形式存在于人的头脑之中，并以此目的来指导人的行为。消费者购买行为的产生都有它的目的性。消费者购买目的越明确，购买行动就越迅速和坚决。

(2) 意志行动是与克服困难相联系的。这是指在意志行动中，需要不断与来自内部和外部的各种困难作斗争。没有困难与阻力的行动，谈不上意志行为。对待困难的态度与克服困难的大小，往往是衡量一个人意志水平的重要标志。消费者在购买活动中也要克服各种困难。比如需要与支付能力的矛盾、购买动机发生冲突等，都需要消费者排除和克服，才能最终实现购买行为。

(3) 调节购买行为全过程。意志对人的心理状态和外部动作具有调节作用。这些调节作用包括发动和制止两个方面。发动行为表现为激发起积极的情绪，推动消费者为达到既定目的而采取一系列行动；制止行为则表现为抑制消极的情绪，制止与达到既定目的相矛盾的行动。

小思考 2.3

生活中我们发现，有些顾客刚跨进店门，营业员便急切询问“买什么”、“买多少”、“试一试”等，这样的营销方式恰当吗？

答　不恰当。因为消费者心理过程是从认识到情感，再到意志的过程。要给消费者足够的认知商品的时间。

2.3.2　消费者意志的基本品质

1. 意志的自觉性

自觉是指消费者对购买活动的目的和意义有明确而深刻的认识，并受坚定的信念和价值观所控制，使行动达到既定目的。自觉性较强的消费者在购买活动中，往往能深思熟虑，并善于分析权衡，对行动计划考虑再三，从不盲目和草率，活动效率也较高。相反的，消费者则表现为缺乏信心和主见，易受别人的暗示和影响，购买行为无计划性。

2. 意志的果断性

意志的果断性是指一个人善于明辨是非，适时而合理地采取决定、执行决定的品质。富于果断性的消费者能够迅速地分析购买过程中发生的情况，不失时机地作出购买决策，而且一旦决定，不会轻易改变。而缺乏果断性的消费者在购买活动中常表现为优柔寡断、缺乏主见，购买目的和手段取舍不定。

3. 意志的自制性

这是指一个人善于控制自己的情感，并能有意识地调节和支配自己思想和行动的品质。主要表现在两个方面：一是善于促使自己去执行已经采取的决定，并能制止与执行无关的行动；二是善于在实际行动时，控制由消极情绪引发的冲动行为。消费者在购买活动中，往往会遇到一些不顺心的人或事，若不能较好地控制自己的情绪，会导致买卖双方的矛盾冲突。

4. 意志的坚持性

这是指人能以充沛的精力和坚忍不拔的毅力克服一切困难和挫折，坚决地完成既定目的任务的品质。富于坚持性的消费者在购买活动中，一旦制订了购买计划，就会千方百计地去完成，不怕困难和麻烦，特别是在完成长期的购买计划行为上，更能反映人的坚持性。

2.3.3　消费者的意志过程对购买活动的影响

1. 采取购买决定阶段

这一阶段是消费者意志行动的初始阶段，主要包括：

（1）购买动机的取舍。消费者的购买动机是由消费者对商品的需要所激发的。由于消费者的需要是多种多样的，因而，动机也呈现多样性，甚至是相互对立的。当多种购买动机同时出现时，消费者必须认真比较权衡，进行动机取舍，恰当地选择主导动机。

（2）购买目的的确定。消费者在购买活动中，总是首先要经过反复认真的思考，明确购买某种商品的目的，然后有意识、有计划地根据这一目的来支配和调节自己的购买行为。

（3）购买商品的选择。消费者在确定购买目的以后，面对琳琅满目的商品，还有一个具体选择的问题。消费者将根据商品的性能、特点、牌号、价格等因素，并结合自己的经济条件和需要的轻重缓急，最后作出具体购买商品的决定。

2. 执行购买决定阶段

消费者的购买决定一旦被确定，随即就会进行购买，把主体意识变为现实的购买行动。消费者在执行购买决定时，可能会遇到两种情况：一种是作出决定后，消费者马上不失时机地执行其决定，完成商品的购买任务；另一种是决定所指向的是比较长期的任务，并不立即引起实际购买，而只是引起消费心理定向，即完成未来购买行动的心理准备。例如，某消费者决定在一年后买一台电脑，或三年内买一套住房等。

执行购买决定是消费者意志行动的中心环节。在执行购买决定的过程中，一般会遇到各种不同的困难。所以，消费者应该以坚强的意志努力去克服和战胜困难，使自己的购买决定最终得以实现。

知识题

1. 什么是感觉？什么是知觉？二者有何联系和区别？
2. 知觉有哪些特征？试举例说明它们对购买活动的影响。
3. 什么是注意？什么是记忆？记忆包括哪些环节？
4. 什么是想象？想象在营销中有哪些运用？
5. 什么是思维？良好的思维品质对营销活动有哪些影响？
6. 什么是情绪？什么是情感？它们对消费者购买行为有哪些影响？
7. 什么是意志？消费者的意志过程包括哪些内容？

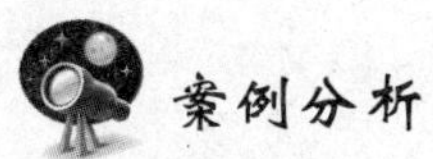

案例分析

娱乐业生产好心情

娱乐业的产品是什么？近日，北京东方康乐园的决策者们找到了答案。他们向北京娱乐界提出了“我们生产好心情”的倡议。

占地3 500平方米的北京东方康乐园，是国内首家以沐浴为主的综合性娱乐场所，开业7年来在北京已是小有名气。为了使康乐园健康发展，并且提高服务水平，员工们深入探究消费者的心理，发现：“花钱买罪受”，人们打0分；“花钱买温饱”，打60分；“花钱买健康”，打80分；只有“花钱买高兴”，打100分。“稻香村”生产好糕点，“同仁堂”生产好药品，“万家乐”生产好电器，而像康乐园这样的娱乐企业就应该生产好心情。

为人们提供好心情不是一件简单的事，东方康乐园为此开发出了一些与众不同的项目。例如，专家设诊、免费幽默鸡尾酒、有奖小吉尼斯纪录等，都是能让人开心、益心益智的项目。他们还实行透明收费，每项服务都明码标价，多年来不收服务费、不收小费，让顾客花钱花得明白、舒心。另外，一般娱乐场所最让人放心不下的就是色情服务。东方康乐园的按摩室都是大房间，7年来几乎成为有关管理部门的免检单位。健康经营换来的是顾客的信任、开心，这样，康乐园就自然能为顾客提供好心情了。

问题

1. 东方康乐园经营成功的秘诀是什么？
2. 结合自己的购买实际，分析情感因素对消费者购买行为的影响。

实践训练

结合自己的实际购买活动，了解一般营业员的营销过程是否符合人们的心理认知规律。

第3章　消费者的个性心理特征

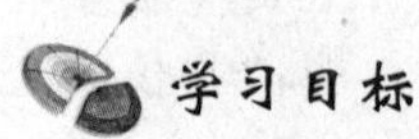
学习目标

1. 认识消费者个性心理特征的形成、发展及其对消费行为的影响；
2. 了解气质的内涵、表现及其对消费行为的影响；
3. 掌握消费者性格的含义及其与消费行为的内在联系；
4. 认识消费者能力对购买活动的影响。

引　例

关注客人的兴趣

巴黎希尔顿大酒店里，有一天来了一位美国女贵宾，她进房间安顿好行李后，匆匆离去，参加商务活动了。值班公关经理吩咐服务员立即将这间房内的窗帘、地毯、床罩和桌布换成大红色。女贵宾回房时，惊喜异常，就问公关经理如何知道自己喜欢红色。经理说："我见您的皮鞋、提包和帽子都是红色的，猜想您对红色有兴趣。您的商务繁忙，一定希望有个自己喜欢的舒适的环境，这样的布置，您喜欢吗？"女贵宾大喜，随即取出支票，开出一张1万美元的支票，作为小费赠送。

分析启示　有经验的营销人员要学会观察，关注细节，关注客人的兴趣，针对不同个性的消费者，采取不同的营销策略。

消费者在购买商品活动中的心理现象虽然遵循一般的普遍的共性规律，但是具体到每一个消费者的购买行为时又是千差万别、各具特色的。这种差异正是消费者的个性心理特征的反映。

所谓个性心理特征，是指一个人所具有的持久而稳定的心理特点。个性心理特征具体表现为人们在能力、气质、性格、兴趣等方面的个人特点和相对差异。人的个性心理特征的形成和发展，既受先天因素影响，也受后天因素影响，是在先天生理基础上，并在一定社会历史条件下通过社会实践活动逐步形成的。人的个性心理特征是要通过人的行为方式表现出来，消费者的个性差异也必然要通过不同的购买行为表现出来。因此,研究和了解消费者的个性心理特征,不仅可以解释不同消费者的购买行为,可以预测消费者行为的变化趋势,有针对性地开展营销服务工作,而且对提高企业营销活动的效率有着重要的指导意义。

3.1　消费者的气质

3.1.1　气质的含义

气质是指一个人与生俱来的、典型的、稳定的心理特征,它表现为人的心理活动的全部动力特征。

心理活动的动力特征是指心理过程的强度、速度、稳定性、灵活性和指向性等。心理活动的强度是指情绪的强弱、意志努力的程度、耐受力的大小等;心理过程的速度是指知觉的快慢、思维的敏捷性等;心理过程的稳定性是指情绪的稳定性、注意集中时间的长短等;心理过程的灵活度是指兴奋与抑制转换速度的快慢、注意转移的难易等。例如,有的人心理过程迅速、敏捷;有的人迟钝、缓慢;有的人稳健有序,有的人动摇不定;有的人强而有力,有的人软弱无力等。

人的气质特征不以活动的动机、目的内容为转移,往往以同样的方式表现在各种各样的活动之中。也就是说,具有某种气质特征的人,常常在内容完全不同的活动中表露出同样的动力特点。例如,情绪容易激动的人,不仅在应该兴奋的场合表现出情绪激动,而且在不值得或不应该激动的场合也表现出激动,甚至有时为了一点小事会和他人无休止地争得面红耳赤。所以,气质往往使一个人的心理活动涂上个人独特的色彩。

一般来讲,人的气质基本受遗传因素影响,是与生俱来的,具有较大的稳定性,变化很慢,气质的许多特点甚至可保持终身。但在后天教育环境和生活条件的影响下也会发生一些缓慢变化。

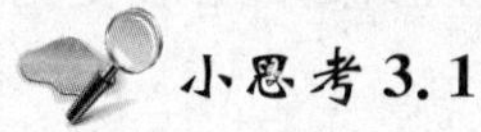

人们常说:“江山易改、秉性难易”。这里的“秉性”是指什么?

答　秉性指的就是人的气质,它是与生俱来的,较难改变。

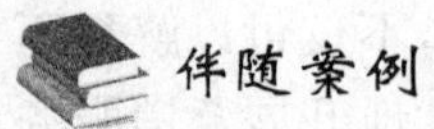

伴随案例

懂得“牛性”

一天，美国著名思想家、文学家爱默生和儿子想把一头小牛从草地弄进谷仓里。爱默生用力推，儿子用力拉，但是那头小牛也正好和他们一样，只想到自己所要的，所以拒绝移动，坚持不肯离开草地。有个爱尔兰妇女见了，虽然她不会写什么散文集，却比爱默生更懂得“牛性”。她把自己充满母性的指头放进小牛嘴里，一面让它吮吸，一面轻轻地把它推入谷仓里。

分析启示 这个爱尔兰妇女为什么成功了呢？道理很简单，她清楚那头小牛的脾气秉性。其实，消费者也是这样。要吸引消费者购买，必须了解消费者的脾气秉性。

3.1.2 气质的类型

气质是个古老的概念。心理学家对气质这一心理特征进行了多方面的研究，自从公元前5世纪古希腊医生希波克拉底首先提出气质体液说以后，相继产生了各种气质学说。如体形说、血型说、倾向说、激素说、高级神经活动类型学说等。其中，最具代表性的是希波克拉底的体液学说和巴甫洛夫的高级神经活动类型学说。

1. 体液学说

公元前5世纪，古希腊医生希波克拉底在自己的临床实践中，首先提出人体内有血液、黄胆汁、黑胆汁、黏液四种体液，这四种体液所占的比例不同，就会形成不同的气质类型。在体液的混合比例中，血液占优势的属于多血质，黄胆汁占优势的是胆汁质，黏液占优势的是黏液质，而黑胆汁占优势的是抑郁质。这四种分类的生理基础带有朴素的唯物主义性质，但缺乏科学性。然而，这四种类型又符合人的现实表现，因而一直沿用至今。这四种类型在行为上的典型表现如下：

(1) 胆汁质：典型特征是直率，热情，精力旺盛，易于冲动，性情急躁，心境变化强烈，难以克制等。

(2) 多血质：典型特征是活泼，好动，反应迅速，喜欢交往，兴趣广泛，注意力容易转移，情绪多起伏波动，善于适应变化了的环境等。

(3) 黏液质：典型特征是安静，稳重、反应缓慢，沉默寡言，善于忍耐，注意力难以转移，情绪不易外露，交际适度等。

(4) 抑郁质：典型特征是行动迟缓，感情体验深刻，心细敏感，感受力强，情感细腻，乐于独处，不善交际，孤僻多疑等。

以上是四种气质类型的典型表现。而在现实生活中绝对属于某种气质类型的人并不多，大多数人是以某一种气质类型为主，兼有其他气质特征的混合型。

2. 高级神经活动类型学说

俄国著名心理学家巴甫洛夫利用条件反射学说所揭示的高级神经活动的规律性和神经过程的基本特征，对气质作了科学的阐述，使气质理论建立在科学的基础之上。他把气质分为：

(1) 兴奋型(强而不平衡型)：这类人的神经素质反应较强，但不平衡，容易兴奋而难以抑制，所以在很强的刺激下，容易产生精神分裂。

(2) 活泼型(强平衡灵活型)：这类人神经素质反应较强，而且平衡，既容易形成条件反射，也容易改变条件反射。行动迅速活泼，一旦缺乏刺激就很快无精打采。

(3) 安静型(强平衡而不灵活型)：这类人的神经素质反应迟钝，但较平衡，容易形成条件反射，但难于改造，是一种行动迟缓而有惰性的类型。

(4) 抑制型(弱型)：这类人的神经素质反应较弱，但较为平衡，兴奋速度较慢，容易形成条件反射，但难于改善，也是一种行为迟缓而有惰性的类型。

高级神经活动类型和气质类型二者具有一一对应关系。巴甫洛夫指出：兴奋型相当于胆汁质，活泼型相当于多血质，安静型相当于黏液质，抑制型相当于抑郁质。

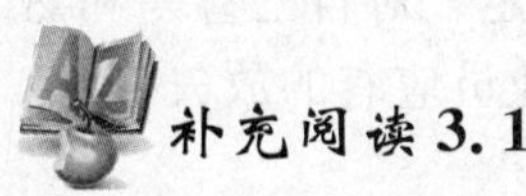

补充阅读 3.1

气质学说之：血型说

日本学者右川竹二等人认为，气质与人的血型具有一定联系。四种血型即O型、A型、B型、AB型，分别构成气质的四种类型。其中，O型气质人意志坚强，志向稳定，独立性强，有支配欲，积极进取；A型气质的人性情温和，老实顺从，孤独害羞，情绪波动，依赖他人；B型气质的人感觉灵敏，大胆好动，多言善语，爱管闲事；AB型气质的人则兼有A型和O型的特点。这种理论在日本较为流行。

3.1.3 消费者气质对购买活动的影响

气质是人典型而稳定的个性心理特征。因此，消费者的气质类型特点必然会影响消费者的购买行为。具体表现在以下几种类型。

1. 胆汁质类型消费者

这种类型的消费者在购买过程中反应迅速，一旦感到某种需要，购买动机就很快形成，而且表现得比较强烈；决策过程短，情绪易于冲动，满意与否的情绪反应强烈，并表现明显；喜欢购买新颖奇特、标新立异的商品；购买目标一经决定就会立即导致购买行动，不愿意花太多时间进行比较和思考，而事后又往往后悔不迭。在购买过程中，如遇热情接待，便会迅速成交；相反，若营业员态度欠佳或等候时间过长，则容易引发他们的急躁情绪，乃至发生冲突。所以，接待这种类型的消费者，营业员要眼明手快，及时应答，并辅以柔和的语言、亲切的目光。

2. 多血质类型消费者

这种类型的消费者在购买过程中善于表达自己的愿望，表情丰富，反应灵敏，有较多的商品信息来源；决策过程迅速，但有时也会由于缺乏深思熟虑而作出轻率选择，容易见异思迁。他们善于交际，乐于向营业员咨询，攀谈所要购买的商品。因此，对这类消费者施加影响比较容易起作用。接待他们，营业员要不厌其烦地有问必答，尽量帮助他们缩短购买过程，当好他们的参谋。

3. 黏液质类型消费者

这种类型的消费者在购买过程中对商品刺激反应缓慢，喜欢与否不露声色；沉默冷静，决策过程较长；情绪稳定，善于控制自己，不易受广告宣传、商品包装及他人意见的干扰和影响，喜欢通过自己的观察、比较作出购买决定。对自己喜爱和熟悉的商品会产生连续购买行为。接待这种类型的消费者，营业员应有的放矢，避免过多的语言和过分的热情，以免引起反感和警觉。

4. 抑郁质类型消费者

这种类型的消费者在购买过程中对外界刺激反应迟钝，不善于表达个人的购买欲望和要求；情绪变化缓慢，观察商品认真仔细，而且体验深刻，往往能发现商品的细微之处；购买行为拘谨，神态唯诺，不愿与他人沟通；决策过程缓慢，小心多疑，既不相信自己的判断，又对营业员的推荐心存戒备，甚至买后仍疑虑重重。接待这种类型的消费者，营业员要小心谨慎，细心观察，设法取得对方的信任，真诚对待，要有耐心。

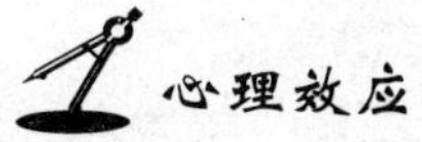

二八定律

“二八定律”，也叫“帕累托定律”，是由意大利著名经济学家帕累托发现的。他发现，几乎所有的经济活动都受“二八定律”的支配：20%的客户带来了80%的销售额；80%的利益来源于回头客；20%的产品或者服务创造了80%的利润；如果你对目标顾客能够了解80%，那么在你与他面对面销售的时候，只需花20%的努力，成功的把握就可以达到80%；在你销售的市场上，真正能够成为你的客户、接受你的销售的人只有20%，但这些人却会影响其他80%的顾客。所以，你要花80%的精力来找到这20%的顾客；销售的成功，80%来自交流、建立感情的成功，20%来自演示、介绍产品的成功，等等。

3.2　消费者的性格

3.2.1　性格的定义

1. 性格的概念

性格是人们对待客观事物的态度和在社会行为方式中经常表现出来的稳定的倾向。它是人的个性中最鲜明、最主要的心理特征，它决定着人活动的内容和方向。如果一个人对现实的态度在类似的情况下经常出现，并逐渐得到巩固，而且成为习惯的行为方式，就是性格。例如，勤奋、懒惰、诚实、虚伪、正直、自私、慷慨、吝啬、谦虚、骄傲等，都属于性格特征。

人的性格是在生理素质的基础上，在社会实践活动中逐渐形成和发展起来的。作为一种稳定的态度和与这相适应的习惯化的行为方式，是在主客观的相互作用中，伴随着人的世界观、信念、道德品质等社会理念的确定而形成的。性格是一个人本质属性的结合，是具有核心意义的个性特征。性格一旦形成，就会在人的行为中留下痕迹，打上烙印。它贯穿于人的全部行为之中。因此，人们可以根据社会道德标准来评价性格的优劣和好坏。这就决定了性格具有直接的社会意义。例如，诚实、正直、认真负责是优良的性格特征，对社会有积极的影响；而虚伪、狡诈、马虎草率是不良的性格特征，对社会有消极的影响。

2. 性格与气质的关系

性格与气质同属于人的个性心理特征，二者在许多方面十分近似，以致人们常把它们混淆起来，二者既有联系，又有区别。

1）性格与气质的区别

主要表现在：

（1）形成的客观基础不同。气质的形成直接决定于人的高级神经活动类型，具有自然的性质；性格的形成虽然受先天生理素质的影响，但主要受社会环境、教育背景等后天因素的影响。

（2）稳定程度不同。气质具有先天性，主要受遗传因素影响，后天影响极为缓慢，具有较强的稳定性；性格是后天形成的，是在人与外界环境的相互作用中逐渐形成和发展的，虽然也具有稳定性特点，但与气质相比，具有较强的可塑性。

（3）气质类型无所谓好坏，而性格有好坏之分。气质反映的是人在情绪和行为活动中的动力特征，它不受活动内容的影响，也不具有社会评价意义。而性格反映的是对客观事物的态度和行为方式，会对他人和社会产生影响，因而有好坏之分。比如，抑郁类型的人，可以发展成爱好思考的优良的性格特征，也可表现为敏感多疑的不良性格特征。

2）性格与气质的联系

主要表现在：

（1）气质可以按照每种类型的动力特征影响性格的表现方式，从而使性格带有一种独特的色彩。例如，同样是对人友善的性格，胆汁质表现为热情豪爽，多血质表现为亲切关怀，黏液质表现为诚恳，而抑郁质则表现为温柔。

（2）气质可以影响性格形成和发展的速度。例如，自制力的形成，对于胆汁质的人来说比较困难，而对于抑郁质的人就比较容易。

（3）性格可以制约气质的表现，也可以影响气质的改变。例如，顽强、坚定的性格可以克制气质的某些消极方面，使积极方面得到充分发展。

3.2.2 性格的特征

1. 性格的态度特征

这是指人对现实的态度所表现出来的性格特征。人对现实的态度主要体现在三个方面：一是对社会、集体和他人的态度，如大公无私或自私自利、热情或冷漠、诚实或虚伪等；二是对事业、工作、劳动和生活的态度，如勤奋和懒惰、认真负责和粗心大意、节俭朴素和奢侈浮华等；三是对自己的态度，如自信或自卑、严于律己或放任自流等。

2. 性格的意志特征

这是指人对自己的行为调节方式和控制程度所表现出来的性格特征。这种特征主要体现在四个方面：一是行为目标明确程度的特征，如是有计划的还是盲目的；二是对自己的行为自觉控制水平的特征，如是一时冲动还是自制力强；三是在紧急或困难条件下表现出来的意志特征，如沉默镇定还是惊慌失措；四是对待长期工作的意志特征，如有无恒心、毅力等。

3. 性格的情绪特征

这是指个人对情绪的控制或情绪对个人活动的影响等方面的性格特征。这主要体现在情绪活动的强度、稳定性、持久性等方面。例如，有的人情绪激动，而有的人较平静；有的人时而激动、时而平静，而有的人则不易起伏变化；有的人情绪活动的持续时间较长，留下的印象深刻，而有的人情绪持续时间短，几乎不留痕迹；有的人心境总是振奋、乐观，而有的人则显得抑郁和沉闷。

4. 性格的理智特征

这是指人在对事物的认识过程中表现出的个体差异方面的性格特征。例如，在感知方面，有主动观察与被动知觉的性格差异；在记忆方面，有形象记忆与抽象记忆的性格差异；在想象方面，有富于创造想象和依赖模仿想象的差异；在思维方面，存在着敏捷性、独创性、逻辑性、深刻性等方面的差异等。

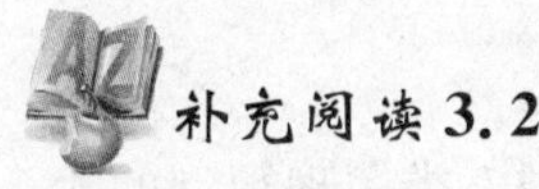

补充阅读3.2

寻找各类客户心理的突破口

1. 抓住来去匆匆型客户的注意力，为客户节省时间。
2. 对爱慕虚荣型客户多加赞美。
3. 用真诚感动脾气暴躁型客户。
4. 让节俭型客户感觉钱花在刀刃上。
5. 用紧迫感使犹豫不决型客户下决心。
6. 对小心谨慎型客户要多给建议。
7. 对待世故老练型客户要开门见山。
8. 给贪小便宜型客户一些小便宜。

9. 让好辩型客户感受到优越感。

10. 吊足沉默型客户的购买欲望。

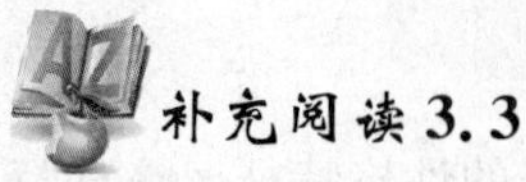

补充阅读3.3

阻碍人际吸引的个人性格特征

社会心理学家指出,有些个人的性格特征会阻碍人与人之间的吸引,不利于促进人们的团结与协作。例如:

• 不尊重别人的人,对他人缺乏感情,不关心他人的悲欢情绪,甚至把别人作为自己使唤的工具,这种人会阻碍人际吸引。

• 以自我为中心的人,只关心自己的利益和兴趣,忽视他人的处境和利益,这种人只能与人建立一般的人际关系,缺乏吸引力。

• 对人不真诚,只关心自己,不顾别人的利益和需要。采取一切手段处处想获得自己的利益和好处,并以此为前提和他人交往,就会破坏人际关系,缺乏吸引力。

• 过分服从并取悦别人的人,过分惧怕权威而又不关心他的部下的人,都会破坏人际关系,也毫无吸引力可言。

• 过分依赖他人而又丧失自尊心的人,缺少吸引力。

• 妒忌心强的人,缺少吸引力。

[资料来源:高树平.管理心理学[M].北京:科学出版社,2005.]

3.2.3 性格的类型

1. 按机能分类

按心理活动机能,可将性格分为理智型、情绪型和意志型三类。理智型的人,常用理智来评价一切;并用理智来控制自己的行为;情绪型的人,往往凭感情用事,不善于冷静思考,但情绪体验深刻;意志型的人,则表现为目标明确,行为主动,不怕困难,意志坚强。

2. 按倾向性分类

按个体心理活动倾向,可将性格分为外倾型和内倾型两类。外倾型的人,心理活动倾向于外部,又叫外向型,一般表现为活泼、开朗、善于交际、善于适应环境等;内倾型的人,心理活动倾向于内部,又叫内向型,一般表现为沉静孤僻、不善交往,心理活动不外露,适应环境困难,但耐力和容忍力较强。

3. 按独立程度分类

按照一个人的独立程度，可将性格分为独立型和顺从型两大类。独立型的人，独立性和自信心较强，不易受暗示和干扰，善于独立地发现问题和解决问题，有时甚至把自己的见解强加于人；顺从型的人，独立性较差，易受暗示和外来的干扰，少有主见，从众倾向较强。

3.2.4　消费者性格的确定与商品销售策略

1. 消费者性格的确定

消费者的性格特征在购买活动中，会以各种外部的形象表现出来，只要销售人员细心观察，认真揣摩，善于分析总结，总能及时捕捉到消费者的性格特征的某些方面，从而大致确定其性格类型。

(1)根据行为举止确定其性格。营销人员在接待顾客时，通过细心观察、分析他们在商店里的一举一动，可以确定其性格。例如，性格高傲的消费者，走起路来总是昂首挺胸，说话摇头晃脑，旁若无人；性格谦虚的消费者，遇人则躬身俯首，微缩双肩，在公共场合力求不引人注目；性格急躁的消费者，在商店里走路总是急步行进，交往中容易激动，也容易发怒，购买商品急于成交。

(2) 根据面部表情确定其性格。俗话说："出门看天色、进门看脸色。"营销人员可以通过观察消费者的面部表情来判断其性格。例如，性格温和的消费者见到满意的商品时，脸上常呈现着微笑的表情；性格抑郁的消费者，常常紧锁双眉，愁容满面，表情很少变化。

(3) 根据眼神确定其性格。眼睛是心灵的窗户，一个人的眼神往往能揭示和反映一个人的内心世界。比如，性格诚实的人目光深沉；性格多愁善感的人，目光一般比较忧郁；性格开朗的人，目光则比较明亮有神；性格多疑的人，由于小心和警觉，目光中常表现出怀疑和不信任。

(4) 根据言谈确定其性格。不同性格的人，其言谈表达方式、速度等也是不同的。例如，性格开朗的人，说话直率，表达清楚，语速较快；性格忧郁的人，说话常常表现得犹豫不决、吞吞吐吐，表达含糊不清，语速比较缓慢等。

2. 对不同性格的消费者的销售策略

通过观察，大致判断出消费者的性格，只是营销工作的第一步。为了使消费者的购买行为愉快、顺利地进行，销售人员必须根据观察到的消费者的不同性格，采取合适的、行之有效的销售策略，有针对性地开展营销工作。具体来说，有以下几个方面：

（1）对待选购商品的速度快和慢的消费者的策略。消费者的性格不同，选购商品的速度也不同。一般来说，对慢性子消费者，销售人员要有充分的耐心，千万不能因为他们选购商品的时间长而沉不住气，显出不耐烦的表情；对急性子消费者，销售人员对他们没有经过充分思考匆忙作出的购买决定应谨慎对待，防止他们后悔退货；对敏感性消费者，销售人员应根据他们的要求，需要什么就买什么，不要过多的介绍，以免引起消费者的误解和猜疑。

（2）对待言谈多和寡的消费者的策略。在购买活动中，由于性格不同，有的消费者爱说话，有的则沉默寡言。对爱说话的消费者，销售人员在接待时要稳重，掌握分寸，多用纯业务性的语言，态度要热情；对少言寡语的消费者，营销人员应把握他们的面部表情和目光注视方向等因素，及时摸清他们的购买意图，用客观的语言来介绍商品，并尽量寻找双方的共同语言，促使消费者的购买行为尽快实现。

（3）对待轻信和多疑的消费者的策略。轻信型消费者，由于他们对商品的性能和特点不太了解和熟悉，因此，会聚精会神地听取营销人员对商品价格、质量等方面的介绍。对这类消费者，营销人员应主动帮助他们出主意，检验商品的质量，帮助挑选合适的商品，要以诚信为本。对多疑型消费者，营销人员最好的办法是尽量让他们自己去观察和选定商品。如果消费者有什么疑问的话，应该用真诚、客观的语言，实事求是地给以解释或介绍，尽可能地打消他们的各种疑虑。

（4）对待购买行为积极和消极的消费者的策略。购买行为积极的消费者，一般购买目标明确，购买计划清楚，对这类消费者，营销人员在了解他们的购买意图后，应主动配合，使他们的购买行为迅速实现；购买行为消极的消费者，常常无明确的购买目标和意图，进店以后能否成交，在很大程度上取决于营销人员能否积极、热情、主动地接待他们，设法激发他们的购买热情，最终引导他们实现购买行为。

（5）对待不同情绪的消费者的策略。性格不同的消费者，由于购买现场各种因素的影响，会有各种不同的情绪表现。特别是对待情绪容易激动的消费者，营销人员应认真注意他们的情绪变化，要冷静、耐心地接待他们，不能随便开玩笑，切不可用刺激性的语言，以免发生不必要的冲突；对语言不多、比较腼腆的消费者，营销人员要细致、温和地对待他们，设法消除他们的紧张心理，主动了解他们的需要，决不能流露出鄙视的表情，更不能伤害他们的自尊心。

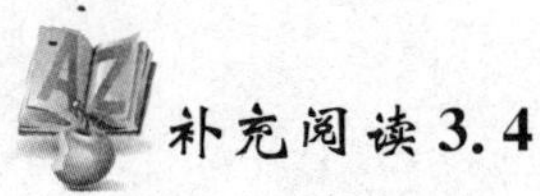

补充阅读3.4

从吃上了解客户的个性

人分南北，食分五味，不同的人在食物的选择上往往有不同的偏好。销售员可以从客户吃的喜好上判断他的性格。

• 爱吃大米的客户，性格稳重谨慎，喜怒不形于色。他们往往精打细算，有较强的忍耐力，善于自得其乐，很少自寻烦恼，待人处事比较圆滑，不喜欢帮助别人。

在与这类客户打交道时，销售员一定要务实，为他们提供价格适中的产品。

• 爱吃面食的客户，性格热情爽朗，心直口快，喜欢夸夸其谈，情绪不稳，容易冲动，做事不计后果，遇到挫折容易失去信心。

在与这类客户打交道时，要抓住他们心无城府的特点，清楚他们的购买底线，为自己争取最大的利润，但千万不要太贪心，把客户当成傻瓜，不然，客户一时冲动，将会带来难以估量的后果。

• 爱吃油炸食品的客户，性格热情，喜欢冒险，总想干一番事业，可是一碰到挫折就灰心丧气。

如果你想销售一些新商品、新服务，这类客户往往是你最好的选择。

销售员也可以从客户的吃相上判断他的性格。

• 吃饭时喜欢细嚼慢咽的客户，一般都受过良好的教育，有较好的修养。他们往往性格稳重诚恳，做事讲究事实根据，可是缺乏冒险精神。

在和这类客户打交道时，销售员一定要表现出良好的修养，尽量多为客户提供一些事实数据，这样能够得到他们的信任。

• 吃饭时喜欢狼吞虎咽的客户，他们往往都是急性子，做事风风火火，可是常常犯考虑不周的毛病。

在和这类客户打交道时，销售员一方面要理解客户的急切需要，同时，又要按部就班，为客户提供满意的服务。

• 吃得多可是却骨瘦如柴的客户，他们往往非常小气，总希望用最少的钱买最好的东西。

在和这类客户打交道时，销售员一定要坚守自己的底线，能做就做，不能做就不做，不要无限地退让。

3.3 消费者的能力

3.3.1 能力的定义

1. 能力的概念

所谓能力,是指人们能够顺利地完成某种活动,并直接影响活动效率的本领。比如,在学习活动中,人们要具有观察能力、记忆能力、思维能力、想象能力、分析和解决问题的能力等。

对能力的理解还要注意以下两点:

首先,能力是顺利完成某种活动的主观条件。人们从事任何一项活动都需要一定的条件,这些条件既有客观方面的,也有主观方面的。能力就是人们成功地完成一项活动的主观条件。例如,消费者只有具备基本的观察能力、记忆能力和思维能力等,才能保证购买活动的顺利进行。

其次,能力总是与人的活动相联系的,并直接影响人的活动效率。因为人的能力总是存在于人的活动之中,并通过活动表现出来。只有从一个人所从事的某种活动中,才能看出他具有某种能力,并从活动的效率和效果看出其能力的大小、强弱。

人的实践活动是复杂多样的,当人们进行某种具体活动时,不是单一的能力所能胜任的,必须有多种能力的结合。为了完成活动任务的各种能力的独特组合,心理学称为才能。例如,营销人员需要有出色的言语表达能力、敏锐的观察力、良好的服务技能、自我调节情感的能力和随机应变的能力等。

2. 能力的发展

能力是在遗传素质的基础上,通过环境与教育的作用,在实践活动中逐步形成和发展起来的。能力的发展离不开知识和技能的学习。能力是在掌握和运用知识、技能的过程中发展起来的,离开知识、技能的学习和训练,是无从发展一个人的能力的。同时,能力又是掌握知识和技能的必要前提,能力的大小往往制约着掌握知识和形成技能的快慢与巩固程度。比如,不具备感知能力的人是无法获得感性认识的,而缺乏抽象思维能力的人也难以获得理性认识。所以,能力与知识、技能是密切联系的。不过,二者又是有区别的。一个人知识的多少,不能完全表明他的能力的大小，也就是说，能力和知识、技能的发展并不是完全同步的。

人的能力除与知识、技能有着密切联系外，还受到人的遗传、环境、心理以及社会实践活动等因素的影响。

(1) 遗传因素。遗传就是父母把自己的性状结构和机能特点遗传给子女的现象。遗传因素是能力发展的自然前提，著名科学家高尔顿调查了 1786～1868 年间英国的首相、将军、科学家、音乐家和画家等 977 人的家谱，发现他们的亲属中成名的有 322 人，而在对 977 名普通人家谱的调查中发现，成名的只有 1 人。

(2) 环境因素。环境即人生存的客观现实条件，包括自然环境和社会环境。一般认为，遗传提供了心理发展的可能性，而可能转化为现实性要受环境因素的影响和制约，其中，家庭和教育环境对人的能力的形成与发展起着很重要的作用。

(3) 社会实践。人的能力是人在改造客观世界的实践中形成和发展起来的。不同的生活实践，制约着能力的发展方向和水平。例如，有经验的染色工人能分辨出 40 种以上的色调不同的黑色。古人云："读万卷书，行万里路"，也是强调实践活动的重要性。

(4) 心理因素。人的主观能动性与人的能力发展也有密切联系，具有近似的先天素质与环境条件，又从事同样的实践活动的人，能力的提高与发展也不同。这主要取决于个人的心理因素，特别是性格特征，其对一个人能力的发展常常起制约作用。例如，具有远大的理想、浓厚的兴趣、顽强的意志等良好的性格特征都能促使能力的发展，并且能弥补某些能力的不足；而不良的性格特征或性格上的弱点，往往成为能力发展的障碍。例如，软弱而缺乏自信的性格，常常是一个人无所作为的主观因素。

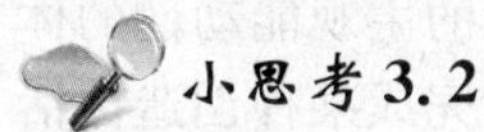

小思考 3.2

人的学历越高，掌握的知识越多，能力就越强。这句话对吗？

答　不对，因为能力和知识发展并不同步。知识多，只为能力的提高提供可能，但关键看实践能力。

3.3.2 能力的种类

1. 按照能力的倾向性划分

(1) 一般能力，是指人们从事各种活动所必须具备的，并在各种活动中表现出来的基本能力。它主要包括观察力、注意力、记忆力、想象力、思维能力等五种基本能力。这五种能力的有机结合，称为智力。这五种能力在智力结构中相互联系、相互渗透，以抽象思维能力为核心有机地组合为一个整体。

(2) 特殊能力，是指人们完成某种专业活动所需要具备的专门能力，如绘画能力、音乐能力、计算机操作能力等。特殊能力的有机结合称为专业才能，是人们从事某种专业活动所必备的能力。

2. 按照能力的功能划分

(1) 认知能力，是指人们在工作、生活、学习、研究中对客观事物观察、分析、概括、理解的能力，如观察能力、分析能力、理解能力等。它是人们成功地完成活动过程最重要的心理条件。

(2) 操作能力，是指操作、制作和运动的能力，如电器修理、计算机操作或驾驶等方面的能力。它是人们从事日常工作和生活的重要条件。

(3) 社交能力，是指人们在社会交往活动中所表现出来的能力，如组织能力、管理能力、公关能力、言语表达能力等。它是人们在社会生活中不可缺少的重要能力。

3. 按照能力的创造性程度划分

(1) 模仿能力，又称再造能力，是指仿效他人的言行举止而引起的与之相类似的行为活动的能力，也就是依样画葫芦，善于按照原有模式进行活动和解决问题的能力。

(2) 创造能力，又称创新能力，是指人们产生新思想，发现和创造新事物的能力。它是人们超越自有模式进行思考和解决问题的能力，是人的主观能动性的体现。创造能力一般具有独特性、变通性、创新性等特点，是成功完成某种创造性活动所必需的条件。

4. 按照能力的表现划分

(1) 现实能力，是指在现实中，已经表现出来的、可以被认知的能力，如学生的学习能力。

(2) 潜在能力，是指在现实中无法表现或未完全表现的潜在的、可能的能力素质，如学生的推销能力、社交能力等。

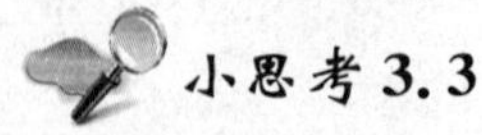

小思考3.3

古人云："千里马常有，伯乐不常有"，是何道理？

答　说明慧眼识英才难能可贵。“伯乐”不仅能了解人的现实能力，更能发现人的潜在能力，十分难得。

3.3.3　能力的差异

人的能力差异是客观存在的。这是由于人们接受的先天因素和后天环境的影响不同而形成的，其中最主要的是环境、教育和社会实践活动的影响。人的能力差异主要表现在质和量两个方面，质的差异表现为能力类型的不同，量的差异表现为能力发展水平和能力表现早晚的差别。

1. 能力类型的差异

能力类型的差异，是指人的能力在类别上、方向上存在的不同而形成的差异，主要是指人与人之间具有不同的优势能力。例如，有的人认知能力较强，而操作能力较弱；有的人专业能力较强，而社交能力较弱；有的人善于抽象思维，而有的人善于形象思维；还有许多人各种能力较均衡，属于混合型或中间型等。

人的能力的差异虽然是客观存在的，但这并不表明一种类型的能力比另一种类型的能力优越。在任何类型的基础上，能力都可以得到相应的发展。每个人都可以根据自身的特点和需要，发展与之相适应的各种能力，以适应各种社会实践活动的需要。比如，有的人对技术应用方面有浓厚兴趣，就可以发展成为技术型应用人才；有的人对理论研究特别爱好，就可以发展成为理论研究人才。正因为如此，我们的社会才可能出现大量的思想家、政治家、社会活动家、科学家、音乐家、工程师，以及民间艺人和能工巧匠等各类人才。

能力类型差别在消费者购买过程中表现得十分明显。例如，消费者在选购服装面料时，有的审美能力比较强，很会选购，购买正确、果断；有的则没有经验，拿不定主意，而无所适从。

2. 能力发展水平的差异

能力发展水平的差异，是指不同的人在同种能力的发展水平上存在着高低的差别。如果在相同条件下，一个人从事某项活动的顺利程度和取得的成绩高于别人，在一定程度上表明了这个人能力比其他人强。比如，从小在一起练习打乒乓球，有的成绩好，进了省队或国家队；而有的则成绩平平，成为普通人，这是运动能力的差异。大家同去推销某种商品，有的人推销业绩很好，有的人则业绩很差，这是推销能力的差异。

3. 能力表现早晚的差异

能力表现早晚的差异，是指不同人之间在同种能力的发展上表现出时间迟早的差别，有的人“人才早熟”，有的人“大器晚成”。能力表现早晚的差异原因是多方面的，除了自身条件和教育以外，与参与活动的机遇和社会实践的早晚、多少都有很大关系。只要有坚忍的意志和毅力，在明确的人生理想和目标的引导下，经过勤奋努力，差异是可以逐渐缩小的。

4. 能力的性别差异

美国心理学家桑代克曾做过试验，发现女性在语言表达、短时记忆方面优于男性，而男性在分析、综合能力以及观察、推理和历史知识的掌握方面优于女性。此外，在感知、记忆、思维及创造性等方面，在男、女性别上也都有差异。

3.3.4 能力对消费者购买活动的影响

在购买活动中，消费者要能够顺利地完成自己的购买行为，买到满意的商品，必须要具备一定的购买能力。不同消费者的购买能力是有差异的，并影响着消费者自身的购买行为。消费者的购买能力主要表现在以下几个方面。

1. 对商品的感知辨别能力

感知辨别能力，是指消费者观察、识别、了解和认识商品的能力。它是消费者深入认知商品的前提，是消费者购买行为的先导。

感知能力，或称观察能力，是指消费者对商品的外部特征和外部联系加以直接反映的能力。通过感知，消费者可以观察、了解到商品的外观造型、色彩、气味、轻重以及所呈现的整体风格，从而形成对商品的初步印象，并为进一步作出分析判断提供依据。一般来说，感知能力强的消费者，能够迅速地注意到自己所关心和需要的商品信息，在琳琅满目的商品中很快找到自己感兴趣和要买的东西，并且对商品观察得比较精细。而感知能力差的消费者对相关的信息反应比较迟缓，面对各种各样的商品，有些茫然不知所措，不能迅速抓住商品的主要特征。

辨别能力，是指消费者识别和分辨商品优劣的能力。由于识别能力的强弱不同，消费者对商品的感受和评价也不一样。识别能力强的消费者不仅了解和熟知某种商品的外观造型、商标型号、包装等外部标志和特征，而且能够根据自己掌握的专业知识和实践经验来识别这种商品的内在质量。他们能够充分利用自己的感官和各种识别资料，细致、全面地识别商品。而识别能力弱的消费者则对商品的认识比较肤浅，往往只停留在对商品外部特征的认识上，缺少对商品深入、全面、细致的辨别。因此，在购买活动中容易受骗上当或选择不当。

2. 对商品的分析评价能力

分析评价能力，是指消费者对接收到的各种商品信息进行整理加工、分析综合、比较评价，进而对商品的优劣、好坏作出准确判断的能力。消费者分析评价能力的高低主要取决于其思维能力和思维方式，并受个人知识、经验、审美观的影响，并直接影响其购买行为。

分析评价能力高的消费者在购买商品时，能积极主动地收集有关信息，能清楚地了解商品的优缺点；对于商品广告有比较全面而正确的认识，对于企业采取的一些正常的、不正常的促销手段有相当的判断力，并具有很高的鉴赏能力和审美能力。相反，分析评价能力低的消费者，则缺乏综合评价能力、鉴赏能力和审美能力，选购商品时难以作出准确判断和正确选择。

3. 对商品的购买决策能力

购买决策能力，是指消费者及时、果断、正确地作出购买决定，购买到满意商品的能力。购买决策能力的高低，直接受消费者自信心、情境因素的影响，在不同消费者身上具有很大的差异。有的消费者能根据自己对商品的判断，及时作出决定，采取购买行动；而有的消费者在购买行动中常常表现出犹豫不决、优柔寡断，受别人看法的左右，不能根据实际情况果断采取行动，常常坐失良机，后悔不已。

消费者在购买过程中除了需要具备一般能力之外，有时还需要具有一些特殊能力，如艺术鉴赏能力、视听能力、色彩辨别能力、商品检验能力、言语沟通能力及讨价还价能力等，以便在选购某些特殊商品时能顺利地实现自己的购买行为。

3.4 消费者的兴趣

3.4.1 兴趣的定义

兴趣是人们力求认识、探究某事物的心理倾向，是人们认识和从事各种活动的强劲动力。人们常常对自己感兴趣的事物力图感知、刻意追求。兴趣属于人的个性心理特征结构中的个性倾向性，是人对客观事物的选择性态度，是由客观事物产生的积极意义引起肯定性的情绪和态度而形成的。正是由于这种认识的倾向性，才使人对某些事物或活动予以优先注意，并具有向往的心情。所以，人们按照自己的兴趣所完成的事情往往是最令人愉快的。

兴趣不是天生的，它是在需要的基础上产生和发展起来的。人们迫切需要的事物就是人们兴趣的对象。例如，饥饿时，会对食物感兴趣；希望在事业上取得成功，就会对知识和技能的学习提高感兴趣。由于人的需要是多种多样的，所以兴趣的内容也十分广泛。一般由生理性需要引起的兴趣是暂时的和周期性的，需要得到满足，兴趣就会消失或转化。而建立在心理性需要基础上的兴趣，是较为持久而稳定的，一般随着认识的不断加深，兴趣会更强烈、更浓厚。

3.4.2 兴趣的种类

1. 根据兴趣的内容划分

(1) 物质兴趣，是由对物质的需要所引起的兴趣，如对物品、钱财、宠物、花鸟草虫等的兴趣。

(2) 精神兴趣，是由精神需要引起的兴趣，如对文化、艺术、科技、信仰等的兴趣。

2. 根据兴趣产生的起因划分

(1) 直接兴趣，是由人们参与或关注的某项活动或事物本身所引起的兴趣。例如，人们对打篮球、乒乓球等体育运动的爱好，对音乐、美术的热爱等。直接兴趣一般与人的爱好有关，因而又被称为情趣。

(2) 间接兴趣，是指对某种事物本身没有兴趣，只是由于对这种事物引起的结果或宣传媒介作用引起的兴趣。例如，有的人对学外语本身不会产生兴趣，但为了参加高考或出国深造而引起对学习外语的兴趣，就是一种间接兴趣。由于这种兴趣的成分倾向于意志参与，因此，间接兴趣也被称为志趣。

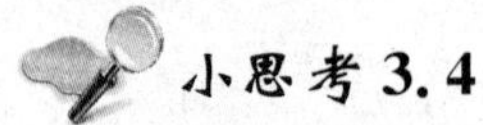

小思考 3.4

有的人喜欢打牌、下棋、跳舞，有的人喜欢看书、学习、搞科研。这两种兴趣有何区别？

答 前者属于情趣，后者属于志趣。志趣需要付出意志努力，更高级。所以，要更多地培养对自己的人生更有益的志趣。

3.4.3 兴趣的特征

兴趣是多种多样的，但他们一般都具有一些共同的特征，主要表现为倾向性、广泛性、稳定性、效能性。

1. 倾向性

兴趣的倾向性，是指人们的兴趣总是指向某种客观事物，有具体的内容和对象，而且因人而异，各有所好。比如，有的人喜欢摄影，有的人爱好文学，有的人则喜欢体育运动等。同样，各种商品对具有不同兴趣的消费者具有不同的吸引力。

2. 广泛性

兴趣的广泛性，是指人们兴趣范围的大小。比如，有些人对什么事都容易产生兴趣，兴趣十分广泛，而有的人则把自己局限在一个小天地里，很少关注其他事物。一般来说，兴趣广泛，学习的热情就高，知识就较多，经验也较丰富；兴趣狭窄，掌握的知识、信息、经验也就较少，面较窄。一般兴趣广泛的消费者，平时接触面广、信息多、经验丰富，因而购买能力就强；相反，购买能力就差。

3. 稳定性

兴趣的稳定性，是指兴趣持续时间的长短与稳定程度。有的人对某种兴趣持久而稳定，甚至一辈子喜欢；而有的人兴趣持续的时间短，变化无常，朝三暮四。比如，有的消费者对某一品牌商品感兴趣，便长期、习惯性地购买，忠诚度高；而有的消费者使用一段时间就变换新的品牌，喜欢新鲜的刺激。

4. 效能性

兴趣的效能性，是指兴趣对人的实践行为所产生的作用和效果。兴趣发生在不同人的身上，所起的作用和效果不一样。有的人兴趣很容易付诸行动，全身心投入，越做越有兴趣，产生的效果就好；有的人则浅尝辄止，无意深入，或“只说不练”，直到兴趣慢慢消退，产生的效果就差。

3.4.4 兴趣对消费者购买活动的影响

1. 兴趣有助于消费者为未来的购买活动作准备

当消费者对某种商品或劳务产生兴趣时，他的思想就会活跃起来，随时随地地注意收集和积累有关商品的各方面信息，从而为未来的购买活动做好准备。

2. 兴趣有助于消费者作出购买决策

消费者在购买自己感兴趣的商品时，由于兴趣所致，一般总是心情愉快，情绪高涨，注意力集中，态度积极认真，因而能够缩短挑选和决策的过程，促进购买行为的顺利实现。

3. 兴趣有助于消费者重复购买或长期使用某种商品

消费者一旦对某种商品产生持久的兴趣和信任，就会发展成为个人偏好。这种特殊的偏好，往往促使消费者在长期的生活中习惯性地使用某种商品，从而形成重复性、长期的购买行为。

知识题

1. 什么是气质？气质可分为哪些类型？
2. 结合实际，分析气质对购买行为的影响。
3. 什么是性格？它是如何形成的？
4. 性格和气质的关系如何？
5. 举例分析消费者性格的确定及其营销对策。
6. 能力有哪些类型？能力的发展受哪些因素影响？
7. 结合实际分析，在购买活动中，顾客应具备哪些能力。
8. 什么是兴趣？兴趣对消费者购买行为有何影响？

案例分析

看电影迟到的人

前苏联心理学家以去电影院看电影迟到为例，对人的几种典型的气质作了说明。假如电影已经放映了，门卫又不让迟到的人进去，不同气质类型的人会有不同的表现。

一种人匆匆赶来之后，对自己的迟到带着怒气，想进电影院的心情十分迫切，便和检票员大声吵闹，而且不顾阻拦往里闯。

另一种人赶来之后，对门卫十分热情，又是问好又是感谢，想出许多令人同情的理由，并急中生智找熟人或寻找别的途径进去，进不去也会爽快地离开。

第三种人来了之后，犹犹豫豫地想进去又怕门卫不让进，微笑而平静地向门卫解释迟到的原因，规规矩矩地站在门口等，看着别的迟到的人和门卫争取，不行就平静地走开。

第四种人来了之后，也不愿意解释迟到的原因，只是唉声叹气说："真不走运，太倒霉了。"说完便默默地走开，最多只是责怪自己为什么不早点来。

问题

1. 以上四个人分别具有哪种典型气质特征？
2. 开展营销工作中了解人的气质特征有何意义？

实践训练

分析自己或身边熟悉的人的个性心理特点，并提出相应的营销对策。

第4章　消费者的需要与动机

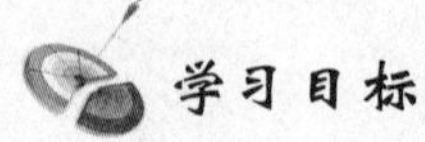

1. 理解消费者需要的概念、分类及其影响因素；
2. 掌握消费者购买动机的含义、类型及其对购买行为的影响。

“压给你看”与“转给你看”

江苏射阳县生产的席梦思床垫诞生时，面临市场滞销。怎样打开市场，赢得消费者的信任呢？经市场调查和精心策划，该厂在安徽马鞍山做了一次现场试验，该厂生产的“苏鹤”牌席梦思床垫放在马路上，调来一台10吨重的压路机，在床垫上往返10次，床垫依然如初。在场的数千名观众赞不绝口，该厂的“苏鹤”牌席梦思床垫由此声誉大振，销量一路上升。

南京市“蝙蝠”牌电扇问世时，正面临全国3 400家电扇厂激烈竞争的形势，广大用户对它还很陌生。该厂为了提高产品的知名度，证明产品质量的可靠，于1984年把“蝙蝠”牌电扇摆到南京新街口百货商店的橱窗里，旁边用醒目的文字说明：“从1984年4月1日起，昼夜运转，请你计算一下至今已连续运转了多少个小时。”前来观看的消费者从早到晚川流不息，看看电扇是否还在正常运转。由于电风扇质量确实过硬，从而赢得了广大消费者的信赖，很快在市场上打开销路，一直畅销不衰。

分析启示　这两个案例主要运用了心理策略，准确地把握了消费者的心理需求，赢得了消费者的信赖。

研究消费者的购买行为，必然要涉及两个问题，即行为的指向和行为的持续问题。也就是说，他为什么要选定一个特定的行为(确定)而不选定别的，这就是行为的指向问题。还有他为什么能坚持不懈地完成某项活动(购物过程)，这就是行为的持续问题。而引起并决定这两个问题的根本原因在于需要，由需要产生动机。

离开了人们的需要，一切商品就失去了它存在的意义。需要是购买过程的动因和起点。因此，研究消费者的心理，首先要研究和分析消费者的需要，进而研究和分析消费者的购买动机。

4.1 消费者需要的分析

4.1.1 消费者需要的概念和种类

需要是指在一定的生活条件下，有机个体或群体对客观事物的欲求。就人类而言，需要是人们为延续和发展生命，以一定的方式适应生存环境而对客观事物的要求和欲望。它是人的机体自身或外部生活条件的要求在头脑中的反映。

需要是现实要求的反映。人作为生物，为了维持生命，延续种系，就有补充养料、求得安全和进行繁殖的客观要求。这些生理要求反映在脑中，为人所感受，就成了求食欲、防御和性欲等基本需要。同时，人又作为社会成员而存在，它又离不开群体与社会而孤立地生活。群体和社会的生活、生产要求人们分工与合作，要求人们掌握技能并积累知识经验去不断改进技术，要求人们有秩序而和谐地生活，要求社会不断地进步与发展等。正是人们的生理性、社会性需要，推动着经济的发展和社会的进步。

消费者需要，是指消费者在一定的社会经济条件下为了自身生存与发展所必需而对商品或服务的需求和欲望。消费者需要通常以对商品的愿望、意向、兴趣、理想等形式表现出来。企业的营销活动对消费者个体的影响，首先表现在需要是营销活动转化为购买活动的中介。没有需要的中介，营销活动与消费者购买的内在动机之间就没有必然的直接联系。

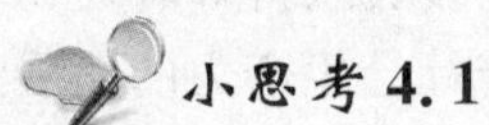

小思考 4.1

需要与需求是不是同一个概念?

答　不是。需要是指在一定的生活条件下，有机个体或群体对客观事物的欲求；而需求是指对于有能力购买并且愿意购买某个具体产品的欲望。但是，需要与需求也是紧密相连的。

1. 消费者需要的产生

(1) 消费者需要产生的生理状态起因。消费者机体存在着某种欠缺而未获得满足是消费者生理需要产生的根本原因。例如,饥饿的产生,依赖于味觉、胃的收缩、血液含糖程度,荷尔蒙(激素)状态以及神经活动等。脑及神经系统与需要的产生有关,特别是与某些欲望的产生系统更是密切。

(2) 需要产生的社会情境起因。社会环境因素容易产生或增加已产生需要的强度。在社会情境中产生需要最强有力者是目标对象。比如,嗅到或者看到食物,最容易产生饥饿的需要;高大的英雄形象,爱国主义的民族英雄事迹,可以使人产生崇高理想的需要,从而激发消费者购买有关爱国英雄的书籍资料等。

(3) 需要产生的认识起因。消费者对客观世界的认识和评价是需要产生的重要起因。思想,特别是想象和幻想,可以使一个人不断地产生某些愿望。一个消费者想象他置身于某一社会情境之中,就能加强他的某一方面的欲望。因此,有些消费者就会将其中的某些欲望付诸实现,以求满足他们的需要。

2. 消费者需要的种类

1) 按照需要的产生和起源进行分类,可以分为生理性需要和社会性需要

(1) 生理性需要是人们为了维持和发展个体生命而产生的对客观事物的需求和欲望。如饮食、睡眠、休息、运动,它是人类和动物共有的。但人的生理需要与动物的生理需要又有本质的区别。人是在劳动中不断产生和满足需要,而动物只是依靠现在的天然物来满足需要。

(2) 社会性需要是与人的社会生活相联系的一些需要。这类需要起源于人类的社会生活。例如,人们对生产知识和技能的需要,对政治地位、威望和文化娱乐等的需要,对友谊、爱情和归属的需要等。

2) 按照需要对象的性质进行分类,可以分为物质需要和精神需要

(1) 物质需要是指人们对物质对象的欲望和要求,如对衣、食、住、行等有关物品的需要,参加社会劳动对劳动工具、劳动对象的需要等。随着社会生产力的发展和科学技术的进步,人的物质需要也不断丰富与发展。

(2) 人的精神需要是指人们对社会精神生活和精神产品的需要,如对知识的、艺术的、道德的、宗教信仰以及美的需要等。精神需要是人的高层次需要,它是人们学习科学知识、追求真理、探索自然和社会发展规律的动力。

3) 按照需要的社会属性进行分类,可以分为权力需要、交际需要和成就需要

(1) 人的权力需要是指人们为了支配他人和各种物品的欲望和要求,如取得某种职务、对他人的指挥、对某种物品的支配控制等。权力需要与人的个体素质和

所处的环境密切相关。

(2) 人的交际需要是指人们对爱情、友谊、归属的欲望和要求。交际需要表现为愿意参加社会交往，寻找温暖或与他们保持良好关系，希望得到爱情，希望被某个团体所接纳，成为其中的一员，相互关心，相互照顾等。

(3) 人的成就需要是指人们为了发挥自己的潜在能力，干一番事业，获得相应成就的欲望和要求。成就需要是一种高层次的需要。人们接受的教育层次越高，成就需要越强烈。具有成就需要的人把个人成功视为目的，他们接受每一项任务，干任何一种工作都努力干好，并从中得到满足感，增强自尊心。在商品购买上，乐意接受标新立异的革新产品，容易接受他们认为有相同需要的广告商的宣传。

当然，消费者的需要还可以按其他标准进行分类，但应该指出，消费者需要的划分只能是相对的，各种需要之间相互影响，相互渗透，密切联系。有些需要既是生理性的，又是社会性的；既是物质的需要，又是精神的需要等。对商品的需要，不仅要求适用，而且要具有一定的造型艺术，给人以美的享受。因此，企业经销商品要考虑到消费者需要的多样性和联系性，并有针对性地给予满足。

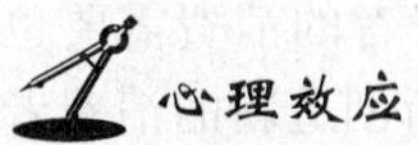

面子定律

凡事要为人留情面。面子的本质是尊严，用美国心理学家马斯洛的需要层次理论来讲，就是受人尊重、得到认可的需求。与人交往，给别人留面子就是给自己留退路，在营销活动中也很必要。

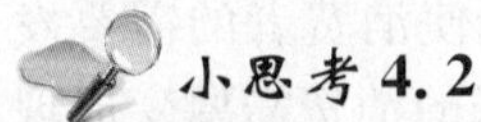

有一类顾客，热衷于购买标新立异的革新产品。请问：从消费者需要角度分析，这类顾客的购买行为受何种需要支配？

答　受人的成就需要支配。

3. 消费者需要的特征

(1) 需要的层次性。需要产生于人的有机体（生活体）的缺乏状态，在一定时间内，人的缺乏状态是多种多样的，很难全部得到满足，于是有机体根据自己的生活环境、经济收入、兴趣爱好、社会地位、职业等条件，对其缺乏状态进行平衡，分清轻重缓急，决定需要的先后次序，于是产生了需要的层次性。同时，由于人类社会是一个由低级到高级的发展过程，人的需要也同样有一个由低级向高级的发展过程。当人的低层次需要得到满足之后,必然地产生较高层次的需要,以致形成一个由低级到高级逐级发展的层次。

(2) 伸缩性。消费者需要的伸缩性,集中表现为消费者对消费需要追求的项目多寡和强弱程度。消费者的消费需要受到消费者自身条件和外部环境的制约。从自身条件来看,主要是指消费者对需求欲望的程度和货币支付能力;外部环境包括企业所提供的商品、广告宣传、销售服务等,二者都会促进或抑制消费者的需要。同时,不同的商品消费,需要的伸缩性也不一样。消费者日常生活中不可缺少的生活必需品,如粮食、食盐、肥皂等,消费者需要的伸缩性就小;而属于满足享受需要的用品,如高档时装,高档化妆品等,其消费需要的伸缩性就大。

(3) 复杂性。消费者是处在一定的社会经济与社会文化的环境中,其民族传统、宗教信仰、生活方式、文化素质、经济条件、社会地位、兴趣爱好、情感意志、个性特征不同,决定了每个消费者的消费需求的对象、结构和方式等千差万别,纷繁复杂,对其主导需要的选择各异。因此,企业在组织商品销售时,应力求做到花色、品种齐全,高、中、低档配套。

(4) 发展的无限性。社会经济文化的不断发展,决定了消费者的消费需要也是一个不断向前推进的无限发展过程。社会经济文化的发展不断创造新的消费者对象,新的更高层次的消费又反过来促进社会经济文化的发展,如此循环往复没有穷尽。消费者对某一项需要满足之后,虽然解除了该项需要对消费者的刺激,但是又会渴望并谋求其他更高一级的需要,并不断地向新的需要发展。

(5) 可诱导性。消费者消费需要的产生和发展,与客观现实的刺激有着很大的关联。社会政治经济的变革,生产部门和流通部门的广告宣传,经营战略的调整,新的道德风尚的倡导,生活和工作环境的变迁等,都有可能使消费者的需要发生变化和转移,使潜在的欲望和需要转变为明显的行为,使未来的消费需要变成现实的消费需要,使微弱的需要变成强烈的需要。这就需要经营企业采取适当的营销措施,来引导和调节消费者的需要。

(6) 关联性和替代性。消费者的需要是多种多样的,各种消费需要之间往往具有一定的关联性。消费者为满足需要,在购买某一商品时往往顺便购买相关的商品。如购买一套西服,可能顺便购买衬衫、领带、皮鞋等。因此,企业在确定经营商品的范围和结构时应充分考虑到消费需求的关联性。

不仅如此,消费需要还具有相互替代性。这种替代性使消费品市场常常出现某种商品销售量增长,而另一种商品销售量减少的现象。例如,消费者对洗衣粉的需要增加,对肥皂的需要相对减少;对肉、禽、蛋等动物食品的需要增多,对粮食、植物油的需要相对减少等。企业应及时了解,掌握并适应消费者需要的变化,更好地满足消费者的需要。

4.1.2 马斯洛的需要层次理论

1. 马斯洛需要层次理论的基本内容

对消费者需要进行分析，不能不介绍马斯洛的需要层次理论。因为马斯洛的需要层次理论在一定程度上揭示了人类需要的发展规律，对市场营销和心理学理论的研究和发展有着重要的借鉴作用。

马斯洛是个美籍苏联人，著名的人本主义心理学家。他经过20多年的潜心研究，于1943年和1954年先后发表了《人类动机的理论》、《动机和人》等著作，提出了著名的人类需要层次理论。马斯洛认为，人的行为是由动机驱使的，而动机又是需要所引起的。人的基本需要可以分为生理需要、安全需要、社交需要、尊重需要和自我实现需要。

(1) 生理需要。生理需要是指人类为维持和延续个体生命所必需的一种最基本的需要。例如，满足解饥、御寒和睡眠等所需的吃、穿、住等需要；维持生命而对水、阳光、空气的需要；为延续种族而对性的需要等。生理需要是人类最低层次的也是最重要、最原始的需要。只有人的生理需要得到满足或基本满足时，较高层次的需要才会形成，才会成为人的行为的驱动力。

(2) 安全需要。安全需要是指人类在社会生活中希望保护自己的肉体和精神不受危险和威胁，确保其安全的需要。安全需要是比生理需要较高一级的需要，它包括安全操作、劳动保护、健康保障、有稳定的职业、财产受到保护、失业保险等内容。

(3) 社交需要。社交需要是指人们希望给予和接受别人的爱与感情，得到某些社会团体的重视和容纳的需要。社交需要包括愿意参加社会交往，寻找温暖或与他人保持良好关系，彼此之间得到友谊、关怀与爱护；希望得到爱情，异性之间相互倾慕，亲密交往，坚贞相爱，满意结合；希望自己有所归属，即成为某个团体的被人承认的成员，参与其中活动，互相关心，互相照顾等。

(4) 尊重需要。尊重需要是指人类在社会生活中希望有一定的社会地位和自我表现的机会，获得相应的荣誉，受到别人尊重，享有较高的威望等需要。尊重需要一般来说是与人们接受教育的程度及其经济、社会地位密切相关的。人们接受的教育程度和社会地位越高，尊重需要就越强烈；相反，尊重需要就相应减弱。尊重需要是人的高层次发展需要。

(5) 自我实现需要。自我实现需要是指人们希望充分发挥自己的才能，干一番事业，获得相应成就，实现理想目标，成为自己所期望的人。马斯洛指出，如果一个人要从根本上愉快的话，音乐家必须搞音乐，艺术家必须画画，诗人必须作诗，一个人能够成就他梦想的事业。它是人们在以上四种需要得到一定程度满足之后所追求的最高层次的发展需要。

2. 马斯洛需要层次理论的内在联系

马斯洛认为，人类的五种基本需要是相互联系的。前两种需要是低层次的基本需要，后三种需要是高层次的发展需要。人类的需要是一个由低级向高级发展的阶梯，只有当低层次的需要得到基本满足以后，才会产生并开始追求新的高一层次的需要。一个人生理上的迫切需要得到满足，就会去寻求保障他的安全，只有当基本的安全需要满足以后，社交需要才会成为主要推动力，以此类推，如图 4.1 所示。

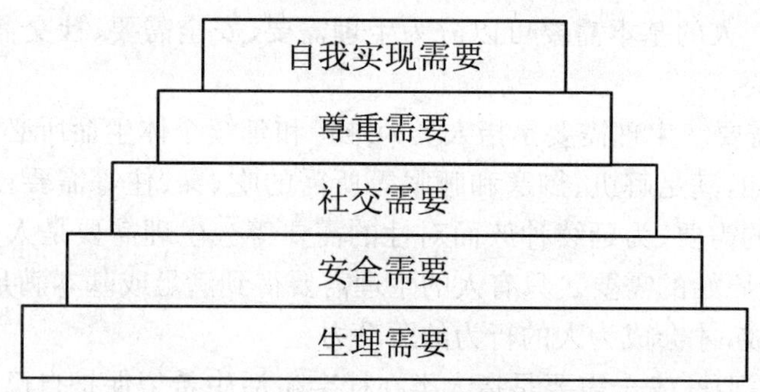

图 4.1 马斯洛的需要层次理论图

马斯洛把人类千差万别的需要归结为上述五个层次，并进行了具体分析，指出了各层次之间的关系和有机联系，这在一定程度上揭示了人类需要的发展规律。因此，对于消费者心理和营销心理的研究具有重要的借鉴价值。但是，马斯洛在分析人的需要时脱离了社会条件和其他因素对个体需要的制约，把人的需要看做是自然的禀赋，看做是一种机械的上升运动，忽视了社会经济、文化因素对人们的需要的影响和制约，忽视了人的主观能动性，所以，在学习、借鉴马斯洛的需要层次理论的同时，还必须与我国的国情和具体实际结合起来。

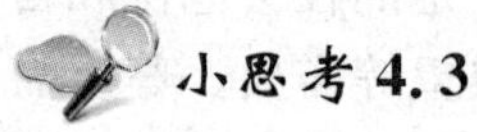

小思考 4.3

马斯洛的需要层次理论为什么对市场营销活动有指导作用？

答 因为马斯洛的需要层次理论在一定程度上揭示了人类需要的发展规律，而消费者的购买行为和企业营销行为都受到人类需要发展规律的制约。

补充阅读

马斯洛的需要层次理论的运用

把马斯洛的需要层次理论运用到消费心理方面也是适用的，根据人们不同的心理需要，我们可以把客户的消费心理分为以下几种：

• 实用心理

很多的客户，他们的购买行为追求的是产品的实际效应，也就是注重商品对于自身的使用价值。根据著名心理学家马斯洛的需要层次理论，我们可以得知人类最低层次的需要是生理的需要，即要满足人类生存基本需要的吃、穿、住、用、行，然后才能够去追求更高层次的需要。可以说，人的大部分的精力都是放在基本的生理需要上的，所以，追求实用，也是人们最为常见的消费心理。

• 安全心理

在基本的生理需要得到满足之后，人们便会追求更高层次的需要，即安全需要。追求安全的心理包括获取安全和逃避不安全两个方面。因此，客户在购买消费品时，会注重该产品会不会给其本人和家庭带来安全感，或者说，可以避免哪些不安全的威胁。这种安全心理在某些销售领域表现得比较突出，如药品、卫生保健、家用电器、保险业务等方面的消费。人们之所以会购买防盗门、灭火器，购买各种保险，购买卫生保健品，都是出于安全的心理需要，避免自己的身心健康、生命安全受到伤害。

• 廉价心理

物美价廉是很多人在购物中所追求的目标，这是日常生活中最为普通也是最为常见的消费心理，大多数人们都希望能够用最少的付出换回最多的回报，获得最大的使用价值。在这种消费心理的作用下，客户在消费过程中，对商品的价格反应会比较敏感。在选择同一种商品时，如果彼此的质量相差不远，客户往往会偏重于选择价格较低的商品。

• 方便心理

现代生活的节奏不断加快，人们需要不断地提高时间的利用效率，在消费活动中也会希望能够最大限度地节约时间。在这种心理的支配下，人们便会尽量购买能够给自己的家庭生活和工作带来方便的产品，如冰箱、微波炉，各种半成品的食物、饮料等，这就给人们在饮食方面带来了很多的方便，满足了客户的方便心理。

• 审美心理

所谓“爱美之心，人皆有之”，追求真、善、美是人类的共性。美会给人带来精神上的享受，漂亮的东西往往最容易刺激我们的感官，给我们的神经和情感带来强烈的撞击，使其产生愉悦感和满足感。随着社会的不断发展，人们的审美能力也在不断改善和提高，美观大方的产品会格外吸引客户的眼球，勾起客户强烈的购买欲望。销售员应该注意到客户的这一心理需求，有意展示自己产品的美的形象，以吸引客户。

• 时尚心理

追求流行、时尚是现代消费者所共同拥有的特点。很多客户普遍都具有追赶时髦、追求新颖的心理，特别是在青年客户的身上表现得更为突出。这些消费者总是喜欢使用新产品，享受新服务，跟随流行时尚。比如一些高科技的电子产品，MP3、MP4、时尚手机、数码相机等，就会特别吸引青年朋友们购买和使用。这样的消费人群往往只是追求新颖和先进，即使价格高一点也不会在乎，相反，对于陈旧的、落后的东西则不会很感兴趣。

• 占有心理

很多的消费者有时候在购买某商品时，他并不是十分需要，只是觉得东西好，自己喜欢，或者别人都有，自己也想拥有，就会买来据为己有，让它成为自己的。这就是“占有心理”，是人类的一种占有欲的表现。销售员则可以利用客户的这一心理，让客户使用自己的产品，当他觉得好的时候就会不舍得再让人拿走，就会把东西买下来。

• 自我表现心理

在基本的生存性需要得到满足以后，客户便会希望能够在社会中得到别人的承认和尊重。在消费活动中表现自己，得到他人的恭维和赞美也是满足这种心理的一个重要途径。因为人人都有自尊心，都喜欢听好话，都渴望得到别人的尊重和喜欢。在消费活动中，听到销售员对自己的恭维和赞美，客户会觉得很有成就感，得到心理的满足。而销售员则可利用客户的这一心理，有意地迎合客户，让客户愿意把东西买下来。

4.1.3 影响消费者需要的因素

消费者需要虽然是人的大脑对客观事物所产生的欲望和要求的反映，但从根本上来说，需要的产生和满足并不是随心所欲、以个人的意志为转移的，而是受到诸多因素的影响和制约。这些因素主要包括以下几个方面。

1. 社会环境因素

消费者都置身于一定的社会环境之中，必然受到社会环境因素的影响和制约。它主要包括社会经济因素、政治法律因素和文化思想因素等。

1) 社会经济因素

消费者需要及其满足的过程和方式是一种经济现象，它是一定社会经济的产

物,因而受到社会经济因素的影响和制约。社会经济因素所包括的内容很多,主要有:

其一,社会生产力发展水平。消费者需要的量与质都是一定社会生产力水平的反映。社会生产什么,消费者就消费什么。尽管人们的消费欲望可以超前,可以促进社会生产新的产品,但最终受到生产的制约。我国城乡的居民消费之所以在 20 世纪五六十年代主要追求"吃饱穿暖";在 20 世纪八九十年代就要"吃讲营养、穿讲漂亮、住讲宽敞舒适、用讲高档美观";进入 21 世纪,手机、电脑、上网、轿车、旅游等均成为消费的热点话题,就是因为不同年代的社会生产力水平是不同的。因此,着力研究生产力水平及其发展趋势,是分析、研究消费者需要的重要环节。

其二,人口。人口是影响消费者需要的基本因素之一。哪里有人,哪里就有衣、食、住、行等各种需求。而且,在人均收入不变的情况下,人口总数同消费总量成正比例关系。人口总数增加,市场消费总量也必然增加;人口总数下降,消费总量则随之减少,尤其是对基本生活资料的需要更是如此。当然,人口对消费者需要的影响,除了从总量分析之外,还要研究人口的地理分布、年龄结构、人口性别、文化程度、家庭户数和家庭人口数等,这些都会对消费需要水平和结构起着重要的影响和制约作用。

其三,经济地理因素。经济地理因素对消费者需要也有明显的影响。比如我国的南方和北方,平原、丘陵和山区,气候和地势不同,资源的分布和开发情况各异,需要的生产资料亦不同;城市和农村,收入水平不同,消费习惯有异,因而市场的供给和需求也有特殊性。此外,交通状况对消费者需要的影响也是很大的。

其四,科技因素。科学技术的发展既对产业结构、产品更新换代、新产品开发、成本和价格等市场营销因素发生着巨大的影响作用,又对消费者需要产生重要的影响。特别在当代,科学技术日新月异,突飞猛进,新技术、新工艺、新材料不断涌现,使商品的市场生命周期大大缩短,产品更新换代速度加快,新产品层出不穷,推动着消费需求不断更新和消费层次不断提高。

2) 政治法律因素

我们党和国家方针政策及宏观调控措施,规定了国民经济的发展方向、发展速度和产业结构的调整,也直接影响着消费者需要的水平、程度、结构和满足方式。国家的法律、法令,特别是有关经济立法,是国家调控市场供求的重要措施,对市场需求的形成和实现起着重要作用。比如,关于所得税、工商税、专卖等有关方面的法规和条例,不仅可以规范企业行为、调节消费者收入,而且鼓励和限制着某些商品的生产、流通和消费。西部大开发战略的实施,必然使中西部地区成为国民经济新的增长点,不仅能增大投资者在中西部地区投资的信心,而且能带动新的消费需求。

3）文化思想因素

文化思想因素主要是指消费者的文化教育水平、思想觉悟、价值准则、宗教信仰、风俗习惯对消费者消费需要所产生的影响。消费者由于接受教育的程度不同，思想觉悟的水平不同，对周围事物的认识不同，因而产生不同的消费心理和消费行为。比如，知识分子一般来说，对精神需要的满足欲望比对物质需要的满足欲望强烈。因此，在市场营销活动中，要充分认识到社会思想文化因素对消费者需要的影响，在商品经营中传播社会主义精神文明，并以丰富多彩、日新月异的商品和第一流的服务促进社会主义精神文明的建设与发展。

2. 企业营销因素

企业营销因素主要是指营销商品、价格、分销渠道、促进销售策略等。企业营销因素是企业可以加以控制的，它们对消费者的需要的形成与实现有非常重要的影响。

（1）企业营销的商品。商品是企业市场营销的轴心，是消费者需要的基本内容。一件既能满足消费者物质需要，又能满足消费者精神需要的商品，可以激发消费者的欲望，产生相应的购买行为。企业在组织商品营销时，要按照营销商品整体概念研究商品因素及其相互关系，以便为消费者提供适销对路的商品，在商品造型、质量、商标、包装诸方面，满足消费者的心理需要。同时，考虑商品的附加利益，为消费者提供一系列附加价值和服务，使消费者需要得到整体上的满足。

（2）商品的价格。商品的价格是市场营销组合中最活跃的因素，也是影响消费者需要形成和实现的重要砝码。一种商品价格定得合理，价格策略得当，会吸引更多的消费者购买。企业利用价格促进消费者需要形成与实现，就是要把商品定价与企业市场营销的其他因素巧妙地结合起来，根据消费者的心理状态采取不同的价格策略，把企业营销商品的价格定得既能使消费者乐于接受，又能为企业带来较多的收益，充分发挥价值杠杆作用，从而取得竞争优势。

（3）分销渠道。在市场经济条件下，商品从生产领域到消费领域的转移过程中，必须经过一系列的环节和路线，从而构成商品分销渠道。商品分销渠道的选择关系到商品流转环节的多少、路线的长短、费用的大小、流通的速度，进而影响消费者需要的形成与实现。同样质量的商品，由于所选择的渠道少、路线短、费用省、定价低，就能够吸引更多的消费者；相反，就会失去消费者。因此，企业必须对商品、市场、企业自身状况及其他环境条件因素进行系统地分析、研究，根据各渠道的特点，认真选择分销渠道，正确地实施分销渠道策略，保证商品顺利而迅速地进入市场，以实现商品的价值和使用价值。

（4）促销手段。商品促销手段是指企业通过人员和非人员方式把所营销的商品及提供的服务信息传递给消费者，激发消费者的购买欲望，影响和促成消费者的购买行为。科学而适当的促销手段，能有效地对消费者进行外部刺激，增强消费者需求强度，影响消费者购买决策过程，诱导消费者购买自己需要的商品，把潜在的消费者转变为自己的现实消费者。因此，企业要善于综合运用广告宣传、营业推广、人员推销、公共关系等促销手段，争取和扩大本企业商品的消费者队伍，提高市场占有率。

对消费者需要发生影响的企业因素除了商品、价格、分销渠道、促销措施以外，还包括企业营销管理战略、目标策略、人员素质、营业环境、信誉等。而且，这些因素是企业可以主动加以控制的，企业只有认真研究这些因素，合理地予以应用，才能产生良好的客观效果。

3. 消费者因素

影响消费者需要的个体因素很多，主要包括家庭及个人经济收入、个性心理因素、年龄和性别、文化程度和个人修养等。

(1) 家庭及个人经济收入。消费者家庭及个人的经济收入情况直接制约着消费者个体需要的水平和结构。在一般情况下，经济收入较少、购买力较低的家庭和个人，其对商品的需要量较少，且以基本生活必需品为主导；而经济收入较多、购买力较高的家庭和个人，其对商品的需要量较多，且在满足基本需要量的基础上，偏重于精神需要和高档次的物质需要。同时，家庭和消费者个人的经济收入对其需要的满足方式也有重要的影响和制约作用。

(2) 个性心理。消费者的个性结构中占主要地位的是需要结构，它是个性倾向性的主要标志之一，从而对个性形成有着积极作用。同时，它也受到个性心理的制约。因而，消费者的性格、气质和能力等个性心理特征，是引起消费者需要差别性的主要心理基础。例如，有的消费者性情孤僻，行动迟缓，寡言寡语，不善交际，那么他的需要结构往往比较简单或特别；相反，有的消费者性情活泼，思维灵敏，交际广泛，对新事物敏感，其需要结构不仅比较复杂、丰富，而且不断变化，始终与社会需要发展趋势合拍。

(3) 年龄和性别。消费者的年龄和性别在其需要结构中占据重要位置。年龄和性别方面的差异，往往决定了消费者需要的层次和需要指向上的不同。儿童对玩具的需要强烈，而妇女对时装的兴趣浓厚；青年人追求时髦，而老年人注重实惠等。而且，年龄和性别除了它的生理及心理特点外，还象征着消费者在社会和家庭中所担当的社会角色，而社会角色也深刻地影响着消费个体的需要层次和结构。

(4) 文化及道德修养。在现代社会中，消费者受到不同的文化教育，受到不同的文化氛围的熏陶，有着不同的道德观念和道德修养。于是，在社会生活中就会呈现不同的情趣、爱好、价值观和审美标准，以及对社会、商品的不同认识和评价，进而影响消费者的需要层次、结构及其满足方式。一般来说，文化程度和修养水平较高的消费者，对发展智力和才能及满足精神享受方面的商品需求量较大。相反，文化程度较低的消费者更注重物质商品的需求。

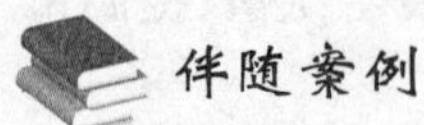
伴随案例

小白兔钓鱼

第一天，小白兔去河边钓鱼，什么也没钓到，回家了。

第二天，小白兔又去河边钓鱼，还是什么也没钓到，回家了。

第三天，小白兔刚到河边，一条大鱼从河里跳出来，冲着小白兔大叫："你要是再敢用胡萝卜当鱼饵，我就扁死你！"

分析提示 不同的人有不同的需求和偏好，营销人员要善于观察和了解不同消费者的需求和偏好，并设法满足人们的需求。

4.2 消费者的购买动机

消费者的购买动机是消费者身心需要受到强化和目标拉力作用结合而成的一种趋向购买行为的推动力，是激励人们购买行为的内在原因，也是消费者个体基于某种欲望和需要所引起的心理冲动。实际上，任何人的行动都不是无缘无故地发生的，人只要处在清醒的状态下，他所从事的任何活动都是由一定的动机所引起的。同时，消费者的任何购买行为也总是受到一定的购买动机的支配。因此，要探索消费者心理，揭示消费者购买行为规律，就必须重视研究消费者的购买动机。

4.2.1 消费者购买动机的形成

所谓购买动机，是指消费者为了满足自己一定的需要而引起购买行为的愿望或意念，也是能够引起消费者购买某一商品和劳务的内在动力。消费者的购买动机由需要驱使、刺激强化、目标诱导三种要素所组成。

1. 需要驱使

心理学认为，人的行为都有一定的动机，而动机又产生于人类本身的内在需要。人们的行为一般来说都是有目的的，都是在某种动机的驱动下达到某个目标的过程。因此，需要、动机、行为、目标这四者之间的关系，如图4.2所示。

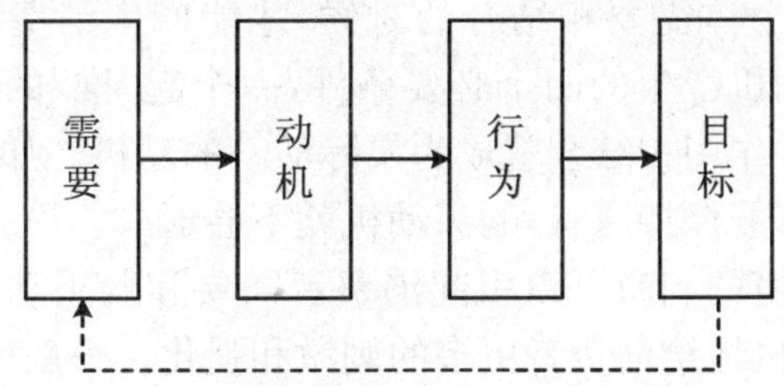

图4.2　需要、动机、行为、目标关系图

同样，消费者的购买动机与消费者需要的关系也是极为密切的，二者不仅都是购买行为的内在因素，而且消费者的购买动机也是建立在消费者需要的基础上，受到消费需要的制约和支配。只是当消费者有了某种需要，并期望得到时，才会成为一种内在的推动力（即动机）。消费者有了购买动机，就要寻找满足需要的目标，并且在目标找到之后，进行满足需要的活动或行为（即购买行为和消费者行为）。当行为产生之后，需要或动机得到满足，生理的或心理的紧张状态解除，消费者个体重新恢复平衡（均衡），新需要又会产生。这个过程可归纳为如图4.3所示。

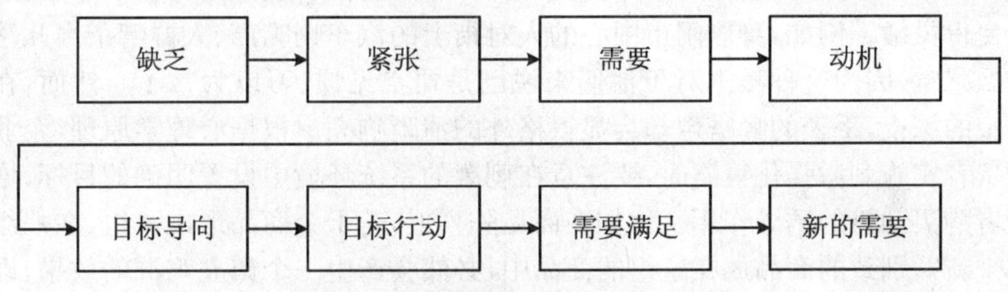

图4.3　消费者购买动机与需要的关系

应该指出，任何一个消费者在一定的时间内都存在着多种多样的内在需要，但能决定消费者购买动机，并导致产生购买行为的，一般是多种需要中最强烈的需要（即优势需要）。因此，分析消费者需要对购买动机的驱使作用，既要分析消费者需要的水平和状况，还要具体地分析消费者需要的结构，只有这样，才能揭示需要与动机之间的关系。

2. 刺激强化

消费者购买动机的形成，从根本上来说是由于消费者个体的内部刺激所产生的，但并不是说所有的动机都一定是需要这种内部刺激产生的。比如美味佳肴可能引起人的食欲，但由于这个人当时并不饿，就不会去消费。再如，某消费者本来已有一件黑色皮猎装,由于市面流行彩色皮夹克,他为了赶时髦,又买了一件皮夹克。这里的美味佳肴、市面上流行彩色皮夹克都是引起消费动机的外部因素。但只有当刺激和消费者个体需要相结合的时候,才能产生消费者购买活动的动机。因此,需要和刺激是动机产生的两个必要条件,一个起“推”的作用,一个起“拉”的作用,“推”与“拉”两种作用相结合就成为实际活动的动机。如果有“推”无“拉”,即没有刺激,那么需要可能保持原状,购买动机就不会形成。

正是由于外部环境的刺激可以引起消费者需要和购买动机,因此企业在市场营销活动中应不失时机地给消费者更多的刺激和强化。一般来说,刺激越多,诱因越强,消费者购买商品便越有可能。如企业通过各种广告媒体宣传,或者举办各种类型的展评会、展销会等,都是卓有成效的刺激、强化因素。商品的良好的质量、美观的造型、精致的包装、实惠的价格以及主动、热情、耐心、周到的营销服务,更是诱发消费者购买动机不可忽视的因素。

3. 目标诱导

目标诱导是指消费者在接受众多的刺激中能够构成购买行为目标对其的诱发力。心理学研究表明,人的感觉取决于外界环境刺激的变化。在一个充满各种刺激的环境中,人的感觉会变得呆滞;相反,在一个只有微弱刺激的环境中,人的感觉则会变得灵敏。例如,身居闹市中心的人对街上的汽车喇叭声、人群嘈杂声几乎没有什么感觉,因为这种噪声对于他们来说已是司空见惯、习以为常了。然而,在万籁俱寂的深夜,手表的嘀嗒声却会显得格外的清晰响亮。根据心理学原理,企业在对消费者实施刺激强化策略时,要注意在刺激的系统环境中设置明确的目标,增强消费者购买动机的诱导作用。比如在商品陈列上,若干个商品形成一组,在一组中有一个新颖别致的商品放在这组的商品中,必然会产生一个鹤立鸡群的效果,即刻引起消费者的注意。这个商品所起的作用我们称之为目标诱导。企业市场营销的各个因素都可以通过设置一定的目标来诱导消费者,形成和强化消费者的购买动机,促进购买行为的产生。

综上所述,消费者购买动机实质上是需要驱使、刺激强化、目标诱导三种要素相互作用的一种合力。这给我们有效地开展市场营销活动提供了有益的启示。

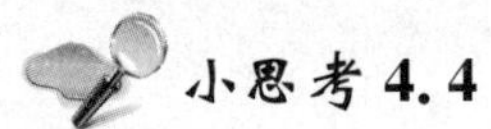

小思考 4.4

消费者产生购买动机的根本原因和动力是什么?

答 是消费者内在需要。

4.2.2　购买动机的特征

1. 复杂性

消费者的购买动机是很复杂的。一种购买行为往往包含着若干个购买动机，而不同的购买动机可能表现出同样的购买行为，相同的购买动机有可能表现出不同的购买行为。在消费者的购买动机体系中，各种动机所占的地位和所起的作用是不同的。有些动机比较强烈而稳定，称为优势动机；其余的，则称为劣势动机。优势动机是有较大的激活作用，在其他因素相同的情况下，消费者个人的行为是和优势动机相符合的。

2. 转化性

消费者的优势动机和劣势动机不仅相互联系，而且相互转化。当一个消费者的购买行为在多种购买动机驱使形成的过程中，优势动机往往起关键作用。但是，如果在决策或选购商品的过程中，出现了较强的外部刺激，如购买现场的广告宣传，或发现钱不够，或近期某种商品的价格调整，或售货员态度恶劣使人难以忍受等，迫使消费者购买的优势动机被压抑，而劣势动机就可能向优势动机转化。

3. 公开与内隐的并存性

在消费者多种多样的购买动机中，有些是有意识的公开的动机，即完全知道行为者背后的动机，而有些则是无意识的内在蕴涵着的动机。当一个消费者无论如何也不能说清楚某一特定行为的真正动机，或者出于某种原因用劣势动机掩盖其优势动机或真正动机，这就是动机的内隐性。比如，有的人在家里面铺了地毯，其优势动机是为了显示优越感，但别人问起为什么买地毯时，却回答说是为了居室清爽少尘。

4. 冲突性

消费者的多种多样的购买动机相互联系、相互影响，形成动机体系，但在各种动机之间，有时也出现相互冲突或抵触，使消费者在购买商品时内心产生矛盾心理。当消费者的购买动机发生冲突和斗争时，消费者应该理智对待，在内心的矛盾冲突中实现购买决策。应该指出，在消费者动机冲突的情况下，企业营销人员应该抓住这种机会及时指导，促使消费者作出购买决策。

5. 指向性

消费者的购买动机具有指向性，即方向性、目的性，它能使行为保持一定的方向和目的。因此，动机从总体上来说是自觉的。同时，由于动机是一个内在的心理过程，属于主观范畴，这种心理过程本身是看不见、摸不着的，只能从动机所推动的行为来分析它的内容和特征。因此，动机与实践有着密切的关系。消费者的任何行为或活动总是由动机所支配的，研究消费者动机，就是要把握消费者购买动机发展变化规律，根据其指向性的特征，组织企业营销活动。

4.2.3 购买动机的分类

由于消费者需要与刺激因素的多样性，消费者的购买动机是极为复杂的。我们可以把消费者的购买动机大致分为生理性购买动机、心理性购买动机和社会性购买动机。

1. 生理性购买动机

生理因素是引起消费者生理性购买动机的根源。消费者为了维持和延续生命，都有解除饥渴、寻求安全、御寒消热等生理本能，由这种生理本能引起，购买用于满足其生理需要的商品而形成的动机，即生理性动机。生理性动机具体又可分为：

(1) 维持生命的动机。消费者在饥时思食、渴时思饮、寒时思衣、热时思风等维持生命动机的驱动下，产生的购买食品、饮料、衣服等行为以及为获得相应的劳动资料和劳动工具等，属于这一类。

(2) 保护生命的动机。消费者为了保护生命安全而购买建筑材料，修建房屋；为了防病治病而购买药品等的行为，均属这一类。

(3) 延续生命的动机。消费者为了实现生命延续和满足性欲的需要而恋爱结婚，抚育儿女，并为此购买商品，均属这一类。

(4) 发展生命的动机。消费者为了使生活过得更好，增长科学文化知识，提高劳动技能，以求生存和发展而产生的购买行为，均属这一类。

本来，由于生理性因素引起的购买动机是消费者本能的最能促使购买的内在驱动力，其购买的商品也是生活必需品，供求弹性比较小，一般具有稳定性、普遍性、重复性、习惯性和主导性特点。但是，随着生产力的提高和广大消费者物质生活、精神生活条件的改善，消费者的购买行为单纯受生理性动机驱使的已经不多，即使是购买食物充饥，往往也混合着非生理性动机，如对食品的色、香、味、形的要求，就体现了消费者的表现欲、享受欲和审美欲等。因此，企业的营销人员在组织满足消费者生理性需要的商品和提供劳务时，要注意商品和劳务的实用价值，强调商品的内在质量，力求物美价廉。

2. 心理性购买动机

消费者个体心理因素是引起其心理性购买动机的根源。消费者由于认知、情感和意志活动过程而引起的行为动机，称为心理性动机。心理性动机比生理性动机更为复杂多样。特别是经济发展到一定水平，社会信息传播技术愈益现代化的条件下，消费者与社会联系日益紧密，激起人们购买行为的心理性动机就越占有重要的地位。心理性购买动机主要包括：

1）感情动机

感情动机是由消费者的感情和情绪两个方面所引起的购买动机。消费者的需要是否得到满足，会引起对事物的好恶态度，从而产生肯定或否定的感情体验。其中，由喜欢、快乐、舒适、好奇、好胜和嫉妒等情绪引起的动机，称为情绪动机。消费者的情绪动机由于受到外界环境和不确定因素的影响较大，因而往往表现出冲动性和不稳定性的特点。这些特点在消费者的购买活动中的具体表现是：①求新购买动机，即以追求所购买商品的时髦和新颖为目的，在购买活动中，为追逐新潮、不落俗套而特别重视商品的款式和社会流行式样，不大注意所购商品的实用和价格。②好胜购买动机，即以追求争强好胜为主要购买目的，购买商品不是由于急需，而是为了赶超他人，以求心理上的满足。

消费者由于其高级情感，如道德感、威望感、美感等引起的购买动机，称为情感动机。例如，消费者为了爱美而购买化妆品，为了友谊而购买礼品等。由于这些动机往往与消费者的理智联系在一起，因而具有相对的稳定性和深刻性。这些特点在消费者的购买活动中具体表现在：

第一，求名购买动机，即以追求所购买的商品是地方土特产品或仰慕某种传统产品的名望为主要的购买目的。在购买活动中强调东西要名贵，商标要名牌，产地要正宗，以此来显示自己的地位、名望和富有，从中获得一种让人羡慕的高贵心理。

第二，求美购买动机，即以追求商品的审美价值为主要的购买目的。在购买活动中较少考虑价格和实用，他们重视的是商品的造型、色彩、表现力和整体上的协调美，挑选商品的首要标准是艺术价值和欣赏价值，而不是实用价值。

2）理智动机

消费者通过对商品的认真分析、比较基础上所产生的购买动机，称为理智动机。在消费者队伍中，有相当一部分消费者的购买行为是以理智为主、感情为辅的。他们在购买活动中喜欢根据自己的经验和对商品的认识，在采取购买行为之前，收集商品有关信息，了解市场行情，经过周密的分析和思考，做到对商品的特性心中有数。而选择商品时，比较注重商品的品质，讲究实用、耐久、可靠、使用方便、价质相宜、设计科学、有效率和辅助服务等。正是理智的本质，规定了有理智的消费者常常具有客观性、周密性和控制性的特点。这些特点在消费者的购买活动中具体表现为：

一是求实购买动机，即以追求所购买商品的实用价值为主要目的，在购买活动中，比较注重商品的功能和质量，讲究经济实惠，而不过分注意商品的外形、色彩、个性等。一般来说，收入水平不高或是受传统消费习惯影响的中老年消费者多属于此类。

二是求廉购买动机，即从追求所购商品价格低廉为主要目的，在购买活动中，对商品的价格很计较，对处理、折价的低档商品感兴趣。只要商品价格便宜，即使在商品的包装、款式、色彩等方面不太满意，也会购买之。具有这种购物动机的，多数是经济收入较低或经济收入不低而节俭成习的消费者。

三是惠顾购买动机，即消费者根据感情上和理智上的经验，对特定的商品或商店产生特殊的信任和偏好而形成习惯性，而重复光顾的购买动机。产生惠顾购买动机的原因很多，如商店地点便利、服务周到、品种齐全、质量可靠、价格适宜等。由于惠顾购买动机是以信任为基础的，因而具有经常性和习惯性的特点。这些特点具体表现在：①嗜好购买动机，即以追求所购商品能够满足个人的特殊偏好为主要购买目的。其购买活动定型化，购买动机往往比较理智，指向也比较集中、稳定。具有这种动机的消费者，大多数出于生活习惯和业余爱好而购买某一类型的商品。如集邮、钓鱼、爱好养花等。②求信购买动机，即以追求某一商品或某一商店的信誉为主要目标的购买动机。因为这类商品或到该商店购买商品放心，可以信赖。求信购买动机是消费者在反复的购买实践中感受到商品或商店的良好形象，是商店的忠实支持者。消费者一旦对商店产生信任感，不仅会自己经常光顾商店，而且对潜在的消费者有很大的感染作用。

3）社会性购买动机

社会性购买动机是指由于社会性因素引起消费者购买商品的动机。众所周知，每一个消费者都在一定的社会地位中生活，并在社会教育和影响下成长，其购买和消费商品必然受到所处地理环境、风俗习惯、阶层群体的影响和制约，都会产生激励其购买满足社会性需要的商品动机。

消费者社会性购买动机是在后天社会因素影响下形成的动机，一般可分为基本的社会性购买动机和高级的社会性购买动机。由于社会交往、归属、自主等意念引起的购买动机，属于基本的社会性购买动机；由于成就、威望等意念引起的购买动机，属于高级的社会性购买动机。随着社会经济的不断发展，消费者经济收入和支付能力的逐步提高，社会性购买动机对消费者购买行为的支配也逐步明显，成为某些消费者起主导作用的购买动机。

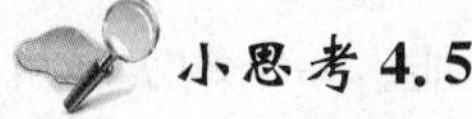

小思考4.5

为什么要研究消费者购买动机的类型?

答　原因在于为消费者提供差异化的营销服务。

4.2.4　购买动机在购买行为中的重要作用

如果说消费者需要是消费者购买活动的基本动力和源泉,那么购买动机就是消费者需要的具体表现或是它的内在动力体系。消费者购买动机作为购买行为的一种动力,具有三种功能作用。

1. 购买动机引起和发动消费者的购买行为

动机是激励人们行动的直接原因,是个体基于某种欲望所引起的心理冲动。在购买行为中,购买动机就是直接驱使消费者实现某种购买活动的一种内在动力,它反映了消费者在心理上、精神上和感情上的需要,其实质是消费者为达到某些愿望而采取购买行为的推动者。

人只要处在清醒状态之中,他所从事的任何活动都是由一定的动机所引起的。作为市场的当事人,我们都可以亲身体验到一个必然的心理现象,任何购买的起因,总是受着一定的购买动机的支配,甚至受多种动机的共同支配。企业如果充分认识到购买动机能够引起和发动消费者个体的购买行为,就要千方百计激发消费者的购买动机,使更多的消费者购买本企业所营销的商品。

2. 购买动机指引购买行为向着某一目标进行

消费者的购买动机具有指向性,即方向性和目的性。它能使购买行为保证一定的方向和目的。特别在有的情况下,购买动机与目的具有完全的一致性。例如,饥饿时就会产生购买食品的动机,而购买行为的目的就是要得到食品。于是,消费者在此动机和目的的驱动下,径直走向食品商店去购买食品。正是消费者购买动机具有指向性,企业必须加强对消费者动机的研究,特别要研究消费者为何购买,即研究消费者为什么购买某种特定商品,而不买其他类似的商品;研究为什么愿意经常到某一类型的商店或某一特定的商店购买,而不到另一类型、另一家商店购买,以掌握其中的规律性,并据此改善经营管理,不断提高服务质量。

3. 购买动机是维持、增加或制止、减弱购买行为的力量

消费者购买动机的性质与强弱程度必然影响到购买行为效能。一个购买动机稳定而持久的消费者，其购买行为必然是积极而坚定的，甚至克服困难、排除干扰去实现购买目标。相反，仅仅具有浅近购买动机的消费者，一般不容易出现坚持不懈的购买努力；如果消费者的购买动机是不恰当的，也多会产生不良效果的购买行为。因此，企业要重视对消费者纷纭繁杂的动机体系进行研究，科学地分析影响消费者购买动机的各种因素，揭示对消费者购买行为具有决定性作用的优势动机和真实动机，并采取有效的营销策略，促使购买行为的实现。

4.2.5 购买动机的激发

消费者购买动机是消费者内在需要和外界刺激相结合的产物，而动机又是消费者购买行为的内在动力。因此，如何激发消费者的购买动机，就成为企业市场营销活动面临的十分重要的课题，而要有效地激发消费者的购买动机，掌握运用期望理论十分必要。

期望理论是由美国心理学家弗鲁姆(V. H. Vroom)提出来的，用以衡量成本—收益原则，并使其发挥作用的模型。这种理论认为：

(1) 人们都有各自的目标，这些目标是有价值的，目标的实现能够满足人的某种需要。

(2) 行为与目标之间的关系是不确定的，因此，在预测行为时，既要考虑目标，又要考虑实现目标的可能性。也就是说，当一个人越是相信努力会带来预期的结果，且这个结果越是该人所期望的，那么，此人就越会奋发努力工作。人的行为动力是诱发力和期望共同决定的，以公式表示如下：

$$F=\sum_{j=1}^{n} V_i \cdot E$$

式中，F——推动个体作出某种行为或活动的致动力，或称为激发力量；

V——对特定结果的一种情绪指向，与爱好程度有关，或称为诱发力；

E——预测某种行为导致一定结果的信念或称为期望。

运用期望理论理解消费者行为，可以认为，决定消费者购买某种商品，是由购买该商品后获得多少满足(期望)和该商品本身有多大诱发力综合作用的结果。

企业欲想对消费者购买某商品的动力强弱有一个定量的了解，就需要对诱发力与期望分别作出估量。

V 可以规定在 $+1$ 与 -1 之间，表示最喜欢到最不喜欢；而 E 一般规定最高为 $+1$，最低为 0，表示做某种行为必定发生某种结果的主观判定的可能性(主观概

率)。因此,F将在+1到-1之间变化。比如,对某个消费者来说,甲商品的诱发力V是0.80,如果期望E为0.30,根据上述公式,F就等于0.24;若乙商品诱发力V为0.6,期望E为0.50,则它的F值是0.30。在这种情况下,消费者将会购买乙商品。这意味着消费者购买乙商品的动机作用大于甲商品。

依据弗鲁姆的期望理论,企业在激发消费者的购买动机时,必须坚持以消费者为中心的指导思想,在商品、分销渠道、价格和促销手段等营销组合因素方面下工夫,以优质的商品和优良的服务满足消费者的需要,实现消费者的购买目标,这样就必然能够不断地激发消费者的购买动机,使其按照企业营销的战略目标产生相应的购买行为。

知识题

1. 什么是消费者需要?需要有哪些类型?
2. 消费者需要有哪些特征?
3. 试述马斯洛需要层次理论的基本内容。
4. 什么是消费者的购买动机?
5. 消费者的购买动机是如何形成的?
6. 浅述消费者购买动机的类型。
7. 消费者的购买动机有哪些特点?

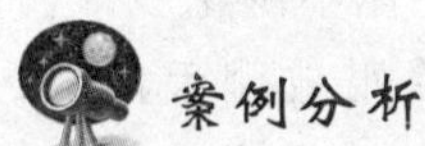

案例分析

史玉柱重视研究消费者的动机

史玉柱,1989年研究生毕业后下海创业,五年后被《福布斯》列为内地富豪第8位,成为莘莘学子万分敬仰的创业天才;但他却一夜之间负债2.5亿元,成为无数企业家引以为戒的失败典型。他在2004年进军网络游戏行业,在一片废墟上,又转眼敛聚了超过500亿元的财富。史玉柱为何能完成惊天逆转?

一、挫折的最大收获是懂得了研究消费者动机

1995年,巨人集团发动所谓"三大战役",即将12种保健品、10种药品和十几款软件推向市场,花费巨额资金在一个集中的时间内在全国各大城市进行广告狂轰滥炸。这些广告虽然提高了产品的关注度和知名度,但广告效果几乎为零。为什么?史玉柱总结为"因为我们根本不知道消费者需要什么"。在史玉柱看来,这正是他的起点。史玉柱说:"自从'三大战役'失败后,我就养成一个习惯,谁消费我的产品,我就把他研究透。一天不研究透,我就痛苦一天。"史玉柱还说:"营销是没有专家的:唯一的专家是消费者。你要搞好策划方案,你就要去了解消费者。"

2004年，当史玉柱介入网络游戏行业时，当时中国的网络游戏行业已经高速发展了三年，国内的盛大、网易和九城三家公司呈现三足鼎立之势，来自日本、韩国的游戏厂家也有不小的市场份额，市场竞争形势不容乐观。那么，史玉柱靠什么成功？靠的就是善于琢磨消费者的需求，并满足消费者的需求。在史玉柱看来，专注地研究消费者动机，也是他与其他企业家之间最大的差异。“规模稍大的企业家，往往今天邀这个政府官员吃饭，明天请那个银行行长打球，他们70%的时间属于'不务正业'。我从不琢磨领导们各有什么爱好，只一心一意研究消费者，这为我节约了很多时间。”史玉柱的这个特点，在他进入网络游戏行业后，立刻派上了用场。“这个行业年轻、浮躁，根本不懂研究消费者。对玩家迷恋什么、讨厌什么一无所知。”

二、通过玩游戏来研究玩家的消费动机

史玉柱最初对网络游戏玩家消费动机的研究，完全是因为他自己也是一个网络游戏爱好者，而非有意识的市场调研行为。他把业余时间全部用来玩游戏。每天早晨入睡，午后开始工作，从12点到天亮这段时间开始打网游，每天过着黑白颠倒的生活。几年下来，先后玩过五六款网络游戏。但是，作为商人，史玉柱玩游戏也喜欢思考。每玩完一款游戏，他总会有“还不如我自己开发一个游戏”的感慨。最终，这种感慨彻底转化为行动。

待他正式介入网络游戏行业后，他研究顾客动机的行为变得更加自觉与科学。他对市场调查有着更深的理解，认为“每个人动机都是不一样的。你不能花钱请调查公司去调查，不能拿着一张表在路上拦着人家去打钩，只能去跟他聊天，拉家常”。他曾经直接进入网吧里和玩家聊天，或者以玩家的身份搜集消费者的信息。他先后和600名玩家进行过深入交流。在运营《征途》中，史玉柱要求公司上下都要玩游戏，就连司机也都被拉入了玩家的队伍。而他自己一天至少有10个小时在《征途》里做客户服务，在游戏里来回跑动，看哪有毛病，主要是去看玩家在论坛上发的意见。玩家一抱怨，他就跑过去问怎么回事。

三、根据消费动机来设计游戏和修改游戏规则

史玉柱以玩家的动机为原动力进行设计，增加相应功能，甚至不惜把行业内陈旧的条条框框一脚踢翻。例如，原来在所有的游戏中，玩家要升级就必须打怪，而且打怪很累人，玩家要精神高度集中，双手不停操作，七八个小时不能停。在开发《征途》时，史玉柱问大家：“为什么打怪一定要如此枯燥、折磨人？”开发人员回答：“所有游戏都是这样。”可史玉柱发现玩家对此并不喜欢，叫苦不迭。于是，他决定作一个彻底的改变。在《征途》中，玩家打怪不必手忙脚乱，按个键，计算机自动打，玩家可以端杯咖啡看着打。实在不行，电脑关了，它自己还能打。这个变化，很受玩家的欢迎。类似的创新，在《征途》中数以百计。

通过调查，史玉柱了解到，网络游戏玩家中，有钱没时间的人群占到16%左右，他们花人民币玩游戏，也称“人民币玩家”；没钱有时间的占70%，他们主要靠大量的在线时间挣钱玩游戏。为此，史玉柱作出了“挣有钱人的钱，让没钱的人撑人气”的市场定位。在抓住“人民币玩家”的心态后，《征途》还推出替身宝宝系统，让“人民币玩家”可以雇人带自己的替身宝宝，这样即使雇主自己不在线也可以不断升级。从“有钱人”的角度看，《征途》的这些营销措施满足了他们这样的欲望：有钱之后，号令四方，一呼百应！而为了抓住70%的没钱有时间的人群，《征途》也专门推出跑商任务等系统，这些玩家可以通过这些系统赚钱，也可以通过做生意来获得丰厚的收入。

问题

1. 史玉柱再次创业成功的主要原因是什么？
2. 案例中，网络玩家的需要和消费动机有哪些？

实践训练

如果你是一个商场里某名牌裘皮大衣专柜的销售员，现在商场中来了一位穿着华丽、气质优雅大方的贵夫人，并对一件裘皮大衣产生了兴趣。试问，针对这位贵妇人，你如何根据这位贵妇人的需要和动机进行推销劝说？

第 5 章　消费者的购买行为与购买决策

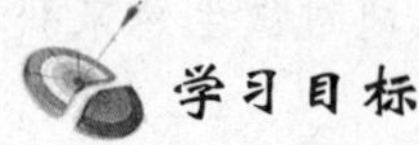

学习目标

1. 了解消费者购买行为的过程与类型；
2. 明确消费者购买决策的含义、内容及其一般程序。

引　例

宝洁公司重视对消费者购买行为研究

在世界众多的洗涤公司中，只有宝洁公司在中国获得了别人无法取代的位置，有着别人难以比拟的市场占有率，这无疑与宝洁公司重视对消费者购买行为的分析密切相关。在进入中国市场前，宝洁公司就通过市场调查，有针对性地了解到了中国大陆市场相关洗涤品市场的状况，包括品牌种类、售价、市场占有率、销售额，也分析了中国大陆市场中消费者的特点，并进行了分层，从而为正确制定营销战略提供了市场背景。

在推出海飞丝、潘婷前，宝洁公司通过大量问卷调查仔细研究了中国人的头发、洗发习惯、购买习惯等，并由此研制出适合中国人发质的配方，针对市场上其他产品的定位，将自己的产品定位于“高档、高质、高价”，成功地占领了中国市场。

分析启示　宝洁公司的成功得益于它十分重视对消费者购买行为的分析，加强调查研究，充分掌握中国市场消费者的购买特点，这是产品和营销策略取得成功的关键。

消费者的心理活动作为内在心理机制，必然要通过外在的行为表现出来。购买行为则是购买心理的外在表现。消费者的购买行为是由一系列环节、要素构成的完整过程。在这一过程中，购买决策居于核心地位，决策的正确与否直接决定购买行为的发生方式、指向及效用大小。深入研究消费者的购买行为和购买决策，有助于全面地把握消费者的行为特点和行为规律。

5.1　消费者购买行为的过程与类型

5.1.1　消费者购买行为的概念

1. 购买行为的概念

所谓行为，就是有机体在外界环境的影响和刺激下，所引起的内在生理和心理变化的外在反应。消费者的购买行为，就是指消费者个人或家庭为了满足自己物质和精神生活的需要，在某种动机的驱使和支配下，用货币换取商品或劳务的实际活动。消费者的购买行为，总是以购买动机为先导。没有动机，就不会产生行为。研究消费者的动机，主要是解决消费者为何购买的问题；研究消费者的购买行为，则是要明确消费者的购买模式、购买习惯和购买过程，目的在于揭示消费者购买行为规律。

消费者购买行为的过程是十分复杂的。尽管人们的行为都有“饥思食、渴思饮、寒思衣”的基本相似之处，都有一些共同的需求动机，特别是生理性需求动机。但是，由于消费者处于极其复杂的社会环境之中，其经济条件、生活水平、社会地位、地理环境、文化程度、消费习惯、个性心理特征等方面存在着诸多差异和不同，决定了不同的消费者的购买行为存在着很大的差异。影响和决定消费者购买行为的这些因素对企业来说虽然无法控制，但企业可以通过对这些因素的分析，了解购买行为发生的各种原因，以供掌握消费者将来可能发生的购买意向和购买行为，从而使企业通过营销因素组合，制定适当的符合实际的营销策略，影响和控制消费者的购买行为，使其向有利于企业的方向发展。

2. 购买行为的分析

正因为消费者购买行为是多种因素综合作用的结果，长期以来，人们从不同的角度和方向分析和研究了消费者的购买行为，并对消费者的购买行为作出不同的解释和说明。这些分析概括起来，大致有三种观点：

(1) 从经济学的角度分析，即经济学的观点。经济学把人的需求同效用联系起来，提出了有效行为说。认为消费者购买商品，都要遵循“效用最大化”原则，即设法从有限的支出中谋求最大效用、获得最大满足，通俗地讲，就是花最少的钱，买更多、更好的东西。经济学家认为，消费者由于受边际效用递减规律的影响，不愿把过多的收入花费在一种商品的购买上，不管这种商品一开始对他有多大的吸引力。因为一种商品的购买数量逐渐增加，其边际效用在逐渐减少。而任何消费者的收入都是有限的，在无法做到广购博采，而又想谋求最大效用和最大满足的情况下，价格对消费者购买行为的影响就举足轻重，从而形成以下购买规律：价格越低，购买者就越多；替代品价格低，原产品就购买少；互补品价格低，原产品购买就多；工资收入水平高，价格作用就越小，经济因素对购买行为的作用就越小，反之，就越大。

(2) 从社会学的角度分析，即社会学的观点。社会学认为，经济学遵循“效用最大化”原则，把影响和决定消费者购买行为的因素简单地归结为收入与价格两个变量，没有考虑其他因素，这显然与客观事物不符，因而无法全面揭示消费者的购买行为规律。社会学认为，人们的购买行为除了受经济因素的影响和制约外，还在很大程度上还受社会群体、社会环境、社会地位等因素的影响，即消费者所处的社会地位、阶层、文化修养、相关群体都决定着他们的欲望和要求，支配着他们的购买行为。因此，研究消费者的购买行为，重要的是确定购买行为的诸种社会因素，准确地分析购买行为与各种社会因素之间的必然联系。并且，社会越文明，经济越发展，作为社会人的角色对购买行为的影响就越大。

(3) 从心理学的角度分析，即心理学的观点。心理学认为，消费者购买行为不是纯经济因素和社会因素的产物，而是人的生理需要和后天经验相互作用的结果。其中，消费者个性心理和社会心理因素是购买行为过程中不可缺少的重要环节和内在动力。研究消费者的购买行为，就要研究消费者的态度、兴趣、感觉、知觉、理智、自我意识，以及后天经验等心理因素及其相互作用，运用心理学的理论和方法揭示购买行为发生的奥秘，指导企业的市场营销行为。

综上所述，尽管不同的科学对消费者购买行为作出各种不相同的认识和解释，但都说明了一个问题，即消费者购买行为的产生与发展，不是一个简单、孤立的问题，它要受到经济、政治、社会、心理等多方面因素的影响和制约。只有立体性观察、全面分析，才能真正掌握消费者的购买行为规律。

补充阅读

效用理论与消费者购买决策

• 商品的效用

消费者通过购买商品以及对商品的使用，能够使自己某些方面的需要得到满足，从而获得生理或心理上的愉悦。商品的这种能满足人们某种需要的特性，就是西方经济学所说的效用。从心理学角度讲，商品和劳务的效用就是人们在占有、使用或消费它们时得到的快乐和满足程度。

商品效用的大小与消费者的偏好和需要强度等密切相关。由于消费者的需要,特别是偏好,千差万别,同一商品对不同消费者的效用是不一样的。比如,一盘音乐磁带对爱好音乐的人和不爱好音乐的人的效用显然是不一样的。就需要强度而言,一个人对某种商品需要越迫切,效用就越大,反之,则越小。比如,同样一个馒头,对一个非常饥饿的人来说效用是很大的,而对一个吃饱饭的人来说,效用就很小,甚至没有。可见,效用反映了人们在商品消费过程中的满意程度。消费者根据自己的货币支付能力,必将购买决策付诸于能最大限度地满足自己需要的商品和劳务上,以获取最佳的商品效用。

• 边际效用与边际效用递减规律

边际效用,是指消费者每增加一个单位的商品或劳务的消费所得到的效用的增加。边际效用理论所研究的就是商品消费数量的增加与消费者需要的满足程度二者之间的关系。其精髓在于说明消费者如何使用自己的有限收入以实现商品效用最大化,即达到最大程度的满足。边际效用理论认为,随着消费商品数量的增加,给消费者带来的总的满意程度也在增加。而在消费者满意程度增加的同时,每递增一个单位商品,给消费者带来的满意程度的增量却是在减少的,即边际效用是在降低的。这种趋势就叫做边际效用递减规律。如表5.1所示,随着某一商品消费量的增加,效用总量在不断增加,但边际效用却在逐渐减少。

表5.1　消费者的效用表

某一商品的消费量	效用	边际效用
0	0	
		100
1	100	
		80
2	180	
		60
3	240	
		40
4	280	
		20
5	300	

边际效用递减规律普遍存在于各种商品的销售之中,其原因大致有两方面:①消费者在消费一种商品时,出于求新动机的作用,对于新商品的满意程度较高,而随着商品数量的增加,新鲜感逐渐减少,消费者得到的满意度就会下降;②消费者的某种需要得到了一定程度的满足后,就会产生新的需要,原有的消费需要也就不那么强烈,效用也就减低。

边际效用递减规律对企业营销有重要指导意义,即企业在开发新产品、开拓市场时要有战略眼光。一种产品一经投放市场销售以后,应马上做好开发下一个新产品的准备。因为没有任何一种产品能在市场上畅销不衰,无论新产品质量多好、价格多适宜,消费者在逐渐适应后迟早会发生边际效用递减现象。而这种现象一旦出现,消费者就会从心理上逐渐疏远,甚至厌弃该商品,并主动寻找他们感兴趣的新产品。如果营销者不能认识这一心理变化并正确对待它,就会面临市场被抢占、替代的局面。

5.1.2 消费者购买行为的类型

消费者千姿百态的心理活动影响着实施购买的全过程,产生出各具特色、千差万别的购买行为。我们可以按不同标准对其进行分类。

1. 按消费者购买目标的选定程度划分

(1) 确定型。这类消费者在进入商店购买之前,已经有非常明确的购买目标,对所要购买的商品种类、品牌、价格、性能、规格、数量等均有具体要求,一旦商品合意,便毫不犹豫地买下。这一类消费者一般不需要别人的介绍、帮助和提示,购买过程简洁而迅速。

(2) 半确定型。这类消费者在进入商店购买之前,已有大致的购买意向和目标,但具体要求还不甚明确,需要在购买现场对同类商品进行反复比较、选择之后,才能确定具体的购买对象。比如,夏天来了,一位顾客要买空调,这是事前就已经决定的,但具体要买什么品牌、型号、式样,以及在哪家商店买等均不确定,他需要对同类商品进行综合比较后,才能最终确定。这类消费者为数众多,应是企业营销服务的重点对象。

(3) 不确定型。这类消费者在进入商店购买之前,没有任何明确的购买目标,甚至进入商店只是为了闲逛、漫无目的地浏览而已,是否产生购买行为,完全取决于购买现场商品和信息等的各种刺激,是一位潜在的购买者。

2. 按消费者购买态度与要求划分

(1) 习惯型。这类消费者一般是根据过去的购买经验和使用习惯采取购买行为。他们或长期惠顾某商店,或长期使用某品牌的商品,以致形成某种定势。这种购买行为一般是建立在消费者对商品熟悉、信任的基础上,不受环境条件的变化和时尚风气的影响,购买行为表现出很强的目的性。一般所购商品多为日常生活用品,且购买决策果断,成交迅速。

(2) 理智型。这类消费者的购买行为以理智为主,感情色彩较少。他们在购买之前往往根据自己的经验和对商品的认识，花较多的时间和精力广泛收集了所需要的商品信息，了解了市场行情，并经过慎重权衡、周密分析和思考后才作出购买决定。购买时，又表现得慎重理智，不受他人和广告宣传的影响；挑选商品认真仔细、很有耐心。在整个购买过程中，表现得高度自主，并始终由理智来支配行动。

(3) 经济型。这类消费者购买商品从经济角度考虑较多，对商品价格尤为关注，往往以价格高低来评价商品，并以此作为选购标准。因此，实行优惠价、折扣价、特价的商品对他们有较大的吸引力，而对商品的质量、款式、造型等则不太强调。

(4) 冲动型。这类消费者的特点是情绪易于冲动，心境变化强烈，对外界刺激十分敏感，心理反应活跃，从而表现为冲动型购买。他们对产品的选择以直观感觉为主，易受广告宣传、产品外观造型、色调及他人的影响，并喜欢追求新产品和时尚商品，买后又常会产生懊悔之情。

(5) 感情型。这类消费者情感体验深刻，心理活动丰富，易兴奋，想象力和联想力特别丰富，审美感觉也比较灵敏，因而在购买行为上偏重于感情因素，也容易受外界因素的影响，对商品的外观、造型、款式、颜色以及象征意义比较重视。

(6) 疑虑型。这类消费者的特点主要有：性格内向、言行谨慎、小心多疑；购买商品时善于观察细小事物，体验深刻且疑心大；听取营销人员介绍时常抱戒心，疑虑重重；选购商品时从不冒失、仓促地作出决定，挑选商品的动作缓慢，很可能因犹豫不决而中断购买，即使购买后，也会担心受骗上当。

(7) 随意型。这类消费者一般缺乏经验，购买心理不稳定，大多属于新购买者；在选购商品时没有固定偏好，也没有特殊要求，缺乏主见，一般都希望获得营销人员的提示和帮助，常常受众多人购买趋向的影响。

3. 按消费者在购买现场的情感反应划分

(1) 沉静型。沉静型消费者在购买商品时情感不外露，举动不明显；反应缓慢而沉着，交际适度，心理平衡，灵活性较低；购买动机一经确定就不易改变，也很少受外界因素的影响。他们与销售人员接触时，习惯地保持一定距离，态度持重，也不喜欢开玩笑。

(2) 温顺型。温顺型的消费者神经比较脆弱，生理上尽量避免过大或过多的神经刺激，表面上很少受外界环境的影响，但内心体验却很深刻。表现在购买行为上，往往缺乏主见，愿意遵从营销人员对商品的介绍和推荐，比较信任他们，易受广告宣传的影响。

(3) 健谈型。这类消费者神经过程平衡而灵活性高，能很快地接受新事物，适应新的环境，但情感易变，兴趣广泛，活泼好动。表现在购买商品时，愿意并积极与营销人员交换意见，兴趣广，话题多，活泼开朗，喜欢开玩笑。这类消费者容易接近，营销人员要注意抓住促销机会，在融洽的气氛中促进购买行为的实现。

(4) 反抗型。这类消费者具有较高的敏感性，对于外界环境的细小变化都有所警觉，多愁善感，情感孤僻。在购买商品过程中，主观意志较强，不喜欢听取别人的意见，以怀疑的态度对待营销人员，非常警觉，不信任他人，甚至有逆反心理，营销人员越介绍推荐，越不愿买。营销人员对这类消费者要热情接待，言语要恰如其分，尽量让消费者自主选择。

(5) 激动型。这类消费者具有强烈的兴奋过程和比较弱的抑制过程，因而情绪易于激动，暴躁而有力，在言谈举止和神态表情上都有狂热的表现。在购买商品时，他们显得傲气十足，对营销人员的服务态度和服务质量要求极高，容不得营销人员的不同意见和观点，稍不如意就与销售人员发生争吵，容易冲动而不能自制。营销人员遇上这类消费者一定要耐心，热情，集中精力接待，务必避免与其发生冲突。

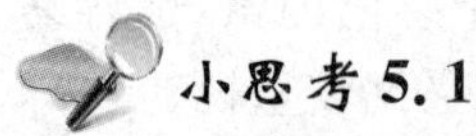

小思考 5.1

请按购买态度判断人们购买香烟、时装和柴米油盐一般是什么类型的购买行为？

答 买香烟是习惯型，买时装是情感型，买柴米油盐是经济型。

5.1.3 消费者购买行为的过程

消费者购买行为的过程，表明了消费者从产生需要到满足要求这一过程的行为内容和顺序。这一过程一般包括认识需求、寻找信息、分析选择、购买决定和购买评价五个阶段。

1. 认识需求

消费者的购买行为首先是从认识需求开始的。任何购买行为都是源于消费者自身的生理或心理需要，只有当消费者发现和意识到自己存在某种需要时，才有可能产生相应的购买动机和购买行为。消费者需要的形成主要来自于两方面的刺激，即内部刺激和外部刺激。内部刺激主要表现为消费者自身的生理需求状态，如饿了要吃饭、渴了要喝水等。外部刺激主要来源于外部环境因素的刺激，如流行的时尚、他人的购买，以及看到、听到的一切商品信息等。内、外刺激的共同作用，引发消费者的某种需要，这一过程即为认识需求阶段。

2. 寻找信息

当消费者认识到某种需要，就要为满足其需要寻找最佳的商品或劳务，这就必须搜集与之相关的各种信息资料，以避免决策失误、减少购买风险，以实现购买效益最大化。

消费者寻找信息的来源一般来自三个方面：第一，市场来源。主要包括营销广告、展销会、产品说明书、营销人员及营业推广的各项措施提供的各类信息。第二，个人来源。主要包括消费者的家庭、亲友、邻居、同事的介绍，社会群体的影响如大众传播媒介、权威组织鉴定及有关社会组织提供的各种信息。第三，经验来源。主要指消费者自身购买、使用类似的产品，或通过联想推论的方式所获得的信息。通常，这三种信息来源相比较而言，个人来源对消费者的影响力最大，消费者也较信赖；而大部分的信息则来源于市场来源。

3. 比较评价

消费者在广泛搜集信息的基础上，对所获得的信息要进行分析、对比、评价，形成若干个购买备选方案，再根据自己的购买标准、收入状况、个性爱好、商品供求状况等对各种备选方案进行比较和评价，以便作出最佳购买选择。由于消费者的评价标准和消费价值观的区别，不同消费者的评价、取舍的结果也不一样。一般来说，消费者对商品信息比较评价的标准主要集中在商品的属性、质量、价格三个方面。同时，消费者对商品信息比较评价所用的时间也有长有短。一般对于紧俏、名牌、低档商品以及日常生活用品等，比较评价的时间相对较短，而对高档商品、选择性强的商品，比较评价的时间相对较长。

4. 购买决定

消费者在广泛收集商品信息并对其进行比较评价的基础上，便可以从中选择最佳商品，进入最后的购买阶段，也就是购买决策阶段。消费者购买决策的内容是多方面的，除了决定购买某品牌的商品之外，还包括对购买地点、购买时间、购买数量、购买方式等的决定，以及在最后的购买阶段进行讨价还价、挑选测试、付款、寻求安全承诺、“三包”服务等一系列内容。因此，要使消费者的购买决策能最终实施，营销人员可通过对消费者进行安全承诺或提供恰当的售后服务来坚定消费者的购买决定。

5. 购后评价

消费者购买了某种商品之后，并进行了实质性的使用阶段。在这个阶段，消费者往往会通过使用和他人的评价对自己的购买决策进行检验，重新考虑购买这种商品是否明智、合算。而这种购买感受将直接影响消费者自己或相关的消费者今后的购买选择。如果已购买的商品不能给消费者带来预期的满足，使其产生失望、遗憾，甚至后悔的感受，这不仅会导致他自己不会重复购买，而且还会影响他人购买。如果所购买的商品满足了消费者的消费需求，达到了预期的感受，这就会加强消费者对该品牌商品的爱好，坚持继续购买和消费的信心，促进重复购买，并影响他人也去购买，给企业招徕更多的顾客。

综上所述，消费者的购买行为过程的五个阶段是环环相扣、循序进行的。但并不是说所有的购买行为都必须要依次经过上述五个阶段，有时消费者的购买行为非常简单，从认识到实际购买，几乎是同时进行的。购买行为过程无论是简单还是复杂，其目的都是为了选购到合适的商品。所以，企业营销的任务就在于认识每一阶段购买者行为的特点，采取行之有效的措施，引导消费者的购买行为，促成交易的实现。

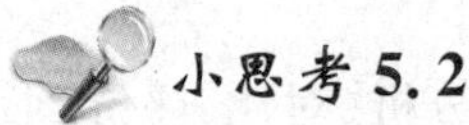
小思考 5.2

消费者购买需求的形成要受哪些刺激因素的影响？

答 需要来自内部和外部两方面的刺激因素的影响，俗称“一推”、“一拉”策略。

5.2 消费者购买行为的一般模式

5.2.1 消费者购买行为的一般模式

消费者的购买行为是指消费者为满足自身需要而发生的购买和使用商品或劳务的行为活动。在现代社会生活中，由于购买动机、消费观念、消费方式与购买习惯的不同，各个消费者的购买行为千差万别。尽管如此，在形形色色的消费者购买行为中，仍然存在着某种共同的、带有规律性的特征。心理学家在深入研究的基础上，揭示出消费者购买行为中的共性或规律性的内容，即消费者购买行为的一般模式。

行为科学家揭示了人类行为的基本模式，即“S—O—R”模式，亦称刺激—反应模式。其中，“S”代表刺激，“O”代表个体的生理、心理特征，“R”代表反应。消费者购买行为作为人类行为体系中不可分割的重要组成部分，也必然遵从人类行为的一般模式。所以，人类行为的一般模式反映在消费者的购买活动过程中就形成了消费者购买行为的一般模式，见图5.1所示。

这一模式表明，所有消费者的购买行为都是由刺激引起的。这种刺激既来自外界环境，又来自消费者内部的生理和心理因素。外界环境包括：社会经济情况、政治情况、科技水平、文化因素、企业市场营销的刺激等；内部刺激因素包括：需要、动机、个性、态度、观念、习惯等。消费者在各种刺激因素的作用下，经过复杂的心理活动过程，产生购买动机，在动机的驱使下，作出购买决策，采取购买行动，并进行购买评价，由此完成了一次购买行为。由于这一过程是在消费者内部（消费者心理活动过程）自我完成的，因此，心理学家把它称为"暗箱"或"黑箱"。

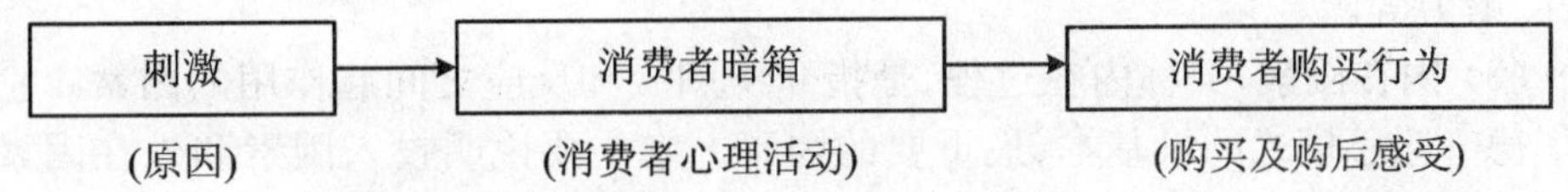

图5.1　消费者购买行为的一般模式

消费者购买行为的一般模式，是企业营销部门制订营销计划、扩大商品销售的依据。这一模式表明，市场营销刺激与其他刺激进入购买者的意识后，会直接影响消费者的购买行为。市场营销人员的任务就是根据本企业及其产品的特点，向消费者进行适宜的营销刺激，以外在的刺激因素与消费者的内在心理活动发生互动作用，促使消费者购买行为的发生。

5.2.2　国外购买行为模式介绍

在西方，一些学者对消费者购买行为模式进行过深入的研究，并提出了多种不同的行为模式。其中，最具代表性的主要有EKB模式、霍华德—谢思模式和尼科西亚模式。这里只作简要介绍。

1. 恩格尔—科拉特—布莱克威尔模式（EKB模式）

EKB模式是由美国俄亥俄州立大学的三位教授J. F. Engel，D. T. Kollat，R. D. Blackwell（即恩格尔、科拉特、布莱克威尔）于20世纪70年代提出的，简称EKB模式。EKB模式特别强调消费者购买决策的过程。在这个模式中，消费者心理（大脑）成为"中央控制器"，外部刺激信息（包括产品的物理特征和社会压力等方面的无形因素）输入大脑后，这些输入内容与"插入变量"（态度、经验及个性等）相结合，得出了"中央控制器"输出结果——购买决定，由此完成了一次购买行为活动。

2. 霍华德—谢思模式

这一模式于20世纪60年代初先由霍华德提出，后经修改与谢思合作，提出了霍华德—谢思模式。

该模式通过四大因素描述消费者的购买行为。

(1) 刺激因素，又称输入变量，是指由销售部门控制的因素，它包括产品实质刺激，如某产品的质量、价格、特征、有用性及服务等；产品符号刺激，如通过推销员、广告媒体等把产品特征传递给消费者；社会刺激，如家庭、相关群体、社会阶层等。

(2) 外在因素，又称外在变量，是指购买决策过程中的外部影响因素，如文化、个性、财力等。

(3) 内在因素，又称内在过程，是指介于刺激和反应之间起作用的因素。它是霍华德—谢思模式的最基本、最重要的因素。它主要说明投入因素和外在因素如何在心理活动中发生作用，从而引出结果。

(4) 反应或产出因素，又称结果变量，是指购买决策过程所导致的购买行为。它包括认识反应、情感反应和行为反应三个阶段。认识反应是指注意和了解；情感反应是指态度，即购买者对满足其动机的相对能力的估计；行为反应包括购买者是否购买或购买何种品牌的认识程度，预测和公开购买行动。

3. 尼科西亚模式

尼科西亚模式也是20世纪60年代提出的，该模式由四大领域构成。

(1) 第一大领域，称为“从信息源到消费者态度”。它又分为两个小领域，即小领域①，包括企业属性与特点；小领域②，包括消费者属性与特点。这一领域表示企业通过推销活动把信息传递给消费者，消费者受其信息的影响，并经过自己处理而形成对商品和服务态度的输出。

(2) 第二大领域，表示消费者形成对某商品和服务的态度后，就开始对该商品和服务进行调查和评价，并形成购买动机的输出。

(3) 第三大领域，表示在购买动机的驱使下形成购买决策并采取购买行动。

(4) 第四大领域，表示消费者购买后，将购买经验(或者教训)反馈给大脑贮存起来，以指导今后的购买行为，或者把购买后的感受反馈给企业。

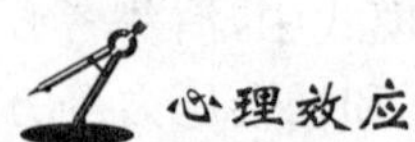

互惠定律

帮人就是帮自己。英国哲学家培根说：“你希望别人如何对待你，就先如何去对待别人。”对营销而言，真诚帮助顾客，会有意想不到的收获。

5.3　消费者的购买决策

消费者的购买行为是由一系列环节、要素构成的完整过程。其中，购买决策居于核心地位。购买决策的正确与否对于购买行为的发生方式、指向及其效果具有决定性的作用。在一定意义上讲，购买过程的实质就是消费者不断进行决策的过程。

5.3.1　消费者购买决策的含义

从一般意义上讲，决策是指为了达到某一预定目标，在两种以上备选方案中选择最优方案的过程。消费者的购买决策，就是消费者为满足需要、实现预定的购买目标而进行的对商品信息的评价、选择、判断、决定等一系列活动。例如，在购买之前，要确定需要什么商品，买或不买，何时、何处买；在购买过程中，要选择品牌、价格、质量、款式，决定买多少，如何买等；在购买之后，还要检验、评价其效用大小，是否达到预期目标，是否满意等。这一系列过程均为消费者的购买决策。

购买决策在消费者购买行为中占有极其重要的地位。主要表现在：

(1) 决策的进行与否决定着购买行为的发生或不发生。当消费者认定需要、选择比较，作出具体购买决策时，一次购买行为才实际发生。

(2) 决策的内容决定着购买行为的发生方式。经决策确定的购买对象、地点及数量，决定着消费者何时、何地，以何种方式进行购买。

(3) 决策的质量决定了购买行为的效用大小。正确的决策可以使消费者花最少的钱，付出最少的时间和精力，买到质价相称、称心如意的商品，最大限度地满足消费者需要。反之，错误的决策不仅会造成时间、金钱的损失，还会给消费者带来心理负担和精神挫折。

可见，决策在购买行为中居于核心地位，起着支配和决定其他要素的关键作用。

5.3.2　消费者购买决策的内容

消费者购买决策的具体内容是因人、因商品、因条件及所处环境的不同而不同的。但归纳起来，所有的购买决策都离不开以下几方面的具体内容：

（1）为什么买？即购买原因决策。这反映了消费者的购买目的和购买动机。消费者的购买动机是多种多样的，同样购买一辆家用轿车，有的是为了工作需要和生活方便，有的人则是为了显示富有。

（2）买什么？即确定购买对象。这是购买决策的核心问题。确定购买目标不只是停留在一般类别上，而是要确定具体的购买对象及内容，包括商品的种类、品牌、商标、款式、价格等。

（3）买多少？即确定购买数量。购买数量的确定一般取决于实际需要、经济收入及市场的供求状况。例如，市场供应充足，消费者一般不急于购买，数量可少些；如果供应紧张，可多买些，以备长期使用。

（4）什么时间买？即确定购买时间。何时购买商品，一般取决于消费者对某种商品需要的迫切性、供求状况、营业时间、交通状况和消费者自己可控制的空闲时间等因素。其中，消费者对某种商品需要的迫切性是决定购买时间的决定性因素。

（5）在哪里买？即确定购买地点。消费者对购买地点的选择，取决于消费者对商品经营企业的信誉、路途的远近、购买商品的数量，以及价格等因素。消费者购买地点的选择一般和消费的惠顾动机、求廉动机、求速动机、信任动机等有关。

（6）如何买？即确定购买方式。购买方式的内容包括直接到商店选购、邮购、函购、预购、代购、分期付款等。选择何种购买方式，取决于购买目的、购买对象、购买时间、购买地点等因素。

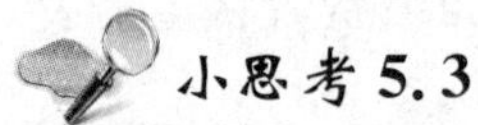

小思考 5.3

消费者购买决策的内容(5W1H)有哪些？

答 购买决策的内容包括：为什么买（Why）、买什么（What）、买多少（How many）、什么时间买（When）、在哪里买（Where）、如何买（Which）等方面，简称 5W1H。

5.3.3 购买决策的特点

消费者的购买决策具有某些共同的特征，主要表现在以下几个方面。

1. 决策主体的单一性

由于购买商品是消费者主观需要和意愿的外在体现，直接表现为消费者个别的、独立的行为活动。因此，决策时一般由消费者个人单独进行，或与直接购买者关系密切的小群体（如家庭、亲友）共同进行。

2. 决策范围的有限性

由于购买商品只是满足个人或家庭消费的需要。因而，消费者购买决策的范围并非包罗万象，而是仅仅限制在对所要购买的商品本身、购买方式及购买地点的选择上。因此，决策内容相对简单，决策范围相对狭小，一般无需借助现代决策技术、方法，而主要依靠人脑进行。

3. 决策因素的复杂性

消费者的购买决策虽然表现为个人的、相对简单的活动，但却受到多方面因素的影响和制约，既有消费者的个人气质、性格、兴趣、生活习惯、收入水平等个体因素的影响，也有所处经济环境、社会时尚、社会阶层、价值观的更新、亲朋好友的评价以及市场供求等社会环境因素的影响。

4. 决策内容的情景性

由于影响决策的因素不是一成不变的，而是随着时间、环境、地点的变化而变化。因此，消费者的购买决策具有明显的情景性，其具体内容、方式因所处情景的不同而不同。这就要求消费者在决策时，不能囿于固定模式，而要从实际出发，因地、因时制宜，才能作出正确决策。

综上所述，消费者在进行购买决策时，不能简单地套用管理决策或其他类型的决策方法，而必须遵循其特有的运行规律和方式。生产、经营者也必须根据这些规律和特点，综合运用各种营销手段，诱导和促成消费者的各项购买决策，从而扩大商品销售。

5.3.4 消费者购买决策的原则

消费者在购买决策过程中，总是依据一定的标准、尺度，对各种可能方案进行比较、选择，从中确定最优方案。而选择标准或尺度的拟定，又是从一定原则出发的。决策原则贯穿于决策过程的始终，起着指导消费者决策的作用。购买决策原则主要包括以下几个方面。

1. 最大满意原则

从经济学角度看，消费者总是力求通过决策方案的选择、实施，最终使购买商品的效用达到最大化，使某方面的需要获得最大满足，按照这一指导思想进行决策，即为最大满意原则。

消费者购买决策要真正实现最大满意，需要诸多的条件。如需要占有详尽、完整的信息，要对各种备选方案进行准确无误的评价比较，还要能够精确地预测各种方案的实现后果等。而消费者受主客观条件的限制，很难全部具备上述各种条件。因此，获得最大满意只是体现消费者的一种意愿和追求。况且，选购的商品是否达到最大满意主要依赖于消费者个人的主观感受和评价。因而，在现实中，人们往往以其他原则来补充或代替最大满意原则。

2. 相对满意原则

相对满意原则认为，在现代社会，消费者面对浩如烟海的商品世界和瞬息万变的市场信息，不可能花费大量时间、精力和金钱去搜集、制订最佳决策所需的全部信息。即使有可能，与所付的代价相比，也绝无必要。况且，人的欲望是无止境的，永远不可能达到绝对地、最大限度地满足。因此，在制订购买决策时，消费者只需作出相对合理的选择，达到相对满意即可。例如，在买一双皮鞋时，消费者只要经过有限次数的比较，"货比三家"，就能大致买到质量、外观、价格比较满意的皮鞋，而无需花费大量时间跑遍全城，对每一双皮鞋进行挑选，以求所谓"最佳"。贯彻相对满意原则的关键是，根据所得与所付的比较，合理地调整选择标准，使之保持在适度、可行的范围内，以较小的代价取得较大的效用。这更切合大多数人的实际。

3. 遗憾最小原则

由于任何决策方案的后果都不可能达到绝对满意而存在不同程度的遗憾，因此，购买时把遗憾降低到最低程度，也不失为一项有用的决策原则。运用遗憾最小原则进行决策，是立足于逆向决策，消费者通常要估计方案可能产生的不良后果，比较其严惩程度，从中选择最轻微的作为最终方案。例如，当消费者面临各类皮鞋的价格高低不一而举棋不定时，有的人便宁可选择购买价格最低廉的一种，抱着"即使不好，花钱也不多"的心理去购买。这个原则的作用在于减少风险、损失，缓解消费者因不满意而造成的心理失衡，一般在对商品不甚了解、价格又较低时常采用。

4. 预期满意原则

有些消费者在进行购买决策之前，已经预先形成了对某种商品价格、质量、花色、品牌等方面的心理预期。因此，在对备选方案进行比较选择时，既不是挑选最佳方案，也不是考虑遗憾最小，而是与个人的心理预期相比较，从中选择与预期标准吻合度最高的作为最终决策方案。这一方案相对于预先期望,能够达到的消费者满意程度最大。运用预期—满意原则,可大大地缩小消费者的选择范围,可迅速、准确地确定拟选方案,加快决策进程,同时可避免因方案过多而举棋不定。

5.3.5　消费者购买决策的程序

消费者的购买决策是在特有心理机制的驱使下,按照一定程序发生的心理与行为活动过程。这一过程包括若干前后相继的程序或阶段(见图5.2)。

图5.2　消费者购买决策的基本程序

1. 认知需求

消费者的购买决策过程首先是从认知需求开始的。认知需求就是消费者受到某种刺激而对客观事物产生欲望和需求。这种刺激主要来自两个方面:一是来自消费者内部的生理及心理缺乏状态;二是来自外部环境的刺激。内、外刺激共同作用的结果,唤起了消费者的某种需要。这就是认知需求阶段,它可以为购买决策限定范围、明确方向,因而是有效决策的前提。

2. 寻求解决方案

在认知需求的基础上,消费者受满足需要的动机驱使,开始寻找各种解决问题的方案和途径。为使方案能更好地满足自己的需要,消费者必须广泛地搜集有关信息,包括能够满足需求的商品种类、规格、式样、价格、商品流行趋势、维修服务、有无替代品等。

上述信息可以通过各种途径获得,如报纸、杂志、广播、电视等宣传媒介刊登的广告,朋友交谈、会议、道听途说等口头传播提供的信息,个人学习的知识或亲身实践的经验,他人的购买或参照群体行为方式获得的启示等。在广泛搜集信息的基础上,对所获的信息进行适当筛选、整理、加工,即可建立解决购买问题的多种方案。

3. 评价比较方案

各种方案的利弊、优劣不一,为此需要加以评价比较。评价的标准因消费者价值观的不同而不同。例如,有的人以价格低廉、经济实惠为基本尺度;有的人以追求时尚、符合潮流为选择标准;有的人关注花色、造型;有的人追求个性和情感。因此，对同一决策方案，不同消费者会有不同的评价和取舍。

4. 择优决定

消费者在对各种方案进行充分地比较、评价之后，便可从中选择最优方案并付诸实施。一般来讲，最优方案就是花费最少、所得最多最好、能够最大限度地满足消费者需要的方案。确立最优方案是消费者购买决策中的实质性环节，是直接决定决策正确与否、质量高低的关键。

为了保证作出高质量、高效能的决策，除严格履行认知需求、搜集信息、建立方案、比较评价等程序外，在最后拍板决定时，还需要消费者保持冷静的头脑，有当机立断的能力，抓住时机、准确决策。

5. 购后评价

在确定最优方案后，消费者将方案付诸实施，即进入了购买过程和消费过程。完成购买后，决定活动仍未结束。为了验证所选方案是否最优，所得效用是否最大，消费者会通过自己的使用来体验，或征求亲朋好友的意见，观察社会的反应，重新评价这次购买行为是否明智、合算，是否符合自己的心理预期。这就是购后评价阶段。

购后评价的主要目的是总结经验、吸取教训，为今后的购买决策提供经验积累。因而，购买评价将直接影响消费者今后的决策方向：是继续重复购买，还是停止购买？如果购买评价是积极的，能够达到消费者的购买预期，就会促进重复购买，甚至招徕更多的顾客；相反，如果购后感受差，产生失望和遗憾，消费者必然中止今后的购买，而且还会影响他人购买。

从上述决策程序可以看出，消费者购买决策是一个完整的过程。这一过程始于购买之前，终于购买之后，而且是循环往复的。第一轮决策的购后评价又是下一轮购买选择的前提和依据。因此，只有从过程的角度加以分析和认识，才能对消费者购买决策作出完整、准确的理解和把握。那种认为决策只是购买中瞬时活动的认识，显然是有失偏颇的。

知识题

1. 什么是消费者购买行为？购买行为包括哪几个阶段？
2. 购买行为有哪些类型？
3. 试从经济学、社会学、心理学角度认识消费者购买行为？
4. 如何理解消费者购买行为一般模式？西方流行哪几种购买行为模式？
5. 什么是购买决策？它包括哪些具体内容？

6. 消费者购买决策要遵循哪些原则?

7. 消费者购买决策的程序是什么?

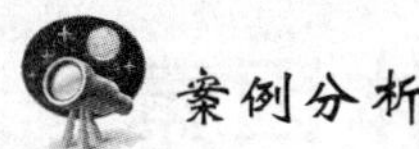

案例分析

王女士的冲动购物

每周去超市前,王女士都会把要买的必需品列在一张清单上。这一天也一样,王女士拿着购物清单进入超市在购买每周都需要用的日常用品的时候,想到家里的牙膏快用完了,就向牙膏区域走去。

当她回到家中,你猜猜她的购物袋中都买了什么?除了她常常多买的东西,如新口味的泡面、口味酱、各种糖果、包装可爱的纸巾和各类看着便宜的小东西之外,她居然买下了八支不同的牙膏:竹盐牙膏买一送一,实在划算;高露洁的直立包装蛮新鲜,买来试试;李宇春代言的佳洁士,令她联想起偶像蹦蹦跳跳的广告,买下买下;还有送牙刷的,反正要换牙刷了;旅行套装,出差可以用……

按一支牙膏用一个半月计算,她买下的牙膏起码可以用一年——虽然她每周都会去一趟超市。

问题

1. 王女士的购买属于何种类型?

2. 王女士的冲动购买对商家有什么启示?

实践训练

对消费者(高校学生)购买手机的行为进行调研,体验消费者在购买手机的决策中是如何进行问题认识、信息搜寻以及评价与选择的,提高搜集与处理信息、分析消费者决策过程、与人沟通及与人合作的能力。

第6章　影响消费者心理的个体因素

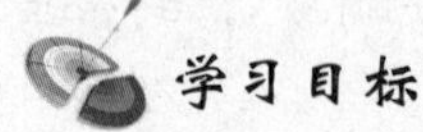

学习目标

1. 了解不同年龄消费者的心理特点及营销对策；
2. 掌握不同性别消费者的心理特点及营销对策；
3. 认识家庭对消费者心理的影响及营销对策。

引　例

杏花村酒厂注重市场个体分类

山西杏花村汾酒集团有限公司十分注重市场分类，他们针对不同年龄、不同性别、不同喜好消费者的个体需求，分别生产不同种类的杏花村酒。主要包括：汾酒、竹叶青酒、白玉汾酒、玫瑰汾酒、葡萄酒、啤酒等。其中汾酒（包括国藏汾酒、老白汾酒）是针对男性消费者；白玉汾酒、玫瑰汾酒是针对女性消费者；竹叶青酒是保健酒，专门针对老年市场和出口市场；葡萄酒、啤酒是针对其他消费者。杏花村酒厂采取个体分类的销售策略，适应了不同消费者的个体需求，扩大了市场覆盖率，也大大增强了企业的市场竞争力，使这个具有一千五百年历史的老酒厂焕发了新的生机。

分析启示　杏花村酒厂注重市场个体分类，根据不同消费者的个体差异和特点，分别生产不同品质的酒，以适应不同消费者的需要，深受更多消费者的欢迎。

消费者购买心理与购买行为的变化，受到消费者个体因素的影响和制约。影响消费者心理的个体因素很多，如年龄、性别、家庭、体形、健康状况、心理特征等。但从市场营销和各种个体因素对消费者心理影响的强度看，年龄、性别、家庭是最主要的影响因素。对这些因素进行深入的分析，不仅能够了解不同类型消费者之间所具有的共性与个性特征，把握消费者的购买心理和购买行为规律，而且为企业进行市场细分、确立目标市场和商品定位提供依据。

6.1　年龄对消费者心理的影响

年龄是消费者社会阅历或经历的一种重要反映。不同年龄阶段的消费者，由于受不同的社会环境的影响，受过不同程度的文化教育，有着不同的生理和心理特征，造成他们之间不同的需求欲望和消费心理，因而对商品需求、品种结构、花色、规格等方面都有着不同的要求。

根据消费者的年龄差异，我们把消费者分为少儿消费者、青年消费者、成年消费者和老年消费者。鉴于本书其他章节侧重于研究成人消费者的消费心理，这里则主要研究以下三种类型消费者的消费心理。

6.1.1　少儿消费者心理

少儿消费者是指在15岁以下年龄段的消费者，包括婴儿、儿童和少年。

1. 研究少儿消费者心理的重要性

(1) 研究少儿消费者心理有利于开拓儿童用品市场。少儿是一支庞大的消费者队伍。西方发达国家的人口尽管老年化严重，但少儿的比例都在30%左右；新中国成立以来少年儿童的比例一直在35%～40%之间变动。人口是构成市场的最基本条件。庞大的少儿人口数量标志着儿童用品市场是一个广阔的市场。同时，由于我国实行计划生育和优生优育政策，独生子女的比重越来越大，相当多的家庭越来越重视对少儿的投资并关心少儿的消费心理，有的家庭甚至把儿童消费作为家庭消费的中心。家庭对儿童投资量的增加，进一步增大儿童用品的市场容量，使少儿用品市场成为我国商品市场的重要组成部分。

(2) 研究少儿消费者心理有助于正确引导少儿消费，促进少儿健康成长。我国的计划生育政策造就了独生子女队伍。独生子女一般受到家庭更多的照顾和教育，这对他们的身体和智力的发展是有利的；但另一方面，会容易产生以自我为中心、不合群、骄傲等不健康的心理和个性特征，表现在消费上多是以自我为中心。子女要什么，父母就买什么，甚至有些家庭视独生子女为“小皇帝”。孩子的要求在某种程度上决定着家庭的消费特征，出现了很多不合理的少儿消费。研究少儿消费心理，揭示少儿消费心理发展规律，可以制订科学的营销策略，以抑制其不合理消费，引导少儿正常消费。

2. 少儿消费心理的特点

少儿时期是人的心理发展的重要阶段。其心理的发展变化，不是单纯的数量上的变化，而是一个由量变引起质变的过程。在这个过程中呈现一定的阶段性，如幼儿期向童年期转变，童年期向少年期转变等。尽管各阶段都有独特的心理特征，但就其心理发展而言，是按照一定的顺序的，表现为各阶段之间是一个连续的过程，有一个相对独立的主观世界，具有一定的认识能力、情感倾向、知识经验、兴趣爱好、性格意志等心理品质。在思维活动方面，虽然主要还是直接与感性经验相联系，但也开始由具体形象思维逐步地向抽象思维过渡，能在感知水平上解决简单的问题。少儿心理发展的一般规律表现在消费心理上，具有以下主要特点：

（1）随着少儿身心的不断发展，其消费动机由生理性逐步转向心理性、社会性。处在幼儿期的儿童，心理活动的独立性差，其消费动机主要源于生理性需要，如饥思食、渴思饮、寒思衣等。随着少儿年龄的增长，特别是进入少年之后，由于进入了一定的社会群体，不断地接受社会群体或成人消费的影响，其心理活动渐趋独立，自我意识逐步增强，消费动机的心理性、社会性相应突出。如对穿的，不仅仅要求遮体、御寒，而且要求漂亮、时髦。消费何种商品，不再百依百顺地听从家长的安排，而要反映自己的个性，甚至喜欢在生活习惯和嗜好方面与成人进行比拟。正因为如此，分析少儿消费动机，既要考虑到生理性需要，更要考虑到复杂的、综合性的心理性、社会性需要；既要考虑到少儿本身的身心特点，也要考虑到社会及其成人对其的强烈影响。

（2）随着少儿心理性、社会性消费动机的不断发展，少儿的消费情绪逐步由多变性趋向稳定性。学龄前儿童的消费情绪波动性很大。具体表现在：①容易变动。即对外界事物的情绪，容易向对立方向转换，时而喜欢，时而不喜欢。买一件玩具，一开始很喜欢玩，过不了多久，就不玩了。②容易感染。即容易被别人的情绪所感染，别人笑，自己也笑；别人哭，自己也哭；别人喜欢的东西，自己也喜欢。③容易冲动。即易受一时冲动的影响，情绪也表露于外。他们穿用的商品，如受到别人的赞扬，则表现出特别高兴，对商品倍加爱护；反之，就会把自己的不满情绪发泄在用品身上。少儿消费情绪的冲动性主要表现在低龄儿童阶段。随着时间的推移和少儿认识能力、分析能力、自我调节能力与控制能力的提高，其购买和消费习惯逐步形成，兴趣趋向于保持集中，注意力也较少儿时期稳定，于是消费情绪必然地趋向稳定，并对购买行为产生深远的影响。

（3）随着少儿心理活动的不断发展，少儿的消费行为由家庭的影响逐步转向受社会的影响。在少儿心理发展的低级阶段，少儿的消费心理与行为受家庭影响强烈。在通常情况下，少儿买什么商品是由家长规定好了的，少儿消费的商品也大多模仿其家庭和其同龄儿童。进入少年后，他们在社会的教育与影响下，对事物的感知能力、记忆能力有了进一步提高，逻辑分析能力、判断能力得到了一定的发展，已经开始运用批判的眼光对待周围事物，对新事物比较容易接受，对新产品感兴趣，喜欢凭借自己的认识和感知，根据自己的购买动机、意向等进行购买决策。又由于对集体活动比较关心，受集体影响也很大。因此，在消费需求上，受集体和社会的影响也较多。也正因为少儿消费心理由较多的受家庭影响转向受社会的较多影响，在消费需求和消费行为上常常与父母发生矛盾。

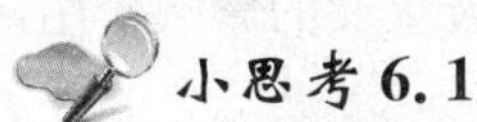
小思考 6.1

经营儿童用品成功的策略是什么？

答　成功的策略在于商品和营销因素要适合儿童用品市场的特点及儿童消费的需求。

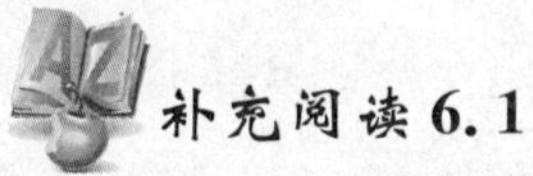
补充阅读 6.1

儿童消费易受广告影响

天真的儿童成为消费者后会影响父母的消费行为，而儿童又受商人，主要是广告商的影响。广告对儿童消费行为有非常重要的影响。

6.1.2　青年消费心理

青年消费者是指介于15～30岁年龄的消费者。

1. 研究青年消费者心理的重要意义

(1) 青年消费者是市场上现实需求和潜在需求的主体。我国青年人约占总人口的1/4，青年用品市场不仅是一个人口众多、消费量大的市场，而且是一个具有独立购买能力和消费潜力的大市场。在青年期的早期，家庭情况对其购买决策具有重要影响。这时，他们除了有一定的独立购买能力外，在消费时，家长往往参与其中，与他们商量，因而这部分人也就成为社会商品购买力的重要组成部分。青年期的中后期，经济上有了收入，虽然收入不多，但由于没有家庭负担，开支比较随便，因而市场潜力也较大。同时，计划生育和有计划控制人口流动的政策，造成青年用品市场分布面广且比较均匀、合理。因此，开发青年用品市场，是企业获得持续、稳定、良好经济效益的必然选择和要求。

(2) 青年人用品市场是一个对整体市场需求变化起重要影响作用的市场。青年人在社会生活中占据重要位置。青年人富于幻想,感觉性强,保守思想少,易于接受新事物,因而是市场新产品和时尚商品消费的带头人,并积极推动和影响中老年人消费新产品和时尚商品,从而带动整个市场需求的变化发展。同时,由于青年在家庭中地位的变化和影响力的扩大,逐步成为家庭消费的"第二代主人"和"第三代媒介人",在家庭消费品的购买上起着举足轻重的作用。企业争取一个青年消费者,就可能得到一位终身顾客,其影响还可能延续到下一代。正因为青年人是潜在市场和潜在需要的主要对象,青年人消费又对整个市场需求起着重要的影响作用,因此必须要重视青年消费者心理的研究。

(3) 青年的身心已获得一定的发展,其心理活动的独立性、自主性占主导地位。在其消费能力、消费意识和消费行为上,表现为购买自主性增强,即他们已成为独立的购买行为决策者;在消费内容上,表现出多样性和首创性,这是其与少儿消费者的重要区别所在。企业重视研究青年消费者心理,可以更好地通过了解年轻的购买决策者的心理变化,以指导企业的市场营销活动。

2. 青年消费心理的特点

青年期在人的一生中占据重要的地位。青年期有其自身的心理发展特征和发展规律。在青年期,随着身体的急速发育,青年的抽象思维能力、记忆能力、感知能力、对环境的认识和适应能力等获得充分的发展,个性基本形成,兴趣广泛而且稳定,自我意识基本成熟,智力发展达到了高峰期,情感日益丰富,意志的目的性和坚持性获得重要的发展,走出家庭、步入社会、在纷繁复杂的社会关系中实现自我的愿望强烈。与青年心理发展相适应,青年的消费心理也有其独具的特点,主要表现在以下几个方面:

(1) 消费需求和消费意愿强烈、多样。青年期正是生理成熟、心理自主和经济独立时期。他们处于生命周期最旺盛的时期,思维活跃,兴趣广泛,加上参加工作,本人已具有独立的货币支付能力,消费的意愿不可遏止,并且急切地把它转变为现实。有的青年,尤其是青年女性,每月一领到工薪,就迫不及待地买自己相中多时的东西。而且,青年消费者同老年消费者相比,虽然收入不高,但经济收入中直接用于自身消费的比重最大,因而消费能力相对最强。

(2) 追求时尚、新颖,强调美观、名牌,表现时代特点。青年人的典型心理特征之一,就是内心体验丰富,热情奔放,感觉敏锐,富于幻想,好奇心强烈。反映在消费心理与购买行为上,就是求新、求奇、求美、求名。"求新"就是在商品性能、外形和色彩方面能使人耳目一新,与时代潮流和风格合拍,与现代技术一致,合理、适用,货真价实;"求奇"就是指商品不落俗套,独具特色;"求美"就是指所购商品具有美学价值，与自己的审美观念相一致；“求名”就是指所购商品是名牌，或在名店所购，以表现自己的时空心理、显耀心理和占有心理等。

(3) 喜欢表现自我成熟和个性心理特征。青年人的另一个典型心理特征就是，少年期未成熟心理与中年成熟期心理的共存。在青年期前期，情绪的不稳定比较突出；在青年期中期，自我意识加强；在青年期后期，人生观大致形成，对家庭、对社会的责任感和使命感逐步加强，在情感上和主观上的幻想与现实生活的矛盾中，现实性有所加强。青年人这一心理特征反映到消费心理和消费行为上，表现为消费倾向由不稳定向稳定过渡，消费习惯逐步形成，消费注意力相对集中。而且，在购买心理上更多地希望所购的商品具有特色，能表现个性心理特征，并把所购商品与自己的环境、个人性格、教养、理想、专业、兴趣和塑造独特的自我形象结合起来。

(4) 冲动性购买多于计划性购买。青年人的情绪与性格，是以强烈与冲动、温和与细腻共存为主要特征的。强烈与冲动表现为行为果断、迅猛，甚至不考虑后果；温和与细腻则反映在内心世界上，具有理智和有正当要求的方面。青年人的这种情绪与性格在购买行为上，表现为迅猛、果断、反应灵敏、购买过程短等特点。年轻消费者只要认为商品合意，即使预先没有购买计划或是暂时没有购买力时，也想方设法，迅速作出购买决策。当然，这并不等于年轻人的购买行为就完全没有计划。有的年轻人为了满足个人的某种消费欲望，他们可以省吃俭用来筹款，这就是一种计划性。但就一般情况而言，青年人相对于中老年人而言，冲动性购买多于计划性购买，并在计划性购买中，冲动型购买也多于理智型购买。

(5) 选购商品注重情感和直觉的选择。人在青年期虽然在个性心理发展趋向成熟，但与中老年相比，生活经验还不丰富，对事物的分析、批判能力还没有达到完全的成熟阶段，因此，在购买商品的过程中，情感和直觉的因素起着相当重要的作用。这里所说的情感，是指消费者对各种商品的好恶倾向。青年人不像中老年人，更多地用理智支配其购买行为。即对某种商品只要能满意或符合个人需要，就能引起肯定的情感，就会产生相应的购买行为，从而忽视对所选购商品的性能等方面的全面分析。

同时，青年人购买商品多出于直觉的选择，特别注意商品的形状、款式、颜色、重量、厚薄、牌名等外在因素。因此，专以青年人为使用对象的商品，在装饰设计、工艺美术、牌名商标、色彩造型、广告宣传诸方面都应注意直觉效果，以引导和满足青年消费者的健康情绪和合理要求。

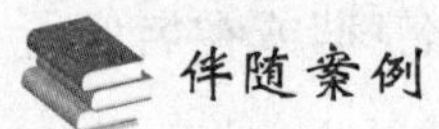

伴随案例

耐克的“明星策略”

耐克通过市场调研发现，运动鞋的消费者大多数是青少年，他们属于情感型的客户，易于受到名人和广告宣传的影响；他们崇拜体育明星，喜爱模仿体育明星的穿着和消费行为，把广告中出现频率大的产品视为消费潮流的代表。于是，耐克公司决定给自己的产品塑造鲜明的“体育”形象，并开展多种形式的大规模广告攻势和“明星攻势”。公司赞助各种大型的体育赛事，与一些大名鼎鼎的、受青少年喜爱的体育明星签约，如飞人乔丹、巴克利、阿加西、棒球明星宝·乔丹等，这种“明星攻势”引起众多青少年的追捧。这一策略卓有成效。耐克公司经过30多年的发展，已从一个销售日本运动鞋的小进口商发展为著名的国际知名品牌。

分析启示　**耐克公司的成功，在于它能在细分市场的基础上，准确地把握青年人的消费心理特点，并开展积极的营销活动。**

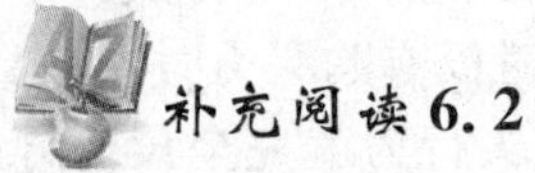

补充阅读 6.2

新婚青年的消费心理特征

结婚和建立新家庭，是青年消费者人生旅程的必经之路，大多数青年都在这一阶段完成了人生中的重大转折。此时，新婚青年的消费既有一般青年的消费特点，又有其特殊性，由此形成了新婚青年的消费心理特征。主要表现在以下几点：

• 消费需求多样性

新婚青年在建立家庭的时候，从居室装饰到家具购置，从锅、碗、瓢、盆到穿、铺、垫、盖……他们的需要是多方面的，这种需要既有物质的，也有精神的。在需要构成上，几乎包含家庭生活所需要的全部生活用品，所购商品不仅数量多，讲究新颖、新潮、配套齐全，且追求整体协调、和谐。

• 购买时间相对集中

近年来，新婚青年家庭用品，包括高档耐用消费品，大多在婚礼之前利用节假日，集中突击购买完毕。由于传统风俗习惯的影响，许多青年对婚礼时间的选择又相对集中，如春节、国庆节、元旦等吉日，无形中又形成结婚日用品的销售高峰。

• 购买倾向追求新、美，富有情感色彩

结婚，使青年人对生活充满希望、幻想，对未来有美好的憧憬。所以，在购买活动中的心理特征表现为对商品的物质属性和精神属性有着较高的追求。在这种心理的支配之下，新婚家庭对其用品的选择购买，有了全新的内容。求新、求美、注重档次、讲究品味、追求情趣成为其选购商品的主要标准，使购买活动充满强烈的情感色彩。

6.1.3　老年消费心理

老年消费者是指年龄在60岁以上的消费者。

随着现代科学技术水平的提高，特别是医疗保健技术的进步，世界各国人口的平均寿命逐步延长，一些国家出现人口老龄化的趋向。与此相适应，老年消费品市场在不断扩大。由于老年人有着与青年人不同的生理需要和心理需要，因此，需要重视对老年消费者心理的研究，以开发"银发市场"，满足老年人这一特殊消费群体需要，这对于提高企业经济效益，促进社会稳定，发展社会主义市场经济都具有重要的意义。

由于自然规律的作用，任何人步入老年期后，其生理和心理都会发生明显的变化。在生理上，表现为细胞数量减少，器官发生萎缩，感官系统、心血管系统、消化系统、肌肉骨骼运动系统和神经系统等功能逐渐减退，甚至发生紊乱；在心理上，老年人记忆力减退，对事物的认识、反应能力及推理、判断能力下降，情感反应单调，个性趋于小心谨慎，思想趋向于保守，不愿冒风险。多数老年人刻板、固执。

老年消费心理正是由于老年生理和心理变化过程中所表现出来的这些特征所决定的。归纳起来，老年消费心理有以下特点：

1. 习惯性

消费习惯性是老年人心理发展特点的综合反映。因为老年人的记忆力，往往沿着他所形成记忆的顺序背道而行。旧的记忆能保持，而新的记忆易于消失。许多老年人对青年时代所使用的商品及其品牌、商标能够记住，可是对最近购买的新产品的品牌、商标却记不住，同时他们已经形成的消费习惯不会轻易改变。老年人的记忆规律和由经验偏好所形成的习惯性就成了消费的重要特点。根据这一特点，企业在经营老年用品时，应注意对品牌、商标的提示性宣传，不要随意改动商标。

2. 从众性

老年心理具有保守性、固执性的特征。这一特征表现在消费行为上的从众性。因为老年人退休之后，经济收入减少，消费能力相应减弱。为了获得消费投入上的安全感和谨慎感，在购买决策过程中往往力求使购买力投向与其所在群体的消费行为保持一致，于是出现购买上的从众行为。

3. 求廉性

求廉性是指消费者追求经济实惠，希望少花钱而换取理想、适用商品的消费心理。这虽然是一个比较普遍的消费心理，但是其在老年消费者群体中更具有普遍性和重要性。因为我国老年消费者长期经历了低生产力水平、低收入水平、低消费水平阶段，养成了精打细算、勤俭节约的生活方式，加上进入老年，经济收入减少，因此在购买商品决策过程中，物美价廉、经济实惠、低价多功能就成为老年消费者决策的重要依据。

4. 求便性

老年人由于感知能力的衰退和体力的不足，在购买商品时容易出现心情急迫、挑选细心、动作缓慢等情况，希望在购买过程中能够得到更多的关怀与照顾，希望得到舒适的环境和热情的接待，希望在购买和使用商品中得到更多的便利。企业掌握老年人的求便心理，就要在市场营销过程中格外照顾他们：接待时，营销人员应主动、热情、耐心、多解释、多提醒，并主动地帮他们细心挑选；收钱时不催促，找钱时递到老人手里，做到唱收唱付，使他们提出的每项要求都得到相应的满足。

哈默定律

当我们的顾客不需要我们的商品时，我们应该把目光转移到与之有联系的人身上，这叫哈默定律。

有则推销员向和尚推销梳子的故事：一天，一个推销员来到寺庙。他对方丈说："你想不想增加香火钱？"方丈说："想。"他告诉方丈："在寺庙里最热闹的地方贴上告示，捐钱有礼物拿。""什么礼物呢？""一把功德梳。并告诉香客：尘世中的人们，都挂着三千烦恼丝，时常理一理、顺一顺，烦恼便可少一些。这个梳子有个特点，一定要在人多的地方梳头，这样就能梳去晦气，梳来运气。"于是，很多人捐钱后就梳头，这样又使得更多的人去捐钱。3 000 把梳子一下就卖光了……

6.2 性别对消费者心理的影响

不同性别的消费者，其生理过程和心理特征不同，因而会产生不同的消费心理，表现出不同的消费特征。

6.2.1 心理的性别差异

消费心理是由人的心理发展状况决定的。人的消费心理特点服从于其心理特点。因此，要分析性别对消费者心理的影响，必须首先分析心理的性别差异。性别差异概括起来，主要表现在以下几个方面。

1. 记忆差异

记忆是一个人所经历过的事物在人脑中的反映，是人脑积累经验的功能表现。一般来说，女性，特别是年轻女性，擅长以词语为中心的第二信号的记忆，而男性侧重于逻辑思维过程的记忆。女性相对于男性来说，多数采用机械识记，且有较强的情绪记忆能力，比较容易因景生情，而男性则多采用意义识记而少采用机械识记。

2. 思维差异

思维是人脑对客观现实的概括和间接的反映，它反映的是事物的本质及其规律性。一般来说，女性对问题和材料的综合分析能力、逻辑推理能力、抽象思维能力、理论思维能力、创造思维能力等逊色于男性，这是社会高层领导决策机构、自然科学研究领域、高技术研究领域女性占有较小比例的重要原因。相反，由于女性有较好的形象思维能力、具体思维能力、直觉思维能力、常规思维能力等，因此在文艺研究领域以及教师、记者等职业中占有较大比重。

3. 情绪差异

情绪是客观事物是否符合人的需要、愿望与观点而产生的主观体验。男女两性，由于其生理机制上存在着差异，决定了其在情绪过程中存在着明显的差异。

(1) 与男性，特别是与年轻男性相比，女性，特别是年轻女性显得胆小、怯懦和多虑。

(2) 女性比男性更容易产生移情作用，即将自己置身于他人的情绪空间之中，感受着他人正感受着的情绪。

(3) 与男性相比，女性情绪的稳定性较差，容易受外界的影响。

(4) 女性的情绪易受暗示，富有遵从性；而男性不容易被说服，富有独立性。

4. 个性差异

个性是人在长期的生活实践过程中逐步形成并表现出来的并具有一定倾向性

的、比较稳定的、本质的心理特征的总和。

两性的个性差异主要有以下三个方面：

(1) 男性比女性更具有攻击性，包括体力的攻击、言语的攻击和幻想的攻击等。

(2) 男性比女性更具有支配性。支配是与人的社会地位、职位、职业相联系的社会行为。这种差异在不同性别的人的相互交往中发挥着重要而微妙的作用。

(3) 男性比女性更富于自信心。一般来说，男性对新事物的接受往往比女性快。对自己估计往往偏高，因而愿意承担挑战性的工作任务并积极完成。相反，女性往往比较保守地估计自己，愿意承担有惯性且比较规范的工作任务，在富有挑战性的新工作任务面前，经常显得胆怯、谨慎，甚至不敢也不愿意接受。

6.2.2 消费者心理的性别差异

性别是造成个体心理活动和心理过程差异性的重要因素。同理，不同性别的消费者在购买和消费商品的过程中，有着不同的心理过程。我们把由于消费者性别不同而引起的心理活动的差异称为消费心理的性别差异。正是这种差异，形成了女性消费心理和男性消费心理。

1. 女性消费心理

1) 女性的消费特点

这里的女性是指成年妇女。女性用品市场是一个很广阔的市场，因为在消费品市场中购买者主要是由女性承担的，许多男性用品及儿童用品也大多是由女性购买的。女性消费心理在整个市场需求中起着举足轻重的作用。因此，在犹太人的经商秘诀中，就特别强调做生意时要把眼睛盯住妇女的钱袋。女性用品市场有以下几个特点：

其一，购买能力。就我国整体而言，女性就业面和经济收入明显低于男性，特别是农村市场，女性购买力更低。但在城镇，女性个人消费支出大于男性的趋势日渐突出。

其二，消费需求。女性的消费需求比男性丰富多彩。一方面，他们的个性消费涉及比男性更多的商品，包括女性特需的商品和通用的商品；另一方面，她们的消费带有丰富的感情色彩，十分注意商品的审美功能和社会心理功能，因而对美有着更强烈的追求和感受。为了创造自己的美和欣赏商品的美，他们愿意付出相应的经济代价。

其三，购买决策。中国的传统文化和女性的心理特点决定了女性消费者在购买决策上总是比较精打细算，追求物美价廉。她们购买商品时要求较高，比较挑剔，既考虑质量，又考虑花色、式样，左思右想，反复权衡，力求称心如意，因而决策不够果断，购买时间较长。同时，由于女性购买商品的感情色彩丰富，所以购买决策比较容易受购买环境、购买现场气氛和相关群体的影响。

2）女性的消费心理

女性购买和消费的商品大致有两类：一类是日常生活消费品，一类是女性专用品。对不同类型的商品，有不同的消费心理。

对一般生活用品的购买和消费，女性首先表现出来的是实惠心理，即希望“少花钱多办事”，祈求所购的商品能最大限度地满足个人及家庭消费的需要；其次表现出来的是情感心理，即易受购物环境和现场人际关系的影响，对新颖的造型、华美的包装、芳香的气味等容易产生喜好的情感；再次是从众心理，即在购买商品时容易被别人说服和支配，期望自己的购买欲望与大众消费者的购买倾向和群体内部其他消费者的购买倾向相一致，而且，一致的程度越高，其购买心理越稳定。

对于女性专用品的购买和消费心理，更能够反映女性消费心理的特点。所谓女性专用品，主要是指供女性消费的衣料、服装、鞋帽、首饰、化妆品、卫生用品和药品等商品。女性专用品有两大特点：一是其大多数是“软性商品和包装商品”。所谓软性商品，是指流行的装饰性的商品，如女性衣料、时装、鞋帽、装饰品等。其中，尤以时装为最大量，这也是女性经常性支出数量最大的一项。在软性商品的购买动机中，心理因素占据重要位置，容易流行也容易过时，个人爱好与要求对购买影响很大。所谓包装商品，是指包装容器内的商品，如化妆品、牙膏、速食面、卫生用品、药品、饮料等商品。消费者购买这类商品往往凭商品品牌、印象购买，知名度越高越容易购买，冲动性购买比例较高，商品的特性与个性非常重要。女性专用品的另一特点是市场品种繁多，选择性强，消费弹性较大，竞争较激烈。女性在购买和消费专用品过程中除了具有购买日用品的心理状态以外，还表现出以下几个特点：

一是求美心理。爱美之心人皆有之，而在女性身上表现得更为强烈。在购买商品过程中，女性容易对能够美化生活、装饰性强、色鲜图美、款式新颖的商品产生购买偏好，因为女性消费者在记忆过程中表现出较强的情绪记忆力。具有欣赏价值的商品对女性消费者往往能产生较强的刺激，使她们情不自禁地产生兴奋、高兴的情绪，进而产生某种购买或占有欲望。

二是时髦心理。赶时髦是一种社会现象，也是当代女性的一个明显特征。时髦心理是求美心理的一种具体表现。由于时髦商品具有强烈的时代气息，与新的科学技术密切联系，在消费激流中处于前沿和时尚地位，因而成为当代女性追求的一个目标。

三是炫耀心理。炫耀心理是以购物来显示自己的某种超人之处的心理状态，是爱美心理和时髦心理的一种具体表现。当代女性,特别是家庭收入较高的中青年女性,在购买商品时追求高档、名牌,强调与众不同,以显示其地位上的优越和经济上的富有。

四是求便心理。在我国,由于女性就业人数较多,双职工的家庭占很大比重,女同志工作繁忙,家务负担重,休息和学习时间少,因此,女性对消费品的方便性和购买商品的方便性要求越来越突出,希望在购买和使用商品的过程中能得到更充分的便利。企业能够提供优质的全方位服务,就能争取相应的女性消费者。

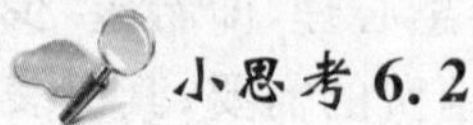

小思考 6.2

商业经营有句俗语:"宁愿得罪十个男人,也不要得罪一个女人。"这句话对吗?为什么?

答 对。女性是市场购买的主体,并有较强的传播能力。

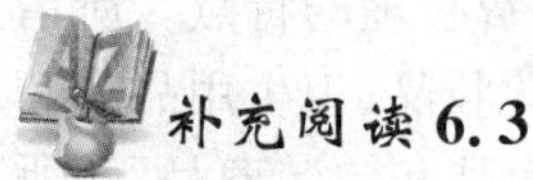

补充阅读 6.3

做生意要瞄准女人

"做生意要瞄准女人"这一犹太人经商的座右铭,已被许许多多的经商者所认识和注意。他们认为,如果说客户就是企业的"上帝",那么女性客户就是更为活跃的主角,她们至少左右了现实生活购买力(包括女性、儿童以及家庭所需消费的大部分,甚至很多男性消费品的购买与否也基本取决于女性)的 3/4,因此,充分掌握并巧妙地运用女性消费心理特征,积极吸引并成功诱导女性消费,应当引起企业的重视。在经营的实践中,有人总结出了女性消费心理引导十诀。

1. 激励女性的满足感。大部分女性认为,购物并使她们的家庭保持舒适而井井有条,就是她们最大的骄傲,对这种满足感的向往是女性购物的主要动机之一。因此,应把握时机,将她们所关注的商品与家庭、孩子的需求结合起来,与家庭的舒适与安逸结合起来,从而触发其购买欲。

2. 借助女性"幻想"的魔力。女性喜欢以自己的实际生活为基础进行幻想,并常把幻想当做现实的组成部分。所以,巧妙地运用女性容易幻想的特点,处处留给她们发挥幻想力的余地,同时满足幻想和实用价值两方面的需求,就极容易对她们产生作用。

3. 鼓励女性用指尖"思想"。女性的触觉远比视觉发达,致使她们对事物进行决断时,必须相当程度地依赖触觉。在百货公司,女性购买者肯定会要求服务人员将商品拿给她,经她们实际触摸后才可能决定是否购买,换言之,女性不只用大脑思想,也是用指尖"思想"的。因此,对那些购物时表现得犹豫不决的女性,让其亲手触摸,效果会好得多。

4. 帮助女性缩小选择范围。女性购物时,最讨厌服务人员只拿一种商品强行推销,但是,奉劝她们多中择优,又只能徒增其选择上的困难。可见,促使女性购物最有效的办法就是布置出令她们感觉自己"独具慧眼"的场景,缩小其购物选择范围,从而达到推销目的。

5. 借"被排斥感"激起消费欲。女性从众心理尤其强烈,非常害怕自己属于"例外"之列,往往舍弃选择的自由,乐于在"从众泥潭"里打转。因此,可恰当地利用女性唯恐被大众排斥的心理,积极诱导女性的购物意向并付诸行动。

6. 让虚荣女性拥有"唯一"。一些虚荣的女性心中常有一种"只有我一个"的"唯一"意识,经常希望自己是"与众不同的一个"。所以,向她们推销商品和服务时,若能提供大多数女性都向往的"唯有我用"的诱惑,会使其产生"我是唯一被选择的对象"之类的快感,不仅能如愿以偿,而且还能用她们向自己同伴炫耀而连带收到免费广告的效果。

7. 不要撕破"书"的封面。"女性是一本内容和封面相去甚远的书",为迎合潮流,她们很可能表露出与真实想法(内容)相反或不同的主张(封面)。故此,必须透过表象看到她们的内心所想,先接受她们一口咬定的意见,给她们一个"面子",再针对其真实本意提供消费建议,提供相应的服务。

8. 用赞扬消解女性的烦恼。女性希望自己给人一种完美无瑕的形象,也竭力让自己看起来完美无瑕,致使其最忌讳被他人揭了"伤疤"。例如,对于体型肥胖的女性,"胖"是绝对的禁忌语,因此,服务人员应尝试赞赏她的高级坤表、别致的耳环、新颖的装束等无关紧要但又令女性喜悦的特点,如此造成良好的气氛之后,引导女性消费就容易收到事半功倍的效果。

9. "佩服"女性的一知半解。一些女性特别无法容忍他人的指责,稍受冒犯,就会在一瞬间"勃然大怒"。面对这类女性,一定要显示出对她们的尊重,应耐心地将她们当做见多识广的人那样看待,使其自尊心得以满足,便自会欣然接纳你的意见。

10. 运用权威的意见促销。引导女性消费需要服务人员综合运用情感唤起和理性号召两种形式,热情地举出众多具有说服力的具体事例,显示出立即能得到的效果;而搬出那些较有名气、为女性所熟知的权威人士的意见,无疑是最为有效的方法。

2. 男性消费心理

这里的男性主要是指成年男性消费者。男性消费者在我国市场上占据十分重要的地位。这不仅因为男性，特别是农村市场男性消费者，消费水平较高，而且因为男性是家庭高档商品购买的主要决策者。在广阔的农村市场，可以说男性在购买上处于垄断状况。针对男性消费者的消费特点组织市场营销活动，对于企业的生存和发展具有重要的意义。

1）男性的消费特点

主要表现在以下几个方面：

一是购买能力。与女性相比，我国男性就业率和经济收入在总体上相对较高。在城镇，虽然男性平均消费水平低于女性，但在农村，男性却明显高于女性。而且在购买活动中，男性对商品的结构、功能的了解能力优于女性，从而使他们往往成为结构较为复杂的商品及高档耐用消费品的直接选购者。

二是消费需求。一般来说，男性对于满足基本生活需求的商品，如主副食品、衣着、起居条件等商品的质量要求不高，比较随和。完全为男性独有的男性专用品品种数量少，没有必要开辟男性用品商店。但由于中国传统文化要求男性积极进取、追求事业上的成功。因此，男性在获取知识、经验、技能等方面表现出比女性更为强烈的消费需求。

三是购买决策。男性购买决策的信息较多地通过广告获取。对某种商品的购买动机一旦形成，就会迅速、果断地付诸实施，实现购买决策。而且，在购买商品时，很少挑剔，也不愿意在同类商品不同品种之间反复地比较、权衡。因此，选购商品范围一般较窄。对于新产品的接受，男性比女性更为积极主动，这是男性的成就欲和控制欲的表现。

2）男性的消费心理

男性与女性相比，其消费心理要简单得多。一般来说，男性消费心理比较突出地表现在以下几个方面：

一是求新、求异、求癖的心理强于女性。如前所述，男性相对于女性具有较强的攻击性和支配性。这种心理在购买行为上表现为求新、求异、求癖，具有开拓精神。他们对新产品的奇特性往往有较高的要求。另外，男性一般都有某种特殊嗜好，比如，有人烟酒成癖，有人爱好钓鱼、养花，也有人酷爱摄影、集邮等。

二是理智、自信心理。男性与女性相比，理智和自信多些，一般在购买前就选择好购买对象，后悔和退货的情况比女性少。但男性往往不愿意在柜台前花更多的时间挑选商品和询问究竟，即使是拿到稍有毛病的商品，也认为大体上过得去就算了。因为他们不熟悉市场行情和新产品的特点，一旦单独置身于五光十色的商品世界里，新鲜感的诱惑往往激起他们的购买欲望，就会产生冲动型购买。在购买上敢于冒险，富有主见，个性和独立性明显。

小思考6.3

有人说:“开商店要盯住女性消费者,开饭店要盯住男性消费者。”这话对吗?

答 从总体上说是对的。因为女性消费者,特别是城市女性消费者,是商品的主要购买者,而光顾饭店的,则是男性消费者较多。

6.3 家庭对消费者心理的影响

家庭是建立在婚姻和血缘关系基础上的亲密合作、共同生活的小型群体。它既是整个社会生活的基本消费单位,又是与个体消费者的消费行为相互影响地结合统一体。因此,家庭对消费者心理与行为的影响是显而易见的。人的消费心理、消费行为、消费方式、消费习惯首先是从家庭中学来的。同时,家庭又是社会的基本经济收支单位,消费品市场几乎全是以家庭为单位进行购买活动的。此外,家庭的社会地位、经济收入状况、人员结构等不仅决定了家庭的购买能力,也决定了家庭成员的需求层次、需求结构和消费习惯,正因为家庭对消费者心理和行为产生着非常重要的影响,我们才把家庭作为特别的个体因素加以阐述。

6.3.1 家庭类型结构与消费者心理

1. 家庭类型结构

(1) 单身家庭,即指只有一个家庭成员所组成的家庭,如单身老人、独居外地的单身者及独身者。

(2) 核心家庭,即指由异性的两个成年人组成,或包括子女在内的标准的“三口之家”。

(3) 直系家庭,即包括一对夫妻加上一个已婚子女及其配偶,或者再加上第三代、第四代人所组成的大家庭。

2. 家庭类型结构对消费者心理的影响

(1) 单身家庭的消费者。由于是单独生活,对于大综商品(如成套家具)购买欲望较低,对于生活必需品,一次性购买数量也较少,希望简单、省时、方便。但是由于其自尊意识和求胜心理较强,对商品的档次要求较高,并力求达到,甚至超过核心家庭的消费水平。

当然，不同情况的单身家庭，其消费心理是不同的。如老年单身鳏夫或寡妇，在生活消费上一般都倾向于节俭和保守。而独居在外、临近婚期的未婚男女青年所构成的单身家庭实质上是处于核心家庭前期的一个临时性组织，因而消费心理并不受上述分析单身家庭的约束、影响。

(2) 核心家庭的消费心理。他是我国乃至世界许多国家近期家庭发展的目标模式。核心家庭由于夫妻共同工作，且年轻力壮，精力充沛，经济收入比较稳定，而子女又小，家庭矛盾少，在心理上有一种稳定的优越感，因而在消费心理上求新、求异、求名、求美占主导地位。另外，由于我国实行计划生育和优生优育政策，子女在家庭中的地位自然提高了，他们比多子女家庭中的孩子受到更多的照顾。父母舍得在他们身上花钱，也尽量满足他们的各种要求，这就不仅影响到核心家庭消费心理和购买，而且在这种家庭环境熏陶下子女的消费习惯和消费方式也会形成某些特点，一些独生子女求新、求奇的心理就是核心家庭消费特点的一种表现。

(3) 直系家庭成员的消费心理。直系家庭规模较大，层次较多，一般情况下，家庭的长辈处于核心地位，执掌着家庭消费大权。其成员的消费心理明显地受到长辈的影响和制约，因而消费心理从整体上带有保守性。表现在购买商品上，讲究价廉物美，经济实惠；习惯于消费传统的消费者普遍接受的商品，对新产品的购买与使用持谨慎的态度；为避免消费风险，他们采取"随大流"的消费策略，即以既不先进，也不落后作为消费的主导思想。直系家庭中的年轻成员的消费心理即使有开放求新的意识，也会在这种保守的气氛中因不同程度的压抑而打上保守的烙印。

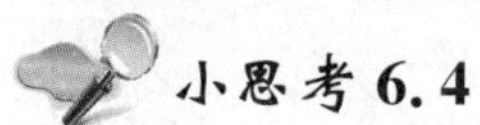

小思考 6.4

营销者为什么要研究消费者的家庭结构？

答 因为目前家庭仍执行着生活职能，家庭既是整个社会的基本消费单位，又影响着家庭成员的消费心理与行为。

6.3.2 家庭成员的角色与家庭购买决策

1. 家庭成员的角色

研究家庭购买决策，首先要弄清楚谁是家庭用品购买的主要决策者，谁是该用品的使用者，这就需要分析家庭成员在购买和使用商品过程中所扮演的角色。只有这样，企业才能有针对性地进行宣传促销，减少促销的盲目性。一般家庭在购买日常用品时，大多不需要经过全家商量，单凭购买者一个人决定即可。但在购买选择性商品或大件耐用消费品时，则要经过大家商量，并由家庭中举足轻重的人或全体家庭成员共同作出买与不买的决定。根据家庭成员在实际购买决策中的作用，我们可以发现家庭成员所扮演的角色主要有五种：

(1) 发起者，即第一个提议或想到去购买某种商品的人，他能促使家庭其他成员对该商品发生兴趣。

(2) 影响者，即有形或无形地影响最后作出决策的人，他所提供的商品信息或购买建议对决策者有一定的影响。

(3) 决策者，即最后决定购买意向的人。决策者有权单独或与家庭其他成员一起对买还是不买、买什么商品、何时去买、到哪里去买等问题作出决定。

(4) 购买者，即按照决策者的决策，到商店实际购买商品的人。

(5) 使用者，即实际使用所购商品的人。

家庭成员在购买中所扮演的角色是不一样的。以购买电冰箱为例，最早引起大家对电冰箱的兴趣、提出购买倡议的也许是女儿，也许是母亲，然后父亲或全家表示赞同，最后由父母共同商量，觉得既需要又能买得起，于是形成了购买决策；实施这个决策的任务可能由父亲或儿子承担；至于使用者可能是全家，也可能是母亲。

小思考6.5

在家庭购买决策中，家庭成员扮演着五种角色，你认为哪种角色在家庭购买过程中作用最大？

答 决策者。

2. 影响家庭购买决策的主要因素

家庭作出购买决策不外乎两种可能：一种是个人说了算；一种是大家商量，共同决定。不论采取哪一种决策形式，都必须考虑影响和制约决策的各种因素，特别是以下几个主要因素：

(1) 家庭的经济收入。家庭的经济收入水平是影响家庭购买决策最重要的因素。一般来说，家庭经济收入越高，购买力愈强，其购买决策观念愈淡薄，且容易被任何成员所接受；反之，其购买决策往往是家庭成员小心谨慎并共同参与的。

(2) 所购商品的重要性。所购商品对家庭越是重要，家庭成员共同作出购买决策的可能性就越大。这里所讲的商品重要性是与它的价格(如高档耐用消费品)和用途(如以全家名义赠送给亲友的礼品等)相关联的。

(3) 家庭的民主气氛。民主空气浓厚的家庭常常是在征求家庭中每个成员意见的基础上作出购买决策。而在家长制、大男子主义严重或女主人当家说了算的家庭,则往往由一个人作出决策。

(4) 家庭分工。现代家庭分工趋势明显,家庭成员分工越具体(如父亲买煤买米,母亲买菜做饭,女儿洗衣刷碗),家庭成员越有可能自主地作出与他们有关的购买决策。

(5) 可觉察风险。购买决策存在一定的风险。家庭成员所觉察到的购买风险越大,他们就越可能共同作出购买决策;反之,家庭成员共同参与决策的可能性就小。

3. 家庭成员的角色与消费心理

家庭成员在购买决策中处于不同的地位,扮演着不同的角色,构成不同的内、外部关系,于是有不同的消费心理。

(1) 家庭成员的年龄构成不同。由于家庭成员的年龄构成不同,使得家庭所表现出来的文化状况有差异,从而影响消费心理。从静态上观察,如果一个家庭的消费决策者是老年人,那么该家庭总的消费必然首先服从老年人文化特点及观念的要求,在消费心理上倾向于保守,追求价廉物美;反之,若家庭消费决策者是青年人,那么他们必然将时代意识、改革开放意识融进消费决策之中,在消费心理上求奇、求新、求名、求美,勇于探索和创新;如果老年人与青年人在家庭消费中同时拥有一定的决策权,往往就会发生消费购买选择、偏好上的冲突。从动态观察,随着恋爱—结婚—家庭发展过程,家庭成员的年龄不断增长,相互地位也发生着相应变化,那么消费心理也不断地跟着起变化。一般来说,在恋爱和新婚阶段,女方在家庭消费决策中往往有较大的权力,因此她们的喜好、习惯和观念等对家庭消费的影响就大;当夫妻进入中年后,家庭消费中心又会转移到丈夫身上,进入中年的男子的观念、喜好等会对家庭消费发生重要作用。

(2) 家庭成员之间的关系。感情不同,形成的消费心理也不同。如果夫妻关系不平等,大男子主义严重或妻子独掌购买决策权,就可能导致消费者决策长期一边倒;如果夫妻能互相尊重,在消费决策时相互商量,则可能形成夫妻相互良性促进型家庭消费;如果夫妻关系不和,消费生活中各自顾自己,则可能形成夫妻相互恶性促进型家庭消费。

(3) 家庭成员的知识结构、社交范围不同,其消费心理也会有所差异。不同文化的人,有不同的价值观念、生活标准和准则,反映在购买动机上也是不同的。一般来说,文化程度越高,其理智程度、对商品的品质、对文化娱乐和特殊商品的需求也就越高。家庭成员社交范围的不同也会影响消费心理。一方面,人们总是不希望失去朋友间的交往,所以在消费方面总是力图与交往范围的人保持协调;另一方面,人的消费具有示范作用,社交范围内的他人消费往往会对自己的消费产生示范、带动作用,因而形成消费上的模仿行为和从众行为。

6.3.3 家庭生命周期对消费心理的影响

家庭的产生和发展都有一个过程。依据家庭的客观状况,我们可以把家庭发展过程划分为单身期、新婚期、生育期、离巢期、鳏寡期等五个阶段,这五个阶段有机统一,被称为家庭生命周期。

1. 单身阶段

又称"准婚期",是指人到青年以后逐步脱离家庭而单独生活,刚刚独立出来又没有结婚这段时期。在我国,单身青年一般父母都不要他们的钱,其收入都归他们自己,所以他们购买能力比较强。他们除了花费还会有些结余,打算用于找对象、结婚准备等。到了单身后期,他们为寻找满意的对象,又会尽可能地美化自己,尽量参与社会交往,其消费心理受到相关群体的影响较大,具有强烈的求新、求异动机,购买商品往往较多地考虑其外观颜色及时髦程度,而较少地顾及商品本身的实用性。他们的购买以冲动型购买为主。

2. 新婚期

起始于夫妻关系的确立和夫妇两人家庭的建立,终止于第一个子女的出生。在这一阶段,夫妇俩没有其他的生活负担,而且结婚后两个人的收入又合到一起,在购买决策上彼此商量。由于他们有充裕的业余活动时间,又是新婚,所以愿意去寻求快乐的生活方式。在购买商品上,大件商品在结婚时已经齐备,婚后就是进一步地充实和美化了。在消费心理上,新婚期的消费者对非家庭生活必需品的购买有着强烈的追求时髦和奇特的消费动机。

3. 生育期

指核心家庭第一个孩子的出生和成长阶段。这一阶段的家庭消费不再完全取决于个人的兴趣,而是在一定程度上以孩子为中心。为了孩子的生长和学习,从食品、衣服、玩具到文化学习用品都要买,不仅经济开支比较大,而且父母的工作负担和家务负担都比较重,因而在消费心理上表现为求廉欲望较强,即要求所购买的商品物美价廉,而且具有多种功能,要求购买过程简单、省时,能够得到方便。

4. 离巢期

即指子女独立生活，走向社会，参加工作。这个阶段一般是家庭经济状况最好的时期。父母的收入由于业务技能的提高和从业时间的增加会比年轻时多了，夫妻双方自由支配的闲暇时间也相应增多，消费水平随之提高，消费结构不断改善，旅游和保健支出增加，家庭消费心理中的求名、求美欲望逐渐增强。

5. 鳏寡期

鳏寡期是家庭发展的最后阶段，是指从相依生活中二老的一方丧偶开始到双方去世所经历的时期。这一阶段，其成员的身体、感情、生活习惯、经济收入都发生相应变化。经济收入减少、寂寞感增强、体力衰退、行动不便，因而在消费上逐步受到身体、市场远近的限制，其消费心理逐渐趋于保守，而成为新产品和新观点的最后采纳者。对商品价格极为敏感，求廉、节约成为他们消费的主导思想。

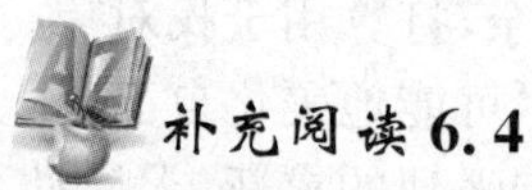

补充阅读 6.4

家庭生命周期 8 阶段及其购买模式图

家庭生命周期阶段	购买或行为模式
1. 单身阶段	无财务负担，领导潮流，喜娱乐
2. 新婚	财务状况较好，有最高的购买率和耐久财购买量
3. 满巢一期 （最小的孩子小于 6 岁）	购买家庭用品的巅峰时期，有很少的流动资产，对新产品有兴趣，喜欢广告的商品，对财务状况不满意
4. 满巢二期 （最小的孩子 6 岁）	财务状况较好，购买包装大、数量多的商品，上音乐课等
5. 满巢三期 （中年夫妇，孩子未独立）	财务状况仍好，很难受广告影响，对耐久财平均购买力最高
6. 空巢一期 （小孩不同住，家长仍工作）	自有房子，对财务状况满足，喜远游，娱乐，自我教育，对新产品没兴趣
7. 空巢二期 （小孩不同住，家长年老退休）	所得减少，购医疗用品及保健用品
8. 年老丧偶独居	所得减少，购医疗用品及保健用品

知识题

1. 为什么要研究少儿消费心理?
2. 简述少儿消费心理、青年消费心理、老年消费心理的特点。
3. 心理的性别差异主要表现在哪些方面?
4. 简述女性消费心理特点。
5. 简述家庭类型结构及其对消费者心理的影响。
6. 影响家庭购买决策的因素有哪些?
7. 举例说明家庭成员在购买决策过程中所扮演的角色。
8. 试述家庭生命周期的不同阶段的消费心理。

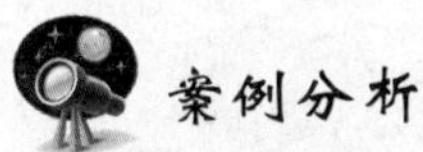

案例分析

巧妙利用女人的心理

一天萨耶下班回家,看见桌上放着一块布料。妻子说:“料子不算太好,但花式流行啊。”妻子还告诉萨耶,在游园会上,当地社交界最有名的贵妇瑞尔夫人和泰姬夫人都将穿这种花式的衣服,妻子还嘱咐他不要将消息说出去。

萨耶对女人在服装方面这种“不甘落后”的一窝蜂心理早就习以为常了,那两位贵妇可以说是当地妇女时装的向导。

“这个消息是谁告诉你的?”萨耶只是对此感到有兴趣。

妻子支吾了半天才吐出真情。原来是卖布的小贩告诉她的,而且还要求她不告诉任何人。萨耶真想捧腹大笑一场,他明白这一定是小布贩捣的鬼,竟然把他的妻子给哄住了。

游园那天,全场妇女中,只有那两名贵妇及少数几个女人穿着那种花色的衣服,萨耶太太也是其中之一,她因为同两名贵妇穿的是一种花式的衣服,格外引人注目,她因此出尽了风头。游园结束后,许多妇女都得到一张通知单,上面写道:“瑞尔夫人和泰姬夫人所穿的新布料,本店有售。”

萨耶暗暗惊讶,他不得不佩服那个小贩的推销手腕。

第二天,萨耶找到那家店铺,只见人群拥挤,人们争先恐后地抢购布料。等他走近一看,才知道这个店铺比他想象的更绝,店门前贴着一行大字:衣料售完。伙计们还不断地解释说,这种法国衣料因原料有限很难充分供应。萨耶知道这种布料进货不多,并非因为缺少原料,而是因为销路不好,没有继续进口,看到这个小贩如此巧妙地利用女人心理,直到最后还利用缺货来吊她们的胃口,萨耶从心理上折服了。

问题

1. 这个案例反映了女性消费者的哪些心理现象？
2. 试分析营销活动为什么要特别重视研究女性心理？

实践训练

调查了解光顾麦当劳主要是哪些年龄层的顾客？其消费心理与购买行为有哪些特征？采取的营销策略有哪些针对性？

第7章 影响消费者心理的社会因素

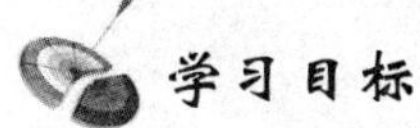

学习目标

1. 了解社会群体的类型及其对消费者心理的影响；
2. 掌握社会阶层的含义、分类及对消费者心理的影响；
3. 认识社会文化的内涵、特征及对消费者心理的影响。

引　例

张老师买空调

20世纪90年代初，空调还是个奢侈品，买的人不多，在当时还是比较时尚的。张老师家住在学校的职工宿舍楼里，这里共有30多户人家，都是一个学校的同事。前几年，部分家庭条件好的老师都买了空调。今年6月份，刚开始入夏，学校就有一部分老师相约去买空调。这些空调装好后，又有许多老师受到影响，要急于去买空调。张老师得知后，压力很大，晚上睡不着了。他想：自己左右隔壁、楼上楼下的邻居们都要去买空调，就我家没有怎么行？就和妻子商量："我们也买一台空调吧？"妻子说："今年天气又不太热，快到8月了，家里的电风扇还没有开到最大挡，家里又不十分富裕，急着买空调干什么？"

但是，看看同事们一个个把空调搬回家，张老师实在熬不住了。经过几天的思想斗争，终于说服了妻子，也把空调买回家了。

晚上，张老师躺在床上，看着空调，踏实地睡了一个安稳觉。

分析启示　这个案例中的张老师，并不是因为天气热要买空调，而是因为邻居、同事都买了，自己出于从众压力而采取的购买行为。这种现象在我们日常生活中经常出现。这是个人或家庭消费受社会阶层或参考群体影响的结果。

人是社会的人，人们的消费行为也必然受到自己所处社会环境的广泛影响，其中，影响较大的是社会阶层、参考群体以及家庭状况。毕竟，消费者不是在真空里作出购买决策的。本章将介绍社会阶层、参考群体、家庭的内容，在此基础上，系地阐述其对消费者购买行为的影响。

消费者的消费活动过程,都伴随着相当复杂的心理活动。这种心理活动,一方面受其个体心理特征的影响,如个体的需求、动机、个性、态度、年龄、性别等;另一方面,还要受一定的民族传统、文化习惯、相关群体等社会因素的影响。本章从社会因素对消费者心理影响的角度来研究消费者心理活动规律,科学地解释消费行为,为预测消费者行为发展趋势提供客观依据。影响消费者心理的社会因素很多,本章着重从群体、阶层、文化三个方面加以阐述。

7.1 社会群体对消费者心理的影响

7.1.1 社会群体概述

1. 社会群体的含义

社会群体(简称群体)是由若干个具有共同目标、共同利益在一起活动的人所组成的集合体。他们是在心理上、利益上具有一定联系,经常发生交往并相互影响的社会成员,是在相互依存和相互作用的基础上建立起来的集合体。社会群体影响着个体的社会角色和社会态度。社会群体具有以下特点:

(1) 社会群体表现为一定人数的集合。

(2) 社会群体成员之间在某种程度上存在着持续的心理上或行为上的相互关联。

(3) 社会群体成员存在着共同的行为心理目标,并以此作为活动的基础。

(4) 社会群体成员存在着某种整体观念和隶属观念。

(5) 不同社会群体有其自身的行为规范。

2. 社会群体的分类

1) 根据群体对个体消费者心理影响作用的大小区分,可分为主导群体和辅助群体

主导群体与个体消费者的社会生活有着极其密切的关系,构成其社会生活的本质基础,如同事、密友、邻里等。单位里的同事购买了什么商品以及对商品的评价往往会诱发个体消费者的某种购买欲望。亲朋好友的意见常会左右消费者的购买决策。

辅助群体是由消费者个体的某种专门兴趣、信念、追求或特殊需要而从属或参加的群体。他们之间存在着交往,但交往的频率往往相对较低,信息交流面较窄。

2）根据消费者是否加入区分,分为所属群体和参照群体

所属群体是消费者已经加入并生活在其中的群体。它直接影响消费者的消费行为,甚至可以逐步改变消费者的消费习惯。所属群体对消费者的影响是直接的、显现的、稳定的。在现实生活中,家庭是最基本、最重要的所属群体,所在工厂、学校、机关等均是重要的所属群体。

参照群体是消费者希望加入或心理向往的群体。群体的标准和规范会成为消费者行为的指南,成为消费者希望努力达到的标准。它对消费者的消费行为有很强的引导和示范作用。常常促使消费者通过比较、追求、模仿而改变自己的消费习惯。参照群体又被称作相关群体,是指一种实际存在或想象存在的,可作为个体判断事物的依据或楷模的群体。参照群体为个人树立了榜样,并使之维持一定的标准或者作为个人进行比较的一种框架和参考,帮助消费者确定自己的信仰、态度和价值观,从而指引消费者的行为。常见的参照群体包括亲戚、朋友、邻居、同学、同事,以及名人和专家等。

3）根据个体对某一群体的自我意识区分,可分为自觉群体和回避群体

自觉群体是指消费者按照年龄、性别、民族、地域、职业、婚姻状况等社会自然因素自我划分的群体。这种群体本身多数对其成员并无约束力,而是成员个人有意识地运用这一群体特征约束自己的消费行为活动,追求这一群体的消费风尚。自觉群体对增强消费者的趋向心理和从众心理具有明显影响,能够促成消费者行为的统一化、规范化。

回避群体是消费者自以为与自己不相符的,尽量避免归属的群体。这种群体对个体消费行为的影响表现在:消费个体极力避免与该群体的消费行为雷同,采取与该群体成员相异的消费行为。营销企业在选择目标市场和进行市场定位时应特别注意这一关,如有不慎,就会造成一些消费者的抵制心理。如 20 世纪 80 年代初,国内某企业生产的化妆品在香港市场上十分走俏,红极一时,后因追求市场占有率和市场覆盖面,进行降价竞销,广开销售渠道,造成该产品是低档化妆品的市场形象,失掉中、高社会阶层女性群体的消费市场,最终导致营销失败。

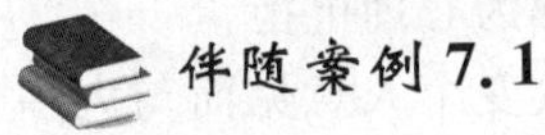

伴随案例 7.1

鸡蛋凭票供应

据说,20 世纪 80 年代中期,某市商业局长向市领导反应食品公司积压了大量鸡蛋。天气渐热,若不尽快销掉,可能会变坏、变臭,损失会很大。市领导便召开会议，讨论对策。最后决定，采取一项巧妙政策：从某日起，鸡蛋凭票供应，并通过有关媒体广为宣传。结果，很快将积压鸡蛋销售一空。

分析启示 这是运用心理暗示的原理，对社会群体的心理和行为施加影响，从而产生从众效应，为实现企业的营销目标服务。

7.1.2 社会群体对消费者心理的影响

社会群体对消费者心理的影响是通过各种信息的交往过程来实现的。这里主要分析所属群体和参照群体的影响。

1. 所属群体的影响

每个消费者所隶属的群体就是他的所属群体。群体成员长期相处在一起，相互交往，频繁接触，耳濡目染，常常会使同一群体内的各成员具有相似的消费观念和行为习惯。所属群体往往与社会团体联系在一起，因而，所属群体的影响又可分为群体的规范化影响和非规范化影响。

(1) 群体的规范化影响，是指社会团体借助行政手段，对所属成员提出的、要求所属成员务必遵守的有关规定，从而形成对个体消费行为的影响。群体的规范化影响具有一定的强制性，如商店规定营业人员必须统一着装，采用规范化的文明用语等。西方一些著名的企业，都普遍规定其业务人员在上班时间必须穿正规西装、打领带，以维护企业在消费者心目中的形象。然而，随着社会的进步，经济的发展，消费者个人的消费行为正向个性化、独特化方向发展，群体的规范化影响只被限制在一定的时间和空间范围内。

(2) 群体的非规范化影响，是指个体自觉接受群体的影响形式。人总是生活在一定的群体之中，众多的人在一起生活、工作、学习，时刻都在相互交往、传递各种意见、看法、观点，容易产生相互影响、相互感染的一种集体心理现象。当个体消费者感到群体内多数成员的消费行为是自然趋向一致时，也会采取这类消费行为，心理学中把这种现象称为从众行为。但当消费者认为，大多数人员的一致性行为是因某种带强制性原因或非正当的诱因造成时，则往往会产生一种心理抵制，除非万不得已，否则会拒绝采取这种行为，心理学中把这种现象称为心理抗拒。

现象一：从众行为。从众行为是个体在群体的影响下，改变个人意见而与大多数人取得一致的认识和行为。在观察社会生活中，从众行为相当普遍。如一个不准备买空调的家庭，会因邻里都买了空调而决定也购买一台。正因为从众行为的社会普遍性，才会在我们的生活中常常形成某一时期的消费时尚和社会流行色。

从众行为有其积极的一面，也有其消极的一面。社会可以利用人们的从众行为造就良好的社会风气,企业更应通过广泛的广告宣传、舆论引导、营销推广来造就一种对某商品的消费时尚,而达到推销商品、发展生产的目的。如果引导不善,从众行为会带来相当消极的效果。比如找人办事要请客送礼,考上大学要摆“谢师宴”,以及屡禁不止的吃喝风和高档小轿车的消费风,可以说,是受从众行为的消极影响。

现象二:抗拒心理。抗拒心理是个体对群体的影响采取不遵从,甚至逆反的心理趋向。在多数情况下,消费者表现出从众心理,但当个体感觉到群体的影响对他明显的诱导企图时,会产生一种逆反心理,而拒绝采取群体的消费行为。如营业员过分夸大地介绍某种商品,企图诱导消费者购买时,往往会引起抗拒心理。消费者的心理表现常常是你愈想我买我偏不买的逆反心理。另外,一些个性特征明显和喜欢标新立异的消费者,对群体的消费趋向常采取反其道而行的消费行为。随着人们收入水平的提高,消费已愈来愈追求个性化,这种不遵循从众行为的消费现象也越来越具有一定的社会普遍性。了解消费者抗拒诱导的心理特征,目的在于有利于企业制订更合理的促销策略,在商品的广告宣传、舆论引导方面,准确地传递商品信息,中肯地介绍商品,避免过分夸张和明显的引导,否则会造成事与愿违的结果。同时,注意开发出不同特性的商品,充分满足各种不同心理特征的消费者。

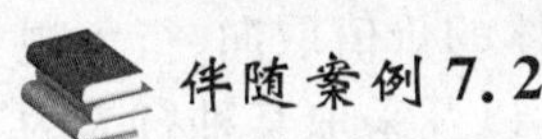

伴随案例7.2

羊群效应

在土耳其东部的农牧区,放养着世界上最优质品种之一的山羊。一天,一名放牧人像往常一样赶着数量庞大的羊群到草原上放养,对于这名有经验的放牧人来说,他早已知道放养的秘诀,即赶好第一只羊,其余的羊即使数量再多,也会乖乖地跟在后面,丝毫不会乱。然而,此时意外发生了:在头羊经过一处山谷时,不慎跌入了山谷。紧接着后面的上千只山羊,一个接一个地跳了下去,虽然知道眼前是万丈深渊,牧羊人怎么阻拦都没用。

“羊群效应”也被称为“从众效应”。就是一个人的决定,有时候并不取决于他自己的主观意识,而是受到身边人和环境的影响。消费者的购买行为也经常遵循这个规律。

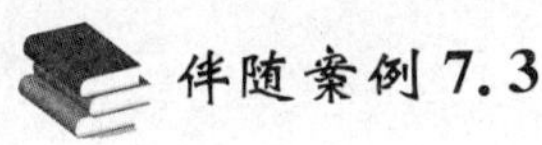

伴随案例7.3

父亲给儿子买运动服

一位父亲想给上高中的儿子买一套运动服,他们来到一家商店。儿子想买一套白色的运动服，但已脱销，营业员劝他买别的颜色，可是这位中学生固执己见，非要白色的不可。这时，经理走过来说："你看看电视上有关中学生体育运动的报道中，他们穿的几乎全是红色的。"一句话，使这位青年改变了主意，欣然买下了一套红色的运动服。

分析启示 经理巧妙地利用了参照群体来改变孩子的购买行为。这是从众心理和群体意识在购买行为中的反映。

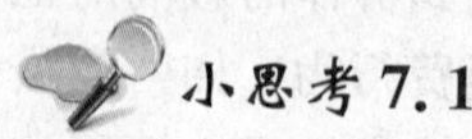

小思考 7.1

在大街上，常看到许多人在排队或拥挤在一起购买某种商品，很快会吸引更多人参加，甚至购买自己并不急需或实际需要的商品，为什么？

答 这是从众心理的影响，许多商人就是利用人们的这种心理，甚至找熟人做"媒子"来招徕顾客。

2. 参照群体的影响

参照群体是消费个体目前尚未加入而希望加入的群体。参照群体对消费者具有很大的召唤力。消费者对该群体充满向往，自觉地把该群体的价值取向、行为规范、消费习惯视为自己作出价值判断，形成对商品的某种态度以及采取某种行为的衡量标准。例如，一个想跻身于知识分子群体的消费者，就会有意识地使自己谈吐文雅，着装稳重大方，不近视也爱配副眼镜。近年来我国市场经济发展迅速，希望当老板是一部分消费者的愿望，因而市面上就流行起老板包，老板裤。从消费心理学的角度看，这就是参照群体的影响结果。参照群体对消费者的心理影响，主要是由消费者的心理追求来发生作用的。因此，参照群体对消费个体的影响会因商品的特性不同而存在很大的差异。一般来讲，具有表现性或近似表现性的商品，如服装、化妆用品、室内摆设等受参照群体的影响较大。而对非表现性的商品，如日常食品的消费所受影响较小。

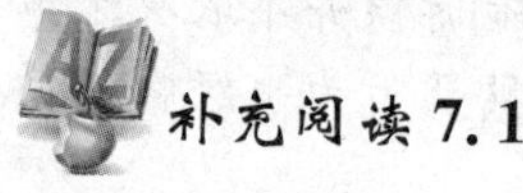

补充阅读 7.1

参照群体影响消费者的三种方式

1. 信息性影响

(1) 消费者从职业社团或专家群体搜寻品牌信息。

(2) 消费者从专门从事有关产品工作的人那里搜寻信息。

(3) 消费者从朋友、邻居、亲戚或同事那里搜寻有关的知识经验。

(4) 消费者受某一独立检测部门所提供的报告的影响。

2. 价值表现性影响

(1) 消费者感到购买和使用某种品牌可以改善自己在他人心目中的形象。

(2) 消费者感到购买和使用某种品牌的人受到他人的尊重。

(3) 消费者感到购买和使用某种品牌的人具备他们极想拥有的品质和特征。

(4) 消费者感到购买某种品牌有助于向他人展示自己是怎样的人或将成为怎样的人(一位贤妻良母,一个成功的商人,等等)。

3. 规范性影响

(1) 为迎合工作同伴的期望,同伴的偏好影响自己的品牌选择。

(2) 消费者的决策顺从于常有社交往来的人的偏好。

(3) 消费者的决策受家庭成员的偏好的影响。

三种影响方式的比较如表7.1所示。

表7.1　三种影响方式的比较

影响类型	消费者的目标	群体可信度	结果
信息	获得知识	群体可信度高	由于群体具有专门知识而接受某种品牌
价值表现	维持地位	群体与消费者相似	与群体认同
规范	赢得外部奖赏	以成为群体的一员而自豪	顺从群体

3. 群体影响的理论依据及其在营销活动中的应用

1) 群体影响的理论依据

任何个体消费者的消费行为都是多种因素综合作用的结果,其中群体影响是不容忽视的。社会心理学的研究表明,群体对个体的影响是以下列方式实现的。其一,由于群体成员之间的相互“暗示”或“提示”形成的“感染”作用,处于群体中的个体都会受到来自群体的精神感应式的暗示或提示,当这种暗示达到一定的群体趋向性时,人们就会不由自主地产生这样的一种信念,即大多数人的看法总比一个人的看法更正确,于是放弃或改变自己原来的看法,慢慢地就会使自己的价值标准、消费心理发生改变而趋向群体特征。其二,人类在社会行为上,具有模仿的本能,消费行为也是一样。当群体中的大多数成员采取某种消费行为时,会引起其他成员的模仿。他的消费行为会成为其他成员模仿的对象,其产生的吸引力和感染力是非常大的。其三,群体之间的相互影响是循环反应的。群体的影响首先表现为个体之间的影响,个体之间的相互“感染”、“刺激”逐步使群体消费出现趋向性,这种趋向一致的消费习惯行为又反过来影响群体的每个成员,这样反复影响,从而形成群体影响的循环反应。

2）群体影响在营销活动中的应用

具体表现为：

一是暗示。暗示是群体对个体施加影响的重要途径，企业营销活动中的暗示是有效的促销手段。通过巧妙的暗示对消费者心理和行为施加影响，使其产生顺从性的反应，接受暗示者的观点，最终采取暗示者所期望的购买行为。企业营销中采取暗示的形式是多种多样的，可以由营销人员的语言、态度、姿态来进行暗示，也可以通过广告、舆论宣传提供暗示，营销现场更是提供暗示的绝妙场所。如请名人做广告，把新产品与名牌产品摆放在一起，在售货现场造就一种“争抢”的气氛，都是一种暗示。值得注意的是，间接的暗示比直接的暗示效果好，若暗示过于直接或表现出明显的诱导性时，顾客就会产生心理抗拒，形成你想我买我偏不买的心理抵制。

二是模仿。模仿是指依照一定榜样作出类似动作和行为的过程。心理学家和社会学家的研究均表明，人类在社会行为上有模仿的本能。消费活动中的模仿，是指当某些人的消费行为被他人认可并羡慕时，便会产生仿效和重复他人行为的倾向，从而形成消费行为的模仿。大凡能引起个体注意和感兴趣的新奇刺激，都容易引起模仿。引起模仿的可能是消费逐新者，他们的消费兴趣广泛、个性独立，消费行为有独创性；也可能是一些名人，如影视歌星、运动员、政界人士等；还可能是某行业的消费专家，如美食家、资深“发烧友”等。可见，在人们的消费心理上，榜样的感染作用是很大的。

三是流行。当模仿由个体行为发展成为社会性行为时，就是流行，也称时尚。它是指社会上相当多的消费者在较短时间内，同时模仿和追求某种消费行为方式，使这种消费方式在整个社会中到处可见，从而使消费者之间相互发生连锁性感染，成为一种风气。一个人的喜欢不会成为流行时尚，只有大多数的消费者普遍承认和接受，才会形成流行趋势。因此，消费时尚的形成与人们的从众心理以及模仿心理也是密不可分的。一种商品先是在小的范围内得到部分消费者的承认和接受，从而使参与的消费者获得某种优越和独特的地方。当别人发现以后觉得好，于是就会参与进来，随着越来越多的迎合者的加入，流行趋势就会形成。在广泛的群体中流行的消费时尚又如洪水一样席卷而来，对没有加入时尚行列的人们造成了一种无形的压力，为了使自己不显得麻木，不显得落伍，为了得到社会的认同和心理安全感，在求同心理的作用下，又有更多人加入进来，进而流行逐渐扩大。

消费者渴望变化，求新、求美和表现自我的心理需要，影响和制约着消费时尚的形成和流行，相反地，消费时尚又对消费者的消费心理具有很大的反作用，影响着消费者的消费心理。

消费时尚排山倒海的气势，不仅会刺激消费者的购买欲望，激发消费者进行购买，还会在一定程度上改变消费者原有的思想观念和心理需求，使之趋同于大众。

消费时尚是一种具有一定周期性的普遍的社会行为，它对消费者的需求欲望具有强烈的刺激作用，因为往往流行的商品或者服务都会给人以美好的印象，使人们获得一定的优越感，其他人为了同样获得这种心理的满足和享受，就会改变或者终止原来的消费需求，转而追求新的消费需求，而消费时尚的巨大诱惑力更加刺激了消费者对流行商品的渴望程序。

我国自改革开放以来，曾经出现过几次大的消费流行：1981年前后，全国范围内流行穿喇叭裤；1992年，全国流行呼啦圈健身消费；1999年，全国流行集娱乐和健身为一体的跳舞毯等。进入21世纪，市场上的流行风潮越来越多，流行变化的节奏也越来越快，加上宣传媒体的推动作用，消费流行已成为经常性的消费现象，并对消费者的心理与行为产生越来越大的影响。

企业营销时，值得注意的是，消费流行具有来得快、势头猛、去得也快的特点，这就要求经营者们看准市场动态，抓住机遇，机不可失，时不再来；同时，又要谨慎经营，以免痛失良机，造成商品的严重积压，影响企业营销效益。

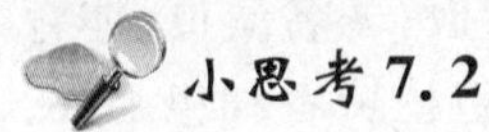

小思考7.2

有则广告："农夫山泉有点甜"。这运用的是什么心理原理？

答　这运用的是暗示心理，而且是直接暗示。

7.2　社会阶层对消费者心理的影响

7.2.1　社会阶层概述

1. 社会阶层概念

所谓社会阶层，是指所有社会成员按照一定的等级标准，被划分为许多相互区别的、地位从低到高的社会集团。其中，每个社会集团中的所有社会成员之间的态度、消费行为模式和价值观等方面都具有许多相似性，而不同社会集团中的社会成员之间在这些方面都存在着很大的差异性。

一般来说，社会科学中常用“财富”、“权力”和“声望”这三个维度来划分社会阶层，营销心理学常用职业地位、家庭经济收入、受教育水平三个变量来划分社会阶层。

一定社会阶层的成员基本上都把同阶层的其他人视作他们的平等人，当这些人共同参加社会活动时，不会感到那些人与他们的地位是不相称的。同时，他们把较高一层社会阶层的人看作较重要的人物，生活在他们一般达不到的圈子里；而较低一层社会阶层的人则是社会地位较低的，他们与这些人在一起参加活动的兴趣不大。社会阶层的等级性质对营销者是重要的，一些购买者之所以消费某种产品或服务，可能是因为这些产品或服务被同阶层或更高阶层消费者所看重。反之，则是因为他们认为那些是属于低一阶层的。

2. 社会阶层分类

世界各国对社会阶层的划分不尽一致。我国的一些经济学家根据目前城镇家庭收入的差距，将我国的城镇居民家庭分为富豪、富裕、小康、温饱、贫困五个阶层。

(1) 富豪阶层。富豪阶层的家庭年收入在50万元人民币以上，这种类型的人为数较少，但因为拥有巨额财富，其消费能力十分可观，是高档消费品和豪华汽车、别墅的主要消费者。这一阶层主要有民营企业家、合资企业老板、著名演员、体育明星、名画家、名律师、名作家、部分股份制企业负责人、部分承包租赁者和包工头、证券交易获高利者等。

(2) 富裕阶层。富裕阶层的家庭年收入在20万元人民币左右，这种类型的人为数也不多，他们一般拥有高级汽车、高级住宅，因为经济收入相当丰厚，其消费能力也很强，这一阶层主要有外资企业和合资企业的中高级管理人员、高级专家、个体企业主、律师等。

(3) 小康阶层。小康阶层的家庭年收入在6万元人民币左右，这种类型的人数相当多，他们一般具有较高的工资收入，主要是公司的中高级职员、公务员、部分收入较高的教师、技术人员、部分效益较好的单位职工、沿海地区富裕的农民等。

(4) 温饱阶层。温饱阶层的家庭年收入在1万～3万元人民币，这种类型的人数相当庞大，主要由企事业单位的普通职工构成，包括一般技术工人、职员、服务员、营业员等。

(5) 贫困阶层。贫困阶层的家庭年收入在5 000元人民币以下，主要是指从国有企业下了岗、尚未重新就业的各类工人，部分退休职工，以及尚未脱贫致富的农民。

7.2.2 社会阶层对消费心理的影响

1. 社会阶层对消费者心理影响的依据

个体消费者在其从事的社会活动中，总会根据自己的职业、受教育的程度、经济收入水平、社会地位等因素，自觉或不自觉地将自己界定于某一社会阶层。在心理上承认自己是该社会阶层的一员，在消费行为过程中往往将该社会阶层的消费习惯、观念、价值标准、消费趋向作为自己采取消费行为、作出消费决策的标准。这种影响通常是通过对消费者心理的影响，主要来源于两个方面：其一，是某一社会阶层原有的为大多数成员所遵守的消费习惯的影响。如一个刚参加工作的大学毕业生，在其居室的布置中不会忘记安排一个书架；而对于农民，只要有亲朋好友的婚嫁喜事，即使手头没钱，也会借债而送一份像样的礼品。其二，是同一社会阶层中成员之间的相互模仿所形成的影响，这种影响具有明显的攀比和容易形成某一阶层的消费趋向。

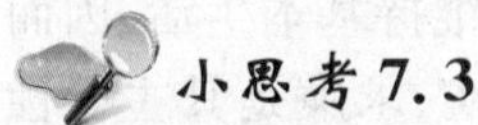

小思考7.3

许多家庭，天气并不热，也要买个空调，因为邻居都买了；也不是因为想玩才去旅游，因为同事都去了。这是为什么？

答　这是个人或家庭消费受社会阶层消费影响的结果。

2. 社会阶层对消费者心理的影响

在一社会中，社会阶层是具有相对同质性和持久性的群体，它们是按等级排列的。每一阶层成员具有类似的价值观、兴趣爱好和行为方式，社会阶层对人们的消费心理的影响表现在以下几个方面。

1) 同一阶层消费心理的相似性

其一，富豪阶层。此阶层的消费者有一种永不满足的心理，过分追求商品的象征性和自我地位性，求新、求特心理突出，高档消费已在他们的生活中常规化、随意化，其消费心理倾向几乎已移出了“物质消费”领域。其主要消费行为特点是：①奢侈享受型消费，如高档别墅、汽车、高档时装等；②炫耀显示型消费，如偏重名牌商品、住豪华星级饭店、玩高尔夫球等；③投资储蓄型消费，如房地产、股票、文物古董、名贵珠宝等。

其二，富裕阶层。此阶层的消费者由于已完全具备良好的生活条件，因而追求消费个性化已成为明确的消费主题。前卫的消费观念，高档名牌的消费目标，使他们跻身于新潮消费的前列。其主要消费行为特点是:①象征标志型消费,注重商品的名牌,用以突出自己的身份和地位;②高雅舒适型消费,讲究吃得精细、穿得时尚,偏爱高品位的商品。

其三,小康阶层。此阶层的消费者一般讲究体面,消费者之间彼此影响较大,趋同心理和看齐心理突出。由于经济不再拮据,他们开始按照自己的心理倾向扩展消费领域,增加消费项目,开始具有投资意识,将结余购买力投向教育、证券等方面。其主要消费行为特点是:①品牌型消费和个性化消费,看重生活的质量,强调商品的品质和独特的风格,有较强的品牌意识和个性需要;②简便快捷型消费,注重省时和高效的商品,偏爱科技含量高的商品。

其四,温饱阶层。此阶层的消费者存在着一种立即获得感与立即满足感的消费心理。他们谨慎地扩展消费项目,但由于经济并不宽裕而具有强烈的忧患意识,支持教育、储蓄为其主要消费心理倾向。其主要消费行为特点是:①经济实惠型消费,较注重对日常生活物品的消费;②对价格很敏感,追求物美价廉的商品;③对质量稳定的老字号商品、老牌子有较强的忠诚感。

其五,贫困阶层。此阶层的消费者几乎要将全部收入用来维持基本生活,因而无法产生独立、清晰的消费意识,只是被生理需求牵着走。求实、求廉是其主导性消费动机。

2) 不同阶层消费心理的差异性

不同阶层的成员,由于其收入水平、教育程度、职业等方面存在着明显的差异,因此其消费心理和行为自然会有较大的不同,主要表现在以下几个方面:

一是消费观念不同。维持和延续生命动机、发展动机、求实和求廉动机、求新和求美动机、求名动机等均属于不同阶层的消费者。

二是购买的地点不同。社会阶层是影响消费者购物地点选择的主要因素。营销心理学的研究表明,消费者倾向于避免到与自己的社会自我意向或者社会阶层不相符合的商店去购物。高阶层消费者一般到一级商业区的名店购物,而低阶层消费者一般喜欢到廉价的地摊、批发市场购物。

三是获取和传播信息的渠道不同。一般来说,低阶层消费者习惯于口碑式人际传播,而高阶层消费者爱从专业性刊物上或其他大众传播媒介中获取信息。

除上述影响外,还可能在认知方式、评判原则、心理感受等方面形成较大差异,在此不再赘述。

3. 社会阶层影响在市场营销中的应用

社会阶层对消费者行为的影响是很明显的。这种影响的最大特征是使同一阶层消费者的消费观念、行为、要求趋向一致,产生相似的价值标准和消费习惯。因此，在市场营销中就能比较方便地按社会阶层对消费者进行市场细分，选择目标市场，制定相适应的营销策略，有的放矢地占领市场。如美国"美乐"啤酒公司，就是在濒临破产的情况下，根据大多数"蓝领"阶层工人喝啤酒的特点，重新设计产品包装，进行针对性的广告宣传，仅用一年时间就使"美乐"一跃成为全美第二大畅销啤酒。

不同阶层的消费者在其消费行为中常自然地表现出维护本阶层消费形象的倾向，希望所购买的商品能与其社会地位相符。聪明的经营者就会根据消费者的这一消费心理来进行产品的市场定位，塑造企业和产品形象，使自己这一品牌的产品符合某一社会阶层的消费习惯，甚至成为一定社会阶层的消费象征，从而达到拥有稳定消费者群的目的。

阶层的影响不仅表现在本阶层内，不同阶层之间仍然存在相互影响，甚至是较低阶层的消费者有对较高阶层的强烈向往，常把较高阶层的消费行为作为自己的模仿对象。经营者可以通过鼓励上层社会的名人使用某种商品，或者广告宣传，而引起人们的纷纷效仿，起到推销产品的目的。

社会阶层对某些商品消费的影响表现出不同阶层之间的相互排斥。这种排斥性使一些商品或某些名牌商品在这个社会阶层中有稳定的消费者市场，而其他社会阶层的消费者则很少购买。为此，企业在扩大商品市场占有率、提高市场覆盖面时，应注意维护产品和企业形象，避免不同阶层之间的消费排斥性。如有的企业对同一种商品采用不同的品牌、不同的分销渠道，以满足不同阶层的消费者，其用意就在于此。

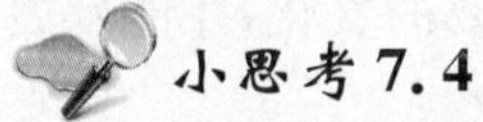

小思考7.4

一个人的一生只能属于一个阶层吗？

答　不一定。由于社会阶层的动态性，所以一个人的社会阶层也会因自己的经济收入、地位的变化而变化的。

7.3　社会文化对消费者心理的影响

7.3.1　社会文化概述

1. 社会文化的概念

社会文化，就其广义来说，是指人类在社会实践的历史发展过程中创造的物质财富和精神财富的总和。从狭义上讲,它是指社会意识形态,包括文学、艺术、教育、道德、宗教、社会习俗等。文化要素以多种形式在诸多方面构成一个社会的社会规范和价值标准,影响和制约社会成员的行为,包括他们的消费行为。

在现代社会,文化已经渗入到生活的各个领域,越来越成为影响人们行为的重要因素。在消费领域,人们在购买、使用商品中持有的价值观念和消费偏好构成了消费文化,具体包括消费价值观、消费审美观、消费风俗、消费习惯等。

2. 社会文化的特征

(1) 民族性。任何文化总是依附在一定的民族基础上而存在的,世界任何民族都有自己独特的文化。随着民族的繁衍和发展,形成民族的文字、语言、传统及生活方式、风俗习惯和价值观念。一个民族共同参与创造和享受文化的时间越是久远,受这种文化的影响也就愈深刻,民族文化的传统精神就越强烈。

(2) 无形性。文化对人的行为存在影响作用这一点已是公认的事实,但这种影响的作用过程往往是感觉不出来的。因为这种影响造就了一些约定俗成的行为习惯,形成了特定文化环境中消费者们的思维定式,即所谓的文化意识。

(3) 满足性。一种文化的产生、发展和延续,究其根源,就在于它能满足社会的需要。为了社会的稳定和进步,它给人们的行为确定了方向、顺序,提供了规范标准。例如,社会的道德规范,价值取向,甚至应该如何穿着打扮,如何安排婚嫁仪式,等等,都有一些现成的模式可以参照。只有能满足社会需要的文化,才能发展和延续下去;而不符合社会需要的文化,则被补充修正或摒弃。

(4) 共有性。一种文化归属于一定的社会范围,为社会成员共同接受、培植并共同遵从。文化的社会共有性是十分明显的,只是这种共有的范围可能是小到一个家庭或家族,大到整个社会。任何文化现象,不可能也不会是一种个人现象。

(5) 学习性。人们的文化意识绝不是天生就有的,而是在后天的社会活动中有意或无意地慢慢地学习而获得的。实际上,每个人从小就开始从家人身上学习,以后在社会交往中学习,慢慢培养出自己的社会文化意识。也正是社会成员之间的相互学习、相互模仿,才造就了共有的社会文化。另外,不同的社会阶层、民族、国家之间也存在着相互学习,通过汲取其他文化的精华,使原有的文化得到完善和发展。

(6) 动态性。人类社会处在不断变化和发展的动态过程中,文化也是一样,它作为一种社会意识形态也必然会随着社会的发展进步而发展进步,绝不会停止不前。例如,我们今天的思想观念、文化意识较十年前就发生了深刻的变化。这种变化正对我们的消费观念、消费习惯和消费行为产生着强烈的影响。

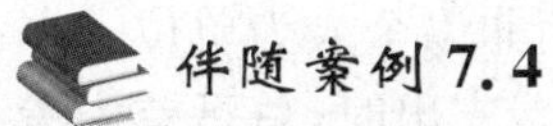

伴随案例7.4

英国商人卖钢琴

20世纪初，英国占领香港后，英国一钢琴商人想到中国销售钢琴。他想，中国有4亿多人口，几乎是整个欧洲人口的总和，喜不自禁。就盘算着：每一万人拥有一台钢琴，就需要4万台，这可是个大市场。他便先运来200台，在香港、广州等地试销。可是，一年过去了，销售却寥寥无几。

分析启示　显然，这是他不了解中国的传统文化所致。

7.3.2　社会文化对消费者心理的影响

文化有着相当广泛的内涵，就其对消费者心理的影响来看，主要有民族传统、风俗习惯、价值观念、宗教信仰等方面。

1. 民族传统

各民族都有自己的传统。中华民族是一个历史悠久，具有优秀文化传统的民族。她一向以勤劳好学、友好、勇敢、聪敏机智和生活俭朴而著称于世。这种传统在消费行为上表现为不尚奢华，讲求实用。消费观念则主张勤俭节约，节制个人消费欲望而被社会视为传统美德。目前，我国人均收入水平较低，社会保障制度尚不完善。大多数消费者的消费行为表现出理智和慎重，有较强的计划和储蓄意向。改革开放以来，人们的收入水平有大幅度的提高，加上外来文化的影响，传统的消费观念正在发生改变，但传统的节制性消费习惯仍是主流。

中华民族是一个崇尚礼仪，遵从和谐，重视感情联络的民族。这些传统在消费心理上表现为和谐求同的观念。希望个人行为能得到社会的认可，融于群体之中，不愿因过分的自我表现或引人注目而带来群体的排斥。这种消费上的求同心理，形成社会消费的趋向性，消费品市场上的大众化商品受到广泛的欢迎，而那些能满足大多数消费者需求的商品，就容易引起范围广泛的消费潮流。如在我国城市消费者中，家电消费的普及程度是非常快的，仅用了短短几年时间就实现了西方世界用几十年才达到的普及率。中国人在社会交往过程中讲求感情联系，重视“面子消费”。亲朋好友相聚，主人会尽其所能使客人吃好，喝好，常常达到铺张的程度，而客人也会奉上一份像样的礼品。这种请客送礼的传统，造就了我国节假日商品消费的旺季，为经营者提高了良好的市场机会。

尊老爱幼，重视和维护家庭关系是中华民族的优良传统。家庭是消费活动的基本单位,收入和支出是以家庭为主来进行计划和安排的,而非以个人为单位。在目前收入还很有限的情况下,作为家长的父母在安排家庭消费支出时,总是首先考虑满足子女的需要,而自己则尽可能地节省,这就形成了市场上用于儿童、青少年的消费支出占主导地位。而近年来,中老年市场尽管呈上升趋势,但总的格局仍远未被打破,这也是企业应考虑的市场因素。

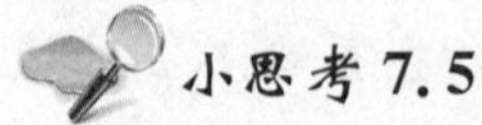

小思考 7.5

中国有句古话:“宁可背后受罪,也要人前显贵。”这是什么思想的反映?

答 这是中国传统文化中“要面子”思想的典型反映。

2. 风俗习惯

风俗习惯是指一国家、民族或地区广泛为社会公认的固定化的某些行为方式,成为一般社会成员遵从的行为模式。反映在日常生活中的衣食住行、接人待物、迎送宾客、文化生活、婚丧嫁娶、传统节日、信仰和禁忌等的消费方式就成了消费习俗。

心理学的研究表明,由于一个民族的共同心理和感情造成了该民族风俗习惯。反过来,这些风俗习惯又往往与全民族的心理情感相联系,被视为神圣不可侵犯的。尊重他们的风俗习惯就会受到欢迎;否则,会引起心理抗拒,甚至敌视。因此,经营者在开拓某些新的市场时,首先应了解和尊重当地的风俗民情,设计制造出能表现其风俗习惯特征的商品、商品包装,以取得当地消费者的喜好;相反,不符合当地风俗的商品,即使性能优越、价格合理,也很难打开销路。例如,西方国家习惯将美女头像用在商品包装上来促进商品销售,而在非洲某些国家则视抛头露面的女性为女巫。美国一家罐头厂,向该地区出口牛肉罐头,采用了一个美女吃牛肉的半身像作外包装,自然在当地市场上受到冷落,后改用一头大象做包装,销路很快就打开了。

传统节日,是民族习俗、习惯的重要组成部分,各民族都有自己的传统节日。如西方民族有圣诞节,藏族有藏历节,汉族有春节、端午节、中秋节,傣族有泼水节,等等。每逢节日,各民族都要按自己的传统方式举行不同的庆祝活动。在此期间,也是各民族消费者的消费性购买最集中的时候,市场销售额大幅度上升,形成商品的销售旺季。因此,企业经营者应该熟悉各民族的传统节日和消费习俗,及时生产或组织货源,扩大商品销售。

婚丧嫁娶是民族风俗习惯的又一重要组成部分。尽管各民族婚丧嫁娶的具体仪式相差很大,但从消费者行为上看,都是人生的一个十分集中的消费阶段。我国各民族有重视婚嫁仪式，讲排场的习惯。近年来，用于婚嫁阶段的消费支出费用上升很快，这一方面给企业带来了市场机会。一些企业近年开办专门为婚嫁仪式服务的经营项目，大多取得了成功。

3. 价值观念

价值观念，就消费心理学的范畴而言，是指消费者用来评判、衡量商品价值的心理标准。它因消费者的需求、兴趣、观念和消费目的不同而存在差异。例如，节约时间是西方国家消费者对商品评价的一项标准，方便型商品就受到消费者的普遍欢迎。发展迅速的巨型超级市场是为了让消费者一次就能买齐所需的各种日常消费品，从而大大节约购买时间，自然会成为消费者乐意光顾的地方。在我国，商品的功能价格即是主要的价值观念，消费者决定购买商品前往往从商品功能、价格上进行反复比较、衡量后才会作出决定，当然这与目前人民的收入水平较低不无关系。

以价值观念作为衡量、评判商品价值的心理标准，不是唯一的，而是存在着几方面的标准。这些不同的标准一般不是平行的，而是呈梯级状态的，有首要标准、次要标准，等等。例如，一个讲究打扮的女士购买服装，自然首先要看服装的颜色、款式是否符合她对美的要求，同时也会考虑价格、质地等其他因素。但如果商品连首要评判标准都不能满足的话，消费者是不会接受的。因此，企业应特别重视研究消费者价值观念中的首要标准。

价值观念本身属社会学的范畴，因此也同其他社会现象一样是在不断变化着的。这种变化表现出两种现象：其一，同一消费者在不同需求状态下，价值观念不同。如“饱时一碗肉，不如饿时一顿粥”的俗话就说明了这一点。其二，社会整体水平的发展变化，也带来消费者价值观念的改变。如过去在中国人的温饱成问题的时候，吃是一种享受，其价值标准是吃细粮、吃大鱼大肉就是吃得好，而随着社会生活水平的普遍提高，主张粗细搭配、营养合理的吃法正在形成。诸如此类价值观念的变化同样也表现在其他消费领域。价值观念的变化必然会演化为消费行为的变化，消费行为的不断变化就给企业带来新的市场机会和潜在威胁。一个成功的企业，通常就是那些能在不断变化发展的市场中顺应市场发展、及时推出符合时代价值观念的新产品的企业。

消费者的价值观念，同时受到民族传统、风俗习惯的影响。如中华民族崇拜龙凤，因此很多商品用它们作为品牌、商标或包装图案，而成为喜庆活动中受欢迎的商品。消费者的价值观念还与其社会阶层、文化修养等有关。如商人阶层对金银首饰的价值十分看重，而知识分子则视为可有可无；相反，知识分子对书籍的价值看得很珍贵，但对于一个目不识丁的文盲而言则毫无价值而言。

4. 宗教信仰

宗教属社会意识形态范畴，表现为信徒们相信并崇拜某一超自然的神灵。宗教的本质是支配着人们日常生活的自然力量和社会力量在人们头脑中的歪曲、虚幻的反映。世界上宗教派系很多，在我国主要是信仰佛教和伊斯兰教。

宗教信仰对消费者心理的影响，主要是通过两种渠道形式实现的。

首先，各种宗教对教徒的日常行为、重大仪式等方面都有规定或要求，大至婚丧嫁娶，小到饮食衣着。宗教的规范对于教徒有很大的约束力，有的来自于宗教的强制规定，有的出自教徒的虔诚所至。如信奉基督教的人，要对新生子女进行洗礼，结婚仪式必须在教堂进行；伊斯兰教的教徒要食用清真食品，禁止食用猪肉和自死动物以及所有动物的血等，这些都是必须要遵守的规矩。教徒对于宗教的规矩和禁忌看得非常神圣，在自己不触犯的同时也反对别人触犯。因此，企业和营销人员应懂得不同教徒的有关规定，以及由此而形成的一些消费习俗，以便有效地销售商品，避免引起误会。

其次，宗教对消费者的心理影响是通过其宗教主张、宣传口号的感召力来实现的。如佛教主张普度众生，宣传因果报应，以此来告诫人们应宽以待人，多行善事；基督教则主张博爱，等等。这些无疑会对消费者的心理和行为产生重要的影响。

随着社会的发展和变迁、不同文化的相互渗透，以及人类对自然世界认识的不断深入，宗教信仰中的迷信部分正被逐渐抛弃，一些禁忌也自然失去了约束力，宗教节日也渐渐失去宗教色彩而演变成风俗习惯。如圣诞节已由原来基督教的圣节演变成西方国家喜庆和亲友家人团聚的节日。但这些传统宗教节日所遗留下的消费习惯大多仍为人们所承袭，这又为营销企业销售节令商品提供了极佳的市场机会。

文化对消费者心理的影响是十分明显的。但消费者的消费行为却是多种因素综合作用的结果。实际上，只要纵观消费者行为的整个过程，就不难得出以上结论。明确这一点，就要求营销企业在市场营销中，不仅考虑文化因素的影响，同时兼顾其他因素，才能更全面地满足消费者的要求，取得市场营销的成功。

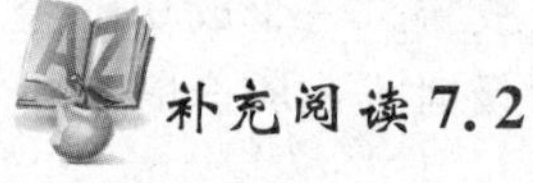

补充阅读 7.2

中国传统文化心理

一、中庸。中庸就是“不偏之谓中，不易之谓庸”，做到不偏不倚。中庸是中国人的一个重要的价值观，几千年来一直深刻地制约着中华民族的思想和行为。凡事讲究“度”，反对超越“常规”的思想和行为，这种价值观反映在消费行为中，就是强调向他人看齐，强调与社会保持一致的重要性。

二、重人伦。中国文化一向强调血缘关系，也就是以家庭为本位；亲属之间的相互依存关系很明显。个人的消费行为往往与整个家庭紧密联系在一起，其中更富有中国特色的是突出亲慈子孝的心理，如子女孝敬父母，尊老爱幼等，以及父母为子女的发展不惜倾囊投资等。

三、面子主义。中国文化的一大特色是人际交往中讲究自己的"形象"和在他人心目中的地位，重视"脸面"。所以，中国人对"丢脸"之事深恶痛绝，而对"露脸"之事则心驰神往。所以，中国人特别注重给别人、给自己留"面子"、给"面子"。否则，有关当事人就会因"丢面子"而大为恼火。

四、重义轻利。注重情义和精神价值，轻视物质利益，强调人与人之间的感情和道义，是中国文化的一大特色，同时也是中西文化之间的主要差异之一。这种重义轻利传统，主要表现在两个方面：一是在人际交往和正常的工作关系中过于重视超越规则的感情交流，"人情大于法"、"裙带关系"或朋友义气经常干预或影响正式的组织行为；二是在人际交往中热衷于互相馈赠各种礼品，甚至金钱，"礼多人不怪"。

五、怀旧恋古。中国文化一向比较怀旧恋古。对故乡的眷念，对往事的回忆，对先人旧友的缅怀，等等，这些往往超过对未来的憧憬。而在消费上，这种"思古之情"又加上了现代科技的包装摇身一变成为"集传统秘方之精髓，采高科技研究创新之大成"，或"皇家贡品"等，大受欢迎。

六、谦逊含蓄。中国文化一向崇尚谦逊含蓄。自我谦逊和尊重他人是中华民族的一贯道德准则，如谦称"在下"，尊称"您"、"君"、"阁下"等。一般来说，西方民族表现得较为外向和奔放，而中国人则比较内向和含蓄。中国人欣赏的是含蓄、柔和、淡雅、内敛、朴素而庄重、和谐的美，而西方人则崇尚张扬的、外露的、色彩艳丽、极富震撼力的美。

7.3.3 亚文化对消费者心理的影响

1. 亚文化的概念

文化环境是一个庞大的整体。在这个整体内部既存在一个为全社会成员所共有的基本文化因素——核心文化；同时，又存在若干个亚文化群体。所谓亚文化，是指存在于不同的社会群体之间为他们所独有的基本文化因素，是人们因民族、籍贯、地区、种族、宗教、性别、年龄、职业等不同而形成的具有各自特点的、共有范围相对较小的文化。从消费心理的角度来看，亚文化对消费者行为有着更直接的影响。属于不同亚文化影响范围的人，在消费方面存在着很大的差异；属于同一亚文化影响范围的人，在消费方面就有较多的相似之处。

2. 亚文化群的特点及其对消费者心理的影响

亚文化群是指属于同一亚文化影响范围内的消费者。因人们的角度不同，而存在多种亚文化群的分类方法。本书只从有利于进行市场细分的角度，选择国度亚文化群、民族亚文化群、地区亚文化群，对消费者心理的影响进行分析讨论。

(1) 国家亚文化群及其影响。随着我国经济体制改革和对外开放的不断加深，国际性经济交往日趋频繁，进出口贸易不论在总体数量上，还是在国度范围上，都在大幅度提高。因此，了解不同国度的亚文化特征，是经营企业搞好对外贸易的前提条件之一。不同国家的人们由于分属不同的亚文化影响范围，因而他们的消费习惯存在着许多差异。如日本的年轻人习惯群体在一起活动，英国青年则喜欢男女成对的单独活动；中国以红色为大吉大利的欢喜颜色，北欧的一些国家却将红色视为凶兆、不吉利的颜色；中国人喜欢菊花，法国人则只在丧葬仪式上才使用菊花。若营销企业不了解这些，用红色包装商品向北欧出口或用菊花作商品图案出口法国，无疑会造成营销失败。

(2) 民族亚文化群及其影响。一个国家往往由多个和平共处的民族共同组成。我国就有 56 个民族，各民族之间存在宗教信仰、崇尚爱好和生活习惯等方面的差异，形成相对独立的消费方式和具有民族特色的消费心理。例如，藏族人民喜欢象征幸福美好的几何、福寿图案的金边绸和彩库绵；而新疆的一些少数民族则喜欢条子花、迎春花的修花缎料；哈萨克妇女喜欢穿马靴；朝鲜妇女则喜欢穿长裙等。这些都是具有民族特色的消费习惯。营销企业应该在调查研究各地不同民族生活习俗的基础上，努力组织生产能够满足各民族特殊需要和爱好的商品，满足和繁荣各族人民的物质文化生活的需要。另外，各民族都有自己的宗教信仰、传统节日、禁忌等，这些都对消费心理产生强有力的影响和约束。

(3) 地区亚文化群及对消费的影响。地区亚文化群是指不同地区因自然环境、生产条件的差异而形成的地区性文化特点。其反映在消费心理上，就表现为不同地区具有不同的消费观念和消费习惯。这些地区性的消费区别，既反映在行为方式上，也表现在对商品评判的价值标准上。例如，从商品的消费方式和消费行为的差异，可以简要地把我国划分为南、北两大亚文化群。北方的消费行为与方式讲求粗犷和豪爽，南方则表现出细致、精明。对食品的评价标准，北方人追求丰盛、热辣，南方人却特别注意精美、鲜活。了解不同地区亚文化群的消费特点及在消费观念上的差异，对企业能否更好地满足不同地区消费者的需要、巩固和扩大市场无疑有着重要的意义。

商品能否符合地区范围内消费者的喜爱，适应地区性特点，对销售的成败有直接影响。不同地区有不同的消费特点，消费者的喜爱也不同。因此，同一特点的产品在不同地区销售有时会出现截然不同的结果。如武汉市床单总厂生产的落地式宽幅豪华窗帘，在武汉市场备受冷落，但推销到广州、深圳等地，却大受欢迎，一时供不应求。究其原因，是由于这种窗帘具有良好的避光隔热性能和豪华气派的装饰作用，适应了南方气候条件的要求和消费者经济收入普遍较高所带来的需求特点。

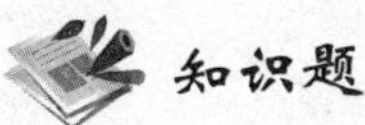

知识题

1. 影响消费者心理的社会因素主要有哪些？
2. 社会群体有哪些分类形式？并阐述它们的含义。
3. 群体的非规范化影响包括哪些内容？
4. 群体对消费者心理影响的心理论依据是什么？
5. 什么是阶层？我国的阶层是如何划分的？
6. 什么是价值观？什么是消费观？它对消费者心理有何影响？
7. 什么是社会文化？它有哪些基本特征？试举例分析。
8. 什么是亚文化？什么是亚文化群？

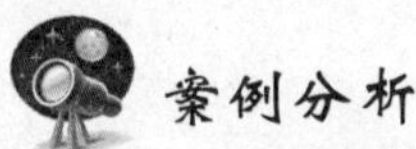

案例分析

美国老太太与中国老太太买房

40多年前，美国老太太玛丽通过向银行贷款购买了一套房子，如今，玛丽已进入暮年，老态龙钟。在这样明亮舒适的住宅里生活了大半辈子的玛丽临终前感到很满意，心想，我在自己中意的房子里度过了中年、晚年，现在，银行的贷款已经还完了，我可以安心地去见上帝了。

与此同时，远在中国东部的一个城市，一个满头白发的中国老太太正为刚刚买到新房喜极而泣。她在狭窄阴暗的老房子里已经住了几十年，从年轻时就盼望有一套宽敞的住房，盼了整整一辈子，当她掏出自己一生的积蓄买到自己朝思暮想的新房子时，已经七十多岁了。想到自己在这么好的房子里所能生活的年头已经不多，她不禁有些悲伤，但又一想，毕竟为子女们留下了点房产，她又感到些许安慰。

问题

1. 以上这则故事，反映了消费者哪方面的差异？
2. 这则案例对开展营销工作有何启发？

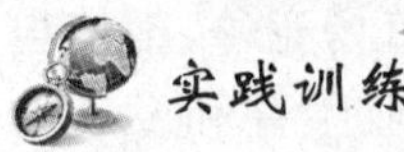

实践训练

了解自己家乡的一些消费风俗习惯，并分析它对市场经营活动的影响。

第8章　新产品与消费者购买心理

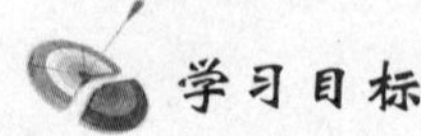
学习目标

1. 了解新产品购买者的类型和心理分析；
2. 掌握新产品设计的心理策略及其对消费心理的影响；
3. 认识新产品推广的心理策略。

引　例

草珊瑚牙膏的新产品开发

草珊瑚牙膏正式投产是1983年4月。此前，南昌日用化工总厂生产的十几个牙膏品种由于质量欠佳、缺乏创新，销路一直不好，大量积压使企业亏损严重。在这种情况下，工厂对市场进行了市场调查，发现广大消费者对药物牙膏的需求越来越强烈。我国人口众多，又有相当数量的消费者患有不同程度的各种口腔疾病。随着生活水平的提高，人们对牙膏品种的选择已不仅仅满足于一般的清洁口腔，他们还希望牙膏能有治病、防病的作用，而无副作用的中草药牙膏更受欢迎。

江西民间有一种俗称"肿节风"，学名"草珊瑚"的野生植物，当地群众总是喜欢用于泡开水，喝了预防口腔疾病。江西有丰富的草珊瑚资源，原料有保证，价格又低廉。他们决定开发草珊瑚的中草药牙膏。经过多次试验，新产品终于研制成功。新产品以中草药名称"草珊瑚"命名，以给清新、芬芳之感的果绿色为基调设计销售包装图案。产品投放市场后很受消费者的欢迎，很快就有15个省市向厂家订货。

分析启示　新产品开发和命名要符合消费者的购买心理，草珊瑚牙膏能够受到众多消费者的认可，与厂家有效的新产品开发和命名工作是分不开的。

复杂多变的消费需求、不断进步的科学技术以及日益激烈的市场竞争，都使得产品的生命周期越来越短。新产品的开发和推广，已成为现代企业生存和发展的必由之路，是企业适应市场、保持竞争力的本钱，也是企业充满活力的标志。但是，并非所有的新产品都能在市场上取得成功，新产品开发的成功率是相当低的。据国外统计，新产品开发的成功率仅为20%左右。导致新产品失败的因素很多，其中的关键在于能否使消费者从心理上认可、接受新产品。为此，有必要从营销心理的角度研究如何使新产品的设计能满足消费者的心理需求；在新产品推向市场的过程中如何制订正确的营销心理策略，从而为企业设计和推广新产品提供重要的心理依据。

8.1　新产品购买者的类型及心理分析

当今时代，科技发展日新月异，产品的更新换代越来越快，这迫使每个企业不得不把开发新产品作为关系企业生存兴亡的战略重点。而新产品能否站稳市场，不仅取决于产品的性能、质量、款式、价格、包装等因素，更多地受到消费者的需要、态度、偏好、个性特征等心理因素的影响。从一定意义上讲，新产品的推广过程即是消费者对新产品的心理接受过程。

8.1.1　新产品的概念和类型

在现代市场营销理论中，“新产品”的概念是从“产品整体”的角度来理解的。它不仅是指发明创造这个科学技术含义的新产品，而且是指在“产品整体”概念中任何一个层次的更新和变革，从而给消费者带来更新利益的产品，都可视为新产品。新产品可以按照不同的标准分为若干类型。

1. 按照产品改进程度分类

(1) 创新型产品。创新型产品是指运用最新科技成果生产出来的完全创新产品。其特点是无论在外观造型、内部结构，还是在设计原理、工艺流程等方面都是前所未有的。如电视机、电冰箱、电扇等的研制成功，均属于创新型产品。这类新产品的问世与推广，往往会对消费者的消费观念、消费方式、消费心理等产生重大影响。例如，家用电冰箱的出现，改变了人们对于食物“新鲜”的理解，引起了人们对一些食品、副食品购买方式和购买要求的变化。如购买次数减少，购买数量的增加，以及对小包装商品的需求等。

(2) 革新型产品。革新型产品是指对市场上已经出售或普及的产品在材料、结构或功能上进行重大革新的产品。其特点是保持原有产品的基本属性，采用新技术、新工艺，在某些方面有较大改变和发展，使产品性能有飞跃性提高。例如，电视机由黑白发展到彩色，洗衣机从半自动过渡到全自动等。这类新产品一般不会对消费者的消费观念和消费方式产生重大影响,但由于提高了产品的实际效用,所以会给消费者带来新的利益和心理上的满足感。

(3) 改进型新产品。改进型新产品是指在原有产品基础上有较大的改进和改良而形成的新产品。其特点是与原有产品没有很大的技术差别,用途也基本不变,只是在产品设计、造型、外观,或产品成分、工艺、结构、性能等方面有了改进,使产品的质量和效用有所提高。例如,从普通牙膏改进成药物牙膏,增强牙膏效用;某些药品由丸剂改为水剂,便于患者服用和药效吸收等。

(4) 仿制型新产品。仿制型新产品是指本企业未生产过,但市场上或其他地区市场已有,企业进行模仿制造形成的产品。这类新产品只是根据市场现成的样品和技术进行仿制,生产出某些有竞争力的新产品,是企业产品开发的一条捷径。其风险也比较小,一般小企业采用此种类型。

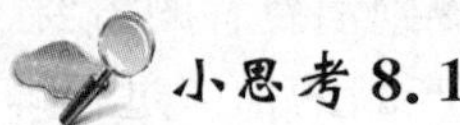

小思考 8.1

苹果第一代,iPhone;第二代,iPhone 3G;第三代,iphone 3GS;第四代,iPhone 4;第五代,iPhone 4s;第六代,iPhone 5。这些属于什么新产品?

答 这些属于革新型新产品。

2. 按市场范围分类

(1) 世界范围内的新产品。它是指在全世界范围内首次试制成功的新产品,如液晶电脑显示屏,运用纳米技术生产的纳米材料和产品等。这类新产品一般属于世界首创,市场开发潜力巨大。

(2) 国家范围内的新产品。一般是指在国际市场上已有生产和销售,但在本国属于首次试制成功并投入市场的产品。例如,全部国产化的空调器、汽车等。发展这类新产品对于开拓本国市场、填补国内技术空白、引导和创造新的需求,以及减少产品进口,都有重要意义。

(3) 地区范围的新产品。一般是指某个局部地区范围内首次出现的新产品。它可以是本地区首先研制成功并投放市场,也可以是首次进入本地区市场的进口商品或外埠商品,对于本地区市场来讲,也给消费者带来新的利益,因而也属于新产品范畴。

8.1.2 消费者对新产品的心理要求

新产品完成设计、生产后,并不意味着开发成功了,它还必须接受市场的检验,看消费者是否接受。现实生活中，消费者对新产品从不知到接受需要有一个过程。影响这一过程的因素是多方面的，其中，消费者心理因素起着决定性的作用。新产品能否畅销，关键在于它能否满足消费者的下列心理要求。

1. 追求时尚、流行

消费者追求时尚、流行的心理欲求，是普遍存在的社会消费现象。它反映了消费者渴望变化、顺应时代、追逐潮流、自我完善等心理需要。在市场上，总有一部分热衷时尚的消费者能敏锐地觉察到新产品的新特色，率先购买，成为消费先驱。经过他们的示范和传播，引起其他消费者的模仿，形成消费时尚和流行趋势。新产品的设计贵在创新，这种创新不仅表现在产品的性能、结构、款式上，也表现在用创新的手段有效地传播给消费者。

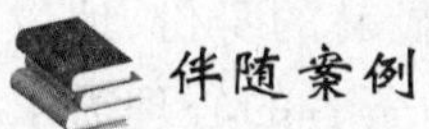

营销新创意：斑点苹果成奇货

有一年美国大量种植的苹果由于电、霜的交替，果皮上出现了点点斑痕，大大降低了销售量。水果商布朗面对这种不可抗拒的天灾，关起门来，面壁苦思，终于发现了反败为胜的一线曙光。他在店门口竖立一巨大招牌并注明：这些苹果都生长在寒冷的高山上，而唯有寒冷的高山，才能生产出这般香甜爽口、清脆多汁的苹果。请您来品尝这特殊口味的高山苹果吧！布朗也把他的创意大量登在报上，竟然得到广大顾客的认同，不消几天就销售一空。斑点苹果遂成为独特美味苹果的代名词，有趣的是，有些果商还预约明年一定要买这种苹果呢！

分析启示　营销要有创意，把缺点转化为优点。

2. 追求便利、高效

如今，消费者在追求时尚的同时，还趋向追求便利、实用，即要求新产品便于操作、使用、搬运、保养、维修等。这些要求，一方面是由于社会生活节奏加快，人们对日常消费活动越来越强调高效率；另一方面是由于社会发展，人们的兴趣、爱好不断变化，使商品功能的持久性相对地失去了意义。美国未来学家阿尔温·托夫勒曾预言："人—物的关系正在变得越来越短暂"，社会已进入"用即弃"的时代。这时，便利、高效的新产品设计便顺应这个趋向的变化。例如，电视机、空调、电扇等从按钮开关到遥控器控制等；还有一次性消费的产品也层出不穷，如纸巾、纸杯、一次性桌布等；以及笔记本电脑、便携式传真机、MP3 播放器等也因其便利、高效而大获成功。

现实生活中，消费者追求便利的心理是无止境的，许多新产品的设计朝着越来越现代化、自动化、智能化方向发展。日本家电业本着让人们“更加方便”的宗旨，曾掀起了“简化操作”的时尚运动，在开发新产品时，把“越简单越好”奉为座右铭。

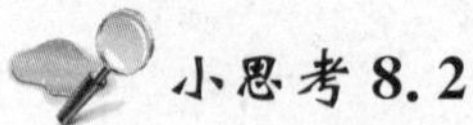

小思考 8.2

“傻瓜照相机”的创新原理和营销创意是什么？

答 其创新原理是：便利、高效。其营销创意是：只要轻轻一按就完成，连“傻瓜”都能做到。

3. 显示其地位、威望

是指消费者为提高其社会威望，表现其事业成功，体现自己显赫的身份、地位而去购买某些高档、名牌商品的一种心理要求。企业可以这类消费者的心理需求为目标，设计出高档、独特、与众不同的精品推向市场。例如，手表类产品，虽然电子、石英表走时精确，但名流贵族对此不屑一顾，他们倾向于名表，以稀有、昂贵为标准来彰显自己的身份、地位。瑞士的一些名牌手表厂商，就专门设计出以超硬合金为材料，镶嵌珠宝的高级手表，并且数量有限，有的款式只设计一只，或几十只，而且是由技术高超的工匠手工制作，花费数月精雕细刻而成，这样创造出的名表堪称是富有永恒的价值与魅力的精美艺术品，当然价格也非常昂贵。这类产品一般是奢侈品，诸如珠宝玉器、汽车、高档时装等。

4. 追求舒适、享受

随着社会生活水平的不断发展，消费者选购商品要求越来越高，也越来越挑剔。不仅注重商品的使用价值，还要追求舒适、享受，满足人性化的要求。这就要求企业在新产品设计中，要体现以人为本，适应人体生理结构和使用要求，给人以舒适感，有利于减少疲劳，增加心理上的愉悦感。

近年来，西方发达国家的企业为适应消费者追求舒适、享受的心理要求，推出“休闲产品”系列。比如，家具设计从造型、色彩到风格强调“人情味”；“休闲服饰”，一反传统服装的正统和严肃感，使人穿着变得随意、舒适，给人以轻松、潇洒的感受。

5. 追求美感

“爱美之心，人皆有之”。随着生活水平的不断提高，人们精神和社会生活日益丰富，消费者对商品美感的追求也越来越高、越来越普遍。这就要求企业在新产品的设计上，要注重商品的审美要求，赋予新产品时代感和美感。在商品款式、造型、色彩上不断推陈出新，尽可能满足消费者的审美情感。

6. 表现个性

表现个性就是消费者希望通过具有独特个性的新产品的消费来表现自我，突出个性的心理需要。现代工业化产品的标准性、统一性，抹杀了人们的个性追求。为抛弃这千篇一律的生活模式，现在越来越多的人在消费活动中喜欢表现自我、突出个性。为适应消费者的这种心理要求，新产品设计一定要构思新颖、大胆创新，产品的造型设计多样化，既能显示使用者的性别、年龄等基本特征，又能反映消费者的知识、兴趣、审美个性和气质特征等。例如，有些新产品的设计独特、款式新颖、与众不同，可能被看做是超凡脱俗或反叛心理的象征；有些新产品价格昂贵、数量稀少，可能被看做是权力和地位的象征；有些新产品结构简单、风格粗犷，可能被看做返璞归真、品位独特的象征。总之，个性化需求越来越成为社会的一种发展趋势，也是现代企业营销发展的重点。

8.1.3 新产品购买者的类型及心理分析

当某些新产品投放到市场时，有的消费者立即购买，有的消费者在别人购买使用后再买，有的消费者在产品处于普及状态时才购买。之所以出现这种状况，原因在于消费者心理需要、个性特点及所处环境的不同，造成了消费者对新产品感知及应对速度和接受程度的不同，从而表现在实施购买的时间上有先有后，形成不同类型。这些类型及其心理差异主要表现在以下几个方面。

1. 革新者

革新者，也就是新产品的最先接受者，一般是在新产品刚刚上市就带头购买，最先使用的一部分先驱消费者。这部分消费者一般自信心强，富于创新精神，敢于冒险，表现个性的动机最为强烈，求新、求奇的心理占主导地位。他们一般性格开朗、活泼，对新事物反应敏感，有追求新鲜感和刺激的倾向，多为经济条件较好的年轻人。由于强烈的自我意识使他们受社会和群体规范的约束较少，敢于标新立异。这部分人人数虽少，但可以起到示范、表率作用，因而是新产品推广的首要对象。

2. 早期购买者

早期购买者，是指在新产品上市后不久，受革新者的影响，在极少数人试用后即很快加入购买的行列。这部分消费者对新生事物感兴趣，对新产品有比较强烈的消费欲望，购买心理以求新、好胜的动机为主。其个性特征是追求时髦，渴望变化，有一定的创新精神和冒险精神。他们一般社会交往广泛，活动能力强，喜欢传播信息，是新产品购买的积极分子。他们同样对其他消费者购买新产品有重要引导作用。

3. 中期购买者

中期购买者，是指在革新者和早期购买者购买并使用后，而实施购买行为的消费者。他们虽然购买的时间要晚一些，大致发生在产品生命周期的成长阶段，但他们却是新产品前期购买者中人数最多的一个群体。他们一般等到某种新产品购买者日益增多，产品的优点已逐步显现后才开始购买，有明显的同步和仿效心理。他们的购买心理仍有求新成分，但求实、求稳的心理更为突出。这部分消费者数量众多，是促成新产品在市场上趋向成熟、广泛销售的主要力量。

4. 晚期购买者

晚期购买者，是指在大部分消费者接受并使用新产品后才开始购买的消费者。他们的购买动机以实用为主，追求产品能给他们带来的实际利益。他们的个性心理特点一般表现为谨慎、求实，对新生事物反应迟钝，并抱有一定的怀疑态度。他们一般不愿意追逐潮流，严格遵守社会和群体规范。这部分消费者人数也较多，他们对新产品在市场上达到成熟和饱和状态起着关键作用。

5. 守旧者

守旧者，主要指最后购买和最终拒绝购买的一部分消费者，一般人数较少。他们购买新产品往往是因为老产品已被淘汰，迫不得已而去购买。他们的消费观念保守，非常重视传统和经验，不愿改变固有的生活消费习惯。与社会交往很少，信息闭塞，很少受外界环境影响。

国外专家曾对上述五种类型的购买者进行了统计，如图 8.1 所示。

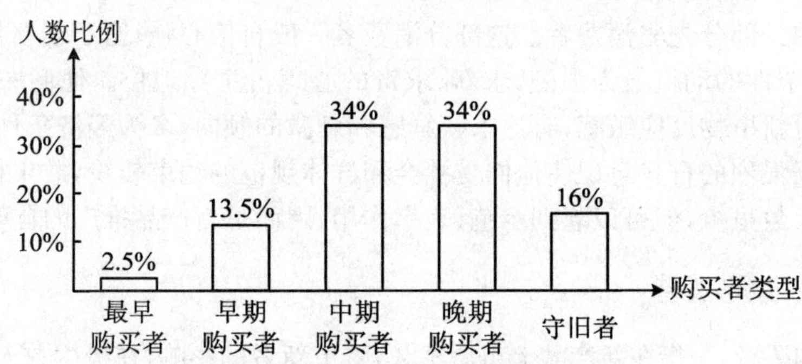

图 8.1 新产品购买者各类型人数比

8.1.4　影响新产品购买行为的心理因素

1. 消费者对新产品的需要

需要是消费者一切行为活动的基础和原动力。同样，能否满足需要，亦是消费者是否购买新产品的决定性因素。新产品只有符合并能满足消费者的特定需要，才能吸引更多人踊跃购买。由于不同消费者的需要内容、需要程度千差万别，因而对新产品的购买行为也各不相同。另外，消费者对新产品的需要有现实的需要，也有潜在的需要，可以由消费者自觉意识，也可以因新产品的上市或广告宣传而引发。

2. 消费者对新产品的感知程度

对新产品的感知是消费者购买新产品过程的起点。消费者只有对某一新产品的性能、特点、用途等有了基本了解之后，才能决定买与不买。当消费者认为购买新产品能够为自己带来新的利益时，就会由此激发其购买欲望，进而产生购买行为。因此，正确、积极地引导消费者全面感知有关新产品的信息十分重要。

3. 消费者对新产品的态度

消费者对新产品所持的态度是影响其购买新产品的决定性因素。消费者在对新产品感知的基础上，通过对新、老产品的比较、分析，形成对新产品的不同态度。如果消费者认为新产品能为自己带来新的利益及心理上的满足，就会对新产品持肯定的态度，从而产生购买欲望。因此，企业对新产品的设计和宣传应能适合消费者需要，激发其积极肯定的态度。例如，日本本田摩托车进入美国市场时，曾面临一项重大决策，即把摩托车只卖给对摩托车感兴趣的少数人，还是想方设法增加对摩托车感兴趣的人数。后者的成本很高，因为很多人对摩托车没有好印象，许多人认为摩托车是同黑皮夹克、弹簧刀一样总是和犯罪联系在一起的。但是，本田公司采取了后一种方案，发动了一场大规模的“骑上本田迎亲人”的宣传活动。结果，使得许多人改变了对摩托车的态度，使市场销量大增。

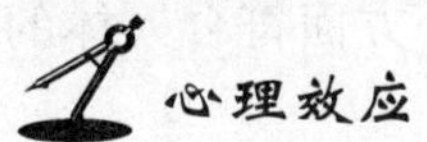

250 定 律

每个客户身后都有 250 个潜在客户。这是世界上最伟大的销售员乔・杰拉德总结出来的经验。意思是说,每一位与你做生意的客户都可能代表着250名潜在客户。吉拉德认为,每一位顾客身后大约有250名亲朋好友,如果你赢得了一位顾客的好感,就意味着赢得了250个人的好感。反之,则得罪了250个顾客。

8.2 新产品设计与消费心理

8.2.1 新产品设计的心理策略

如前所述,消费者是否购买某一新产品,关键取决于新产品能否满足其心理欲求。因此,新产品的设计必须要迎合消费者不断发展变化的心理欲求,制定切实可行的产品设计心理策略。

1. 根据消费者的生理要求进行新产品功能的设计

产品的功能就是产品具体的实用价值,是消费者购买新产品的基本出发点。满足消费者的生理需要是新产品功能设计中首先要考虑的因素。例如服装的设计,冬装要注重御寒性;夏装要便于散热,透气性好;工装要耐磨耐脏,并有劳保功能等。如果新产品的设计忽视了产品的基本功能或功能不完美,就很难打开市场。

近年来,国内外产品的功能设计出现两种趋势:一种是向多功能方向发展,例如,收录机兼收、录、唱多功能组合;另一种是向自动化、智能化方向发展,如全自动洗衣机、电饭煲、遥控彩电、声控电灯等。

2. 按照人体工程学的要求进行新产品结构的设计

人体工程学,是指运用人体测量学、生理学、心理学和生物力学等研究手段和方法,综合地进行人体结构、功能、心理以及力学等问题的研究的科学。它运用在一些日用工业品的设计上,能使产品适应人体结构的要求,使人使用时感到方便、舒适。比如椅子的设计,应该根据人的腿部长短决定高矮,根据臀围确定宽窄,根据腰部坐姿确定靠背的倾斜度,根据手臂长短和关节部位安置扶手等。只有这样,设计出的椅子才能在体重负荷、血液循环、姿态安稳、肌肉放松等方面符合人体的需要。

小思考8.3

许多名牌服饰如雅戈尔、金利来西服等，我们说它"版型好"，穿着得体、舒适且美观大方，这是什么原因？

答 原因是：它们的服装设计符合人体的生理结构和审美标准，真正做到"量体裁衣"。

3. 根据消费者的个性心理特征进行新产品个性的设计

消费者的个性心理特征对其购买动机和行为会产生重要影响，个性的差异会产生不同的消费需求。所以，新产品的设计要充分体现这种差异。具体包括：

(1) 体现威望的个性。具有这种特点的产品，在某种程度上能够体现消费者的社会威望，表现其个人成就。如高档手表、名牌服饰、高级轿车等。为此，在设计这些产品时，要选用上乘或名贵的材料，款式要豪华、精美，保证一流的工艺和质量。同时，还要控制产量，价格也要和一般产品拉开档次，才能体现它的价值和威望。

(2) 标志社会地位的个性。某些产品是专给某一社会阶层的人士使用的，是某一阶层成员的共同标志，使用者可以借此表明自己属于该社会阶层或集团的身份。因此，在新产品设计时，也应充分考虑不同社会阶层的购买心理特征，以迎合某一社会阶层消费者的心理需要。

(3) 显示成熟的个性。在人的生命周期中，要依次经过儿童、青年、中年、老年等阶段。在不同的阶段，人们的生理和心理发育成熟程度不同。在新产品设计时，要注意适应不同年龄段消费者的成熟程度的需要，设计出不同特色的产品。比如青年用品的设计要新潮、奇异，显示青春活力；老年用品的设计要朴素、大方、实用和稳重等。

(4) 满足自尊和自我实现的个性。人作为社会群体中的一员，一方面渴望得到别人的承认和尊重，希望在社会交往中留下良好的印象；另一方面还要求充分发挥其内在的潜力，求得个人价值的全面实现。为此，新产品的设计要以满足自尊和自我实现的个性为目标，人为地给产品的使用增加施展个人才能的机会，留出启发个人想象力的空间，从而使人们在使用新产品时充满乐趣和挑战。比如，经过精心设计、加工的半成品；各种规格、款式的尚未组装成形的家具等，给消费者"自己动手"留下空间，发挥个人的创造性。

(5) 满足情感要求的个性。随着生活水平和质量的提高，人们越来越重视情感消费，即希望通过某种新产品的消费来获得情感享受，满足精神需要。如表达亲情、友情，寄托希望、向往，追求自然、回归，体现情感、格调等。比如现在流行的制作精美的贺年卡、明信片，活泼可爱的玩具、工艺装饰品，还有“送礼送健康”的脑白金产品等，都是典型的情感诉求性产品。

4. 根据时代性要求进行新产品的设计

社会在发展，人类在进步，产品的更新换代日益频繁，新产品的设计应当反映不断变化的社会需求，具有时代特征，符合社会的潮流。通常把这样的产品叫时式商品。

时式商品一方面反映了科技的进步，另一方面反映了消费者渴望变化，求新、求美、求奇的心理倾向。时式作为一种社会消费现象，有其自身的运动规律。时式的起源，主要是有些消费者对具有特色的新产品非常热情，喜欢带头使用，由此形成了商品流行的源头。这部分消费者被称为“消费先驱”，他们对于首先购买和试用新产品引以为荣。他们的行为客观上起到了媒介和示范作用，经过不断的传播和蔓延，逐步形成商品流行并达到高潮。因此，新产品的设计，要反映这种时代的要求，对时式作全面分析，把握消费者的兴趣变化和消费趋势，善于吸收和发展市场上最新产品的优点，善于迎合消费者追求时尚的心理，设计出新颖独特、顺应时代潮流的新产品。

8.2.2 新产品设计的要求

1. 设计思想要创新，反映消费心理的变化

新产品的设计思想要在“创新”上做文章，只有创新，才能满足消费者心理变化的需求。这种创新，首先，要有新的原理、新的构思，运用最新科技成果；其次，要采用新材料、新元件；再次，要有新的性能、新的用途、新的结构等。

2. 新产品的功能设计力求多能、高效

新产品在设计中除考虑提供基本效用、满足消费者生理上对商品使用价值的需求外，还应考虑增加产品附属效用，能给消费者带来更多的利益。因此，新产品的功能设计：一是追求“一物多用”，如把台灯、钟表、温度计、计算器等复合到一起形成多功能台灯；二是追求方便、高效，即产品向自动化、智能化方向发展，操作简便易行。

3. 新产品的结构设计要注重合理、安全

为使消费者在使用过程中感到方便和安全，新产品的结构设计一定要注重合

理性、可靠性、安全性。这就必须认真研究产品的使用环境和人体的力学结构特性,使产品在使用时操作安全、运用方便、强度适宜、减轻疲劳等。

4. 新产品造型设计要讲究艺术、美观

新产品造型和款式设计要考虑满足消费者的审美要求。既要突出商品的基本特征,又要推陈出新、新颖独特、美观大方,将实用性和观赏性很好地结合在一起。产品的艺术美通常由色彩、线条、形体等诸要素构成。在新产品设计中,应根据产品的性能、特点、用途和不同消费者的审美要求进行艺术设计,以满足不同年龄、性别、文化背景消费者的审美需求。

5. 个性设计要突出个性特征

个性化需求越来越成为社会发展的一个重要趋势。新产品设计要考虑产品的独特个性,体现与众不同的差异。主要包括:

(1) 表现活泼。青少年个性活泼,追求自由、奔放。表现在商品设计上要动感强烈、色彩鲜艳、线条明快、造型夸张等。

(2) 显示成熟。这符合中青年人的消费个性。这类产品设计要具有成熟、智慧、大方,不失风度的产品个性,以结构严谨、质量上乘、色调淡雅、大方实用为原则。

(3) 体现威望。新产品设计要能体现消费者的社会威望和个人事业成就感。这类产品设计时要选料考究、款式豪华、质量超群、做工精细,体现超群的产品个性。

(4) 适应群体。消费者生活在一定的社会阶层和群体中,他们有特有的消费习惯和共同的标志,借此能获得一种群体归属感。这类产品的设计,应以特定阶层的工作环境、经济地位、消费习惯和消费心理为依据。如商人用的密码箱、机关干部用的公文包、成功人用的手提电脑等。

6. 产品设计要顺应社会潮流

社会潮流是反映多数人意愿的一种群众性、社会性的行为趋势,是时代风貌的标志。它是建立在消费者求新、求变、紧跟时代发展的心理活动基础上。设计新产品时,要具有敏锐的观察力,科学预见未来潮流的发展方向,设计出最新、最美、最前卫、最时尚的新产品,以满足这类消费者的心理需要。

8.2.3 商品造型心理

商品设计最终要通过一定的形态表现,即商品的造型,它是商品的依托。

商品造型的目的就是要通过它的线条、形状、比例、大小等，刺激顾客的购买欲望。也就是要根据商品属性、种类等不同特点，选择优美的造型和材料来美化商品，提高其竞争力，赢得消费者的信赖。

消费者对商品的选择，首先依据商品外观形态，通过视觉所引起的快感来判断。视觉愉悦是消费者进一步接触、了解商品的基础。达不到视觉愉悦的商品造型根本无法刺激消费者的需求。

商品造型有各种各样的形态，总括起来可以分为两大类：现实形态和抽象形态。

现实形态又可分为：自然形态、人为形态和偶发形态。自然形态是对自然界存在的客观事物的模仿和概括；人为形态是以实用为目的，适合机器生产，运用人体工程学原理而造出来的各种形态；偶发形态是偶尔发生的形态。

抽象形态是各种几何形态、自由形态的总称。它具有运律感、体量感、深度感。

总体来说，商品的形态应具有以下特点：

(1) 重复，即指同一造型的重复。它能给人以和谐一致的心理感觉。

(2) 层次，即指造型过程中的递增、递减、渐强、渐弱，依次加大或缩小，以给人一种节律感。

(3) 对称，即指造型以某一点、线、体进行相等或相同分布，以加大或缩小，以给人一种节律感。

(4) 均衡，即指一种动态的对称。除了给人对称所具有的心理感觉外，还给人一种动感。

(5) 比例，即指造型的各个部分以适当的比例分布，以给人一种优美的心理感受。常见的比例有黄金分割、相加级数比、整数比、平方根矩形等。

(6) 调和，即指造型的形体、色彩相似。通过隐藏差别感觉阈限，使商品造型给人以融洽与舒适的感觉。

(7) 对比，即与调和相反，通过突出差别感觉阈限，使人感到刺激和强烈。

(8) 多样，即造型的线条、形体、色彩丰富而不单一，以使人感到新鲜、奇特、变化。

(9) 统一，即指造型的协调一致，以突出商品的整体感和柔和感。

8.2.4 商品色彩心理

1. 商品色彩的心理效应

造型、色彩、装饰是商品审美形态的三大要素。商品设计的成功与否，在很大程度上取决于色彩的运用。色彩与人的心理有非常密切的关系。由于可见光的变化及眼睛的生理机制，人对色彩有明暗觉、色调觉、纯度觉、对比觉、肌理觉等。不同的商品，有着不同的色彩，形成人心理上不同的感觉。商品色彩的这种心理效应大致可归纳为以下几个方面：

(1) 区别效应。色彩是种无声的语言，它可以使消费者从众多的商品中感知所要认识的对象。由于许多商品惯用一种色彩，使人一目了然，提高了感知效率，突出了商品个性。

(2) 联觉效应。联觉是指一种感觉兼有另一种感觉的心理现象。可以利用色彩的联觉效应，体现商品的温度感、形体感、质地感等。

(3) 错觉效应。色彩能造成人的错觉。利用色彩错觉可以体现商品的某些特征，如轻重、大小、浓淡、远近错觉等，如表8.1所示。

(4) 象征效应。颜色心理学家发现：不同历史时期、不同民族、不同国家、不同宗教信仰对颜色有着特定的偏爱。

(5) 情感效应。不同的色彩使人产生不同的情感(参见表8.1)。企业可以利用色彩来激发消费者对商品或企业的情感，促其产生购买行为。

表8.1　色彩对人的情感的影响

色彩	对人的情感的影响
红　色	兴奋、积极，富有联想
蔚蓝色	安详、温情，使人的神经系统安静
黄　色	温暖，使人愉快
橙黄色	喜悦、积极，有活力
绿　色	安详、心情舒畅，富于联想

2. 商品色彩的心理特征

(1) 商品色彩的社会性。各个国家、民族的社会背景、宗教信仰、经济状况、传统习惯、风土人情等不同所形成的差异，表现在对商品色彩的喜好上有很大差异。因此，商品着色必须要考虑消费者的社会性对商品色彩的要求。

(2) 商品色彩的季节性。商品色彩的季节性是商品色彩的共性在不同季节的具体体现。人与大自然做伴，其消费品的色彩也必须与四季变化相协调。春天，商品色彩要鲜明；夏天，商品色彩要活泼；秋天，商品色彩要丰富；冬天，商品色彩要深沉。每个季节的商品色彩要表现出季节性的特征。

(3) 商品色彩的区域性。人们对于商品色彩的喜好，依地域而有差异。商品色彩要考虑消费者的区域性消费习惯，违背当地消费习惯的商品色彩，必然造成商品的滞销、积压。

(4) 商品色彩的个别性。消费者由于社会经历、性别、年龄、文化程度、职业、个性心理特征等的不同,对商品色彩的喜欢也不一样,它是消费者修养、情感的重要标志。

(5) 商品色彩的时代性。商品色彩,在不同的时代有自己的时代特色。什么样的时代,就有什么样的流行色彩。时代和文化观念永远是商品色彩发展的指南。因此,企业要分析时代的色彩特征,使商品色彩与时代的发展合拍。

8.3 新产品推广的心理策略

8.3.1 影响新产品推广的心理因素

新产品能否在市场上很快打开销路,被消费者接受,同新产品推广的心理因素密切相关。这些心理因素主要包括以下几个方面。

1. 流行心理

流行是一种社会消费现象。在一定时期内,消费者会竞相模仿、追求某种商品,这种受社会欢迎、成为时尚的现象,就称为流行或时式。流行现象是人们顺应时代及从众心理的反应。不同产品因其自身特点和消费者需求的不同,有着不同的流行周期。一般来说,耐用品流行周期较长,日用小商品流行周期较短。新产品的推广应利用流行心理,在产品导入期时应积极倡导,广泛传播有关信息,以鼓励流行的形成。流行的传达方式一般是"舆论领袖—追随者—大众"。因此,新产品的推广要特别注重"舆论领袖"的示范作用。

2. 象征心理

消费者的个性存在差异,在想象、比拟、联想等心理作用下,对消费品的选择多有偏好。因此,新产品的推广要找准在消费者心目中的形象定位,力求消费者认同。例如,设计精致的产品被视为聪明智慧、富于创新的象征;价格昂贵、款式豪华的商品成为地位显赫、富有的身份标志;结构单纯、造型粗犷的产品颇具男性魅力;色彩明朗洁净、设计朴素大方的产品体现的是淑女形象。新产品的推广要善用产品的象征意义。

3. 求美心理

新产品要体现人们的审美情趣。商品的美由外在包装和内在工艺设计美共同构成。消费者的审美情趣因人而异、因时而变，新产品设计不能脱离时代、脱离目标市场中消费者的审美倾向。捕捉并体现消费者对美的追求和偏好，是新产品推广的重要条件。

4. 便利心理

消费者对产品有追求便利的心理。使用方便、操作简单、利于保养维修的新产品会受到欢迎。全自动产品比半自动产品更吸引人，电动产品比人力操作产品更畅销，就是这个道理。因而，新产品的推广要清楚、明白地向消费者介绍可能带来的便利。

5. 安全心理

消费者对新产品有好奇也有疑虑，尤其关心安全性问题。排除消费者安全的疑虑是新产品推广所必须做的工作。比如，一起高压锅爆炸事件，使众多消费者对高压锅望而却步，后经多次改进，反复宣传和承诺，才让消费者放心，逐渐打开销路。

6. 惠顾心理

随着生活水平和质量的提高，人们的消费观念也在发生变化，由过去只注重产品本身的“硬消费”，逐步向注重服务的“软消费”转变，在购买到满意产品的同时，还要求得到尊重、真诚，获得良好的服务。现在，绝大部分市场都是买方市场，消费者也越来越挑剔，迎合这种消费惠顾心理，就能赢得更多的消费者的信任和忠诚，形成一个较为稳定的消费者群。而且，消费者的惠顾心理不仅影响他们自己的重复购买，还会向社会广泛传播，从而影响他人的购买行为，非常有利于新产品的推广。

补充阅读

新产品投放市场后的推广通常主要包括以下五个步骤：

(1) 广告宣传，引起注意。

(2) 激起询问，提供咨询。

(3) 展示、演示，增加试用。

(4) 提供优惠，鼓励购买。

(5) 强化认同,促进传播。

8.3.2 新产品推广的心理策略

新产品一旦进入市场,将面临两种命运——成功或失败。为保证新产品在市场上获得成功,除了要设计出能满足消费者生理和心理需求的产品外,还要重视运用正确的策略来推广新产品。在现实的营销活动中,我们常常发现,许多新产品具有很多优点,但却很少有人知晓,打不开销路。究其原因,都是由于推广措施不力或不当。所以,新产品的推销除了有好的产品之外,还需要准确地把握消费者的心理,制定切实可行的心理策略。具体策略包括:

1. 广告宣传策略

新产品最初出现在市场时,消费者对它还很陌生,因而在心理上缺少"安全感"。这种心理障碍会导致许多消费者采取等待、观望的态度。特别是有些新产品的问世,与消费者原有的消费习惯、消费方式有较大差异,很多消费者在心理上还没有作好接受的心理准备,这会导致他们对新产品产生消极,甚至抵制态度。针对这些问题,企业应该采用有效的宣传策略,大力宣传和介绍新产品的性能、质量、用途、使用方法等,设法消除消费者的心理障碍。这一阶段的宣传,对消费革新者影响很大,他们会因此首先购买和试用新产品,起到消费带头人的作用,同时也起到了替其他消费者试用、验证新产品的作用。常用的宣传策略有:①实证法,②实据法,③论证法。

2. 价格策略

价格因素往往是制约新产品推广的又一重要因素。一般来说,新产品的价格往往比老产品的价格要高。在无法弄清新产品真正质量和使用效果的情况下,价格过高往往是消费者作出购买决策的重要心理障碍。为了消除这种障碍,通常有两种办法:第一,是加强宣传,与同类产品在性能、质量上进行性价比的比较,从而说明价格高的原因,让消费者明白购买新产品是划算的;第二,运用灵活的价格策略,对不同的产品采用不同的定价方法。对价格弹性大、替代品多且竞争性强的产品,可采取低价渗透法,即用较低的价格获得同等或更多的利益;对价格弹性小、专用性强,产品性能、质量改进大的商品,可采取高价的办法来刺激、吸引消费者的注意。具体内容详见第 11 章价格与消费者心理相关内容。

3. 带头人策略

带头人即革新者,或称消费者先驱,他们在新产品推广过程中,起着替其他消费者试用、验证商品的作用。这些人虽然人数较少,但他们是推广新产品的中坚力量,其影响力、号召力极强。如果企业能有效地利用和影响这些人消费,无疑对新产品的推广起着极大的推动作用。因此,企业除运用各种宣传手段外,还要充分利用带头人进行证词性宣传,创造消费者间接试用和尝试新产品的效果,从而打消消费者的顾虑。常用的策略是:①选准带头人,要借助有影响的人物或知名度高的公众人物;②要给带头人适当的鼓励;③尽快收集带头人的反映。

4. 销售策略

新产品的推广和一般产品的销售是有区别的。新产品推广重在扩大认知度、知晓度和美誉度。主要方法包括:①样品试用法。挨家挨户免费赠送样品,或和相近产品配套赠送,买一送一等。这种方法适合于价格较低且购买次数多的日用品,如牙膏、洗发水等。②示范表演法。为了使消费者相信新产品的价值,营销人员可当众示范操作表演。③特殊推销法。即运用特殊手段进行推销,如有奖销售、商品展销会、附赠礼品等,以此来吸引和刺激消费者对新产品的关注,并实施购买行为。

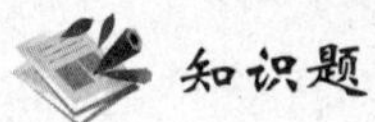

知识题

1. 什么是新产品?它有哪几种类型?
2. 消费者对新产品有哪些心理要求?
3. 新产品的购买者有几种类型?举例分析他们的一般心理。
4. 新产品设计的心理策略有哪些?
5. 新产品变化的一般趋势是怎样的?
6. 影响新产品推广的心理因素有哪些?
7. 新产品推广的心理策略有哪些?

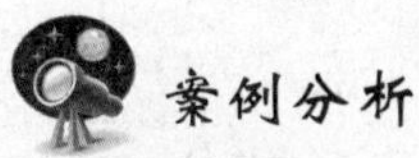

案例分析

日本索尼公司发明“随身听”

一天,在日本索尼公司董事长盛田昭夫的办公室,盛田的一位同仁手提一台录音机,戴着一副标准配备的耳机,不高兴地说:“我喜欢音乐,又不希望吵着别人。但是我不能整天坐在音响旁边,只好提着音响走。可是这东西实在太重了。”听了这段话,一个在盛田昭夫脑子里曾有过的模糊概念,突然清晰明朗起来。

1976年6月,索尼推出了第一支带着小型耳机、具有灵巧尺寸与高品质声音的——“随身听”。产品开发成功以后,一面市,立即引起年轻人的抢购,销售量势如破竹,屡创纪录,到年底销出40多万台,该产品成为公司最佳获利商品。盛田昭夫凭借个人灵感和创意而研制的得意之作——“随身听”，在发明后不久，就风靡全球，深受年轻人的喜爱。

以后，“随身听”开始在产品功能上作改造，以适应市场需求。首先以黑色、红色作性别上的区隔，男孩用黑色，女孩用红色。还继续开发出适宜于慢跑、雪地、潜水等不同场合的专用“随身听”，使爱好户外运动的人也能同时享受音乐。此外，更轻、更薄、更小的“随身听”也不断开发出来，使人在携带时更方便。

问题

1. “随身听”的成功说明了什么心理问题？
2. 这个案例对新产品开发有何指导意义？

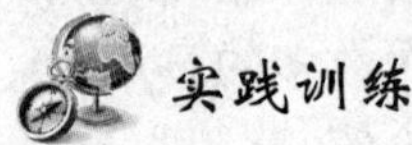

实践训练

调查大学生群体对新款手机、电脑等时新产品的购买心理，并根据所学理论提出相应的营销对策。

第 9 章　产品名称、商标、包装与消费者购买心理

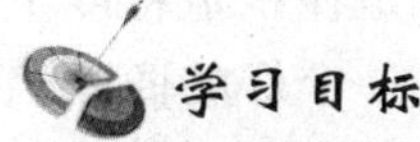

学习目标

1. 了解产品命名的心理功能、命名原则和方法；
2. 掌握商标设计的心理功能和设计原则，认识名牌战略的心理效果；
3. 明确产品包装的心理功能，掌握产品包装设计的心理策略。

引　例

恭呈吉祥的“金利来”命名

“金利来”品牌由金利来集团主席曾宪梓博士在20世纪60年代创立，他的成功也得益于“金利来”这个好听的名字。

曾宪梓原先为他的领带定名为“金狮”。一次他将领带送给一朋友，那朋友得知是“金狮”牌，马上脸色大变，坚决推辞了。朋友说明了原因：“金狮”，用广东话发音就是“金输”或“尽输”，很不吉利，并建议他改名字。曾宪梓如梦初醒，立即陷入沉思中。在一次与朋友乘船前往澳门的途中，大家一起讨论，互相启发，这才有了今天的享誉国际的知名品牌“金利来”。它寄寓着“金与利一起来”的吉祥之意。于是，“金利来”在恭呈给顾客吉祥的同时，自身也从此吉星高照，身份倍增。“金利来——男人的世界”广告语享誉神州大地、享誉国际，品牌影响力经久不衰。

分析启示　“金利来”品牌的命名告诉我们，给商品取一个好听的名字，也会对消费者心理产生重要影响，也是促进产品销售的一个重要因素。

在消费者购买商品的过程中，商品的名称、商标和包装直接作用于消费者的感觉器官，形成第一印象，首先被消费者感知并受到深刻的刺激，也是生产和销售企业参与市场竞争、保护合法权益的重要手段。根据消费者的心理特点，确定适当的命名、商标和包装。同时，利用名牌的心理效应，对促进商品的市场销售、维护消费者和企业双方的权益都有着非常重要的意义。

9.1 产品命名与消费者心理

9.1.1 产品命名的心理学原理

商品名称是生产者对商品赋予的具有一定象征意义的称谓,是在一定程度上反映商品某些特征的文字符号。凡是商品,都应有自己的名称。一个好的商品名称,不仅能使消费者识别商品,而且更重要的是能够唤起消费者对该商品的联想,进而感知、认识它,从而激发购买欲望。商品名称的这种作用完全是心理联想的结果。

如何形成心理联想？心理学研究表明,条件反射是建立心理联想的有效途径。条件反射可分为经典性条件反射和操作性条件反射两种。经典性条件反射是俄著名心理学家巴甫洛夫创立的。巴甫洛夫用狗做了大量试验。试验表明:在未给狗食物之前先摇铃,同时或稍后再给它食物,狗吃食物时分泌唾液。狗分泌唾液是先天的,不学而能的,称之为无条件反射;相应的食物就是无条件刺激物。在铃声和食物的多次结合以后,狗变得听着铃声就开始分泌唾液,这种反射运动是通过学习而形成的,巴甫洛夫称之为条件反射;引起条件反射的刺激物叫做条件刺激物。

从巴甫洛夫的条件反射理论可以看出,只要条件刺激和无条件刺激物多次同时或先后一起出现,便会形成条件反射运动。这一实验的结果具有普遍的科学意义。它不仅适应于狗的行为,也适应于人的一切行为。推而广之,在消费者的购买活动中,商品的实体形态,如色、音、形、味等,作用于人的感觉器官直接刺激人的第一信号系统,可以看做是无条件刺激物;商品名称借助于语言、文字、符号等形式作用于人的感觉器官,刺激人的第二信号系统,可以看做是条件刺激物。随着购买活动的增加,商品和商品名称就被联系在一起,形成条件反射活动。这时,商品名称就起到了代替商品的作用。只要商品名称出现,就会唤起消费者对商品的感知,马上想到该商品的主要特征,从而有助于对商品的认知和购买行为的实现。

9.1.2 产品命名的心理功能

1. 认知功能

商品名称作为商品的代号,一般与商品实体的主要性能和特点相适应,能直接或间接地反映或描述商品的性能、用途、特点、产地、厂家、成分、寓意等有关信息，促进购买活动迅速而顺利地完成。如洗衣机、羽绒服、降压灵、八宝粥等。

2. 记忆功能

由于消费者购买行为的非一次性，为帮助消费者记忆产品名称，商品命名应尽量简洁明了，高度概括，做到宜短、宜简、易认、易记、易读，字数最好在五字以内，使人谈起来顺口，听起来顺耳。此外，商品命名应尽量避免繁琐、生僻、绕口的字句，也不宜采用多数人看不懂的方言土语或专业术语。例如，热水器、随身听、感冒通、打气筒等就非常通俗易懂，便于记忆。

3. 情感功能

如果一个商品有一个充满情感色彩、体现个性化的名称，就能诱发消费者的积极情绪，增强其购买欲望。例如，口香糖、开心果、迷你裙、长寿面、健美裤等。因此，产品的命名应根据不同购买者和使用者的性别、年龄、职业、阶层及个性心理特点，符合民族传统、风俗习惯，激发美好的情感，避免引起消极情感和对抗情绪。

4. 联想功能

启发消费者关于商品的美好联想，是产品命名应当具备的一种内在功能。为达到这一目的，商品命名应力求具有形象性、趣味性和艺术感染力，以唤起消费者对美好事物、友人、历史的回忆和向往，从而激发消费的购买欲望。例如，可口可乐公司的“SPRITE”饮料的中文译名为“雪碧”，使中国消费者联想到纷纷的白雪、清凉的碧水，产生晶莹剔透、清爽宜人的感觉。

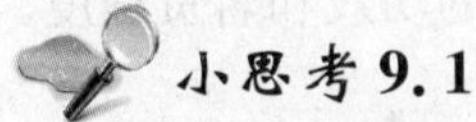

小思考9.1

试比较“万家乐”热水器和“刘文彩”豆腐乳产品命名的得失？

答　“万家乐”热水器的命名激发了消费者的美好情感，很受消费者欢迎；“刘文彩”是大恶霸地主，用这个命名豆腐乳会引起消费者的消极情感和对抗情绪，让消费者很反感。

9.1.3　产品命名的原则

给商品起个好名字，绝非易事，它涉及美学、心理学、商品学、市场学、语言学等学科知识。要使商品命名既不落俗套，又匠心独用，需要坚持或符合以下原则：

(1) 信。名副其实,如实反映商品的性能与特点。它是商品命名的基础。

(2) 达。通俗易懂,通用化,大众化,尽量不用方言土语。

(3) 简。文字简洁而不冗长,易于传播和记忆。

(4) 雅。用词不粗俗,有知识性和趣味性,文化气息浓。

(5) 特。匠心独用,提高与同类商品的差别性,增强感知能力。

(6) 幸。寓意美好,吉祥如意。

(7) 韵。词语节律感强,铿锵有力,朗朗上口,富有韵味。

(8) 适。要和商品的销售对象、销售地区等相适应。

9.1.4 产品命名的方法及其心理特征

1. 以商品用途命名

以商品用途命名就是商品名称直接反映商品的主要性能和用途,突出商品的本质特征。这是最普遍使用的方法,大多用于日用工业品和医药、保健用品上。如自行车、洗衣粉、胃痛片、感冒清等。这种命名方法的心理特征在于:突出商品的性能与功用,开门见山,使消费者望文生义,便于消费者直接认知,迅速了解商品的本质,加速对商品的认识过程。

2. 以商品的主要成分命名

这种命名方法是突出商品的主要成分和主要材料,通常多适用于医疗保健类、食品类、化妆类等产品的命名。如人参蜂王浆、板蓝根冲剂、珍珠霜等。这种命名方法可使消费者从名称上直接了解商品的原料构成,认识商品的功效和名贵程度。

3. 以商品的产地命名

此方法多用于享有盛名和颇具特色的土特产品和各地的名牌产品。如"云南白药"、"金华火腿"、"孔府家酒"、"北京烤鸭"等。这种命名方法符合消费者求名、求特心理,可增加商品的名贵感和知名度,给人以货真价实、历史悠久、加工地道、具有独特地方风格的感觉。

4. 以人名命名

这是指以发明者、制造者或历史人物的名字来命名的方法。这种方法把特定的人和特定的商品联系起来,使消费者睹物思人,因人忆物,引发丰富联想,从而使商品在消费者心目中留下深刻的印象。如东坡肉、杜康酒、张小泉剪刀、中山装等。

5. 以商品的外形命名

这种方法能突出商品的优美造型，引起消费者的注意和兴趣，满足消费者的审美要求。同时，由于商品名称形象化，也能提高消费者的记忆效果。如蝙蝠衫、宝塔糖、黑木耳等。

6. 以商品的制作方法命名

这种方法多用于给某种独特或传统的制作工艺或研制过程的商品命名。如九制陈皮、二锅头酒、蜡染服装等。它能使消费者从名称中了解其独特的制作工艺，提高商品的威望，给人以货真价实、质量可靠的感觉。

7. 以商品的外文译音命名

这种方法多用于给进口商品命名。它能激发消费者的好奇心理，满足其求新、求变、求异的需要。如威士忌、可口可乐等。

8. 以吉祥、美好的词语命名

这种方法多以吉祥、喜庆、美好的词语命名，以强化消费者对商品的情感色彩，使其产生美好联想。如长寿面、健美裤等。

9. 以动植物名称命名

利用人们对某些动植物的喜爱、珍贵或敬仰之情，借以突出商品的优良品质，激发消费者的积极情感。比如熊猫电器、红豆制衣、袋鼠服饰、鳄鱼皮包等。

商品命名方法多种多样，在实际中还有许多方法，如以数字命名(555)、字母命名(VCD)、颜色命名、厂家命名、使用方法命名，等等。但无论何种命名，都要讲究艺术，掌握技巧，既要反映商品的特性，又要有强烈的感染力和诱惑力。这样，才能满足消费者心理需求、促进商品销售。

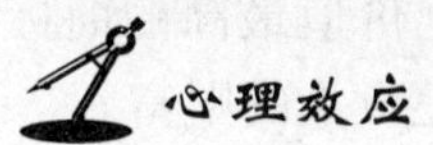

凡勃伦效应

把普通石头卖出50万高价。

一天，一位禅师为了启发他的徒弟，给他一块石头，让他去蔬菜市场叫卖。这块石头很大、很漂亮。在菜市场，许多人来看石头。但人们出价只是几个小硬币。

徒弟回来后，师父说："你去黄金市场看看。"从黄金市场回来，这个徒弟看上去很高兴，远远地看到师父就说："这些人太棒了，他们乐意出到1 000元。"

师父说："那你现在到珠宝市场那儿，低于50万元不要卖掉。"他去了珠宝商那儿。他简直不敢相信，有人乐意出5万元，他不愿卖，后不断加价：10万、20万、30万……最后，他真的以50万元的价格把这块石头卖掉了。

师父说："你看明白了？如果你不要更高的价钱，你就永远不会得到更高的价钱！"

我们常看到款式、皮质差不多的皮鞋，在普通的鞋店一双卖80元，进入大商场的柜台就要卖到几百元，却总有人愿意买。上万元的眼镜架、几十万元的纪念表、上百万的顶级钢琴……这些近乎"天价"的商品，放在市场中，竟然不断有人购买。其实，消费者购买这类商品的目的并不仅仅是获得直接的物质满足，更大程度上是获得心理上的满足。人们这种奇妙的心理现象就是"凡勃伦效应"。这是感性消费的巨大魅力。

9.2 商标设计与消费者心理

商品仅有名称是不够的，还不能有效地区分同类商品。只有同时使用商标，才能达到区分的目的。商标是区别不同商品生产者、经营者所生产、经营的商品的一种特定标志。它表示某种商品（或服务）的特性和质量，有时也代表了商品生产者和经营者在市场上的形象。商标一般用文字、图案或符号标注在商品、包装或广告上。商标一经国家有关部门注册后，便取得商标的专用权，并受国家的法律保护，任何人不得伪造和假冒。

商标按其本意只是代表某种商品或服务的商业标志，但在实际营销活动中，它沟通了企业与消费者之间的联系，在购、销双方的心理活动中产生重要的心理影响。现代企业资产构成中，商标已被公认是极其重要的无形资产。享有良好声誉的知名商标，其价值甚至远远超过企业的有形资产。比如世界上价值最高的商标"可口可乐"，价值360亿美元。所以，持有名牌商标等于拥有一笔巨大的财富。

9.2.1 商标的心理功能

商标是商品质量的标志，也是企业信誉的标志。它在很大程度上决定了消费者对商品品质和企业形象的认定，有效地影响着消费者的心理活动。因此，商标对消费者具有一定的心理功能。

1. 识别功能

商标是一种视听识别符号，是企业CI系统的重要组成部分。由于各个商标既具有鲜明的形象，又具有相对的稳定性。因此，它有助于消费者识别、记忆，并便于在同类商品中进行比较。消费者一旦有了使用和购买某商品的经验，就可以根据商标进行购买。

2. 传播功能

商标的形象鲜明而具体，能够通过视觉很快地把商品信息传导给消费者。一个设计出色的商标，如同广告一样，能起到宣传商品的作用，给消费者留下深刻的印象。所以，有人把商标称为"微型广告"。它不仅易感知，也易记忆，使消费者借商标回想商品的有关信息，进而加强对商品的记忆和传播。

3. 信誉功能

驰名商标代表了商品的质量和在市场上的信誉。消费者凭着良好的心理感觉，自然就会"认牌购物"，表现出惠顾的心理动机。另外，消费者通过选购信誉高的名牌商品，可以显示自己的身份和社会地位，从而获得心理上的满足。

4. 保障功能

因为商标一经注册，便受法律保护。消费者出于购物安全心理，一般选择有商标或名牌商标的商品，使产品有出处，质量有保证，一旦使用中出现问题，消费者可根据商标所提供的线索，能够得到有关的咨询、维修、零部件更换等服务，或索取赔偿，从而保护消费者的合法权益。

5. 情感功能

商标与商品名称一样，都刺激人的第二信号系统。商标的文字、图形及其象征意义和色彩，都能激发消费者的相应联想，表现出不同的情感，再通过心理的移情作用，进而表现为对商品的好感。所以，好的商标往往能激发消费者对商品的美好情感。

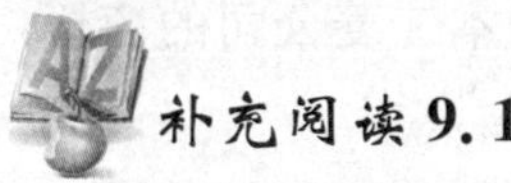

补充阅读9.1

商标保护的重要性

有些企业在开发出新产品后，不注重商标保护，结果给企业造成很大损失，教训十分深刻。这些现象主要表现在：

• 不注册商标

经过注册的品牌才成为商标，否则就没有商标专用权，得不到法律的保护。有些企业虽然给其产品起了名字，甚至创造了较有名气的牌子，但却没有去工商部门注册，如果这个名字被别人注册了的话，他就可以反过来告原企业侵权。这样的例子很多。

• 不注意国际注册

有的企业认为自己生产的产品不出口，就没有必要在国外注册，等到有一天其产品真的能走出国门的时候，才发现该产品已在某国被抢先注册了。也有的企业积极开拓国际市场，但却不注重商标的国际注册，或者根本没有意识到这个问题，结果使企业吃了大亏。当然，随着国际市场营销经验的积累，这样的问题肯定会越来越少。

• 不重视商标续注

注册的商标有一定的时效性，到期应重新注册，否则的话，就将被注销。比如，长沙中药一厂的"九芝堂"商标，从 1956 年就开始使用，在 1982 年有效期到期时，没有及时续注，被日本一家企业抢先注册，多年创出的名牌就这样落入他人之手，令人十分遗憾。

9.2.2 商标设计的基本原则

商标设计就是商标图案的构思和制作。商标的设计具有很大的灵活性，可以采用文字、符号、图形、字母、数字等多种表现形式和手续进行组合、设计。然而，精良的商标设计，必须考虑到商品的特色和消费者的心理，将丰富的信息浓缩于分寸之间，最大限度地发挥商标的视觉冲击力和感染力。为此，在商标设计中，应坚持以下基本原则：

1. 商标设计要简洁明快

心理学研究表明，人在一定时间内所接受的信息量是有限的。商标过于繁杂，往往不易辨认和记忆。因此，商标设计中的文字要简练、通俗，便于记忆；图案要单纯、醒目，易于理解；色彩要明快，给人一目了然的感觉。如日本三菱公司的商标，由三个菱形组成品字形图案，一眼就能认出。

2. 个性鲜明

商标是用于表达商品独特性质，并与竞争者产品相互区别的主要标志。为使消费者能从纷繁复杂的同类商品中迅速找到自己偏爱的品牌，商标设计一定要注意强调个性，富于特色，显示独有的风格和形象，切忌雷同和一般化。

3. 富有美感

商标设计必须根据美学原理，恰当地运用色彩、造型、图案、文字，使商标不仅简洁清晰，更要给消费者以美的感受，才能更好地吸引消费者的眼球。所以，设计商标时，应力求造型生动优美，线条明快流畅，色彩搭配和谐，富于艺术感染力，以满足消费者的求美心理。如“小天鹅”洗衣机以展翅欲飞的可爱小天鹅等形象作商标，美观大方，让人过目不忘。

4. 形意一致

形意一致，就是要使商标中的文字、图形标志与企业、产品形象保持一致，能使消费者视标知物，产生联想，保持对产品认知的整体性和一致性。如“奔驰”汽车商标，会使消费者联想到高档轿车的性能卓越，奔驰如飞。

5. 注重情感

商标要想能引起消费者注意，产生兴趣，商标设计就必须注重情感，富有情趣，充分调动消费者的美好联想。如江苏红豆制衣集团以“红豆”为商标，显示了情谊深重的浓厚感情色彩。

6. 尊重风俗

商标设计要遵从消费者的风俗习惯和文化传统，顺应不同国家、民族、宗教、地域消费者的心理习惯。这些风俗习惯反映在对动物、植物、色彩、图形、符号、数字、发音等事物上，不同社会文化环境下的消费者的理解是不相同的，要尽量避免忌讳，迎合需要。如日本人忌讳荷花、意大利忌菊花、法国忌孔雀等。

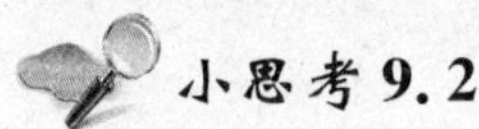

小思考 9.2

“金利来”领带商标的前身是“金狮”牌领带。因“金狮”在香港地方语言中的谐音是“尽输”，不吉利，故改名“金利来”。这种改变符合商标设计的什么原则？

答　符合尊重地域风俗的原则。

9.2.3　商标的组成及其心理特征

商品可以由文字、图案等组成，常见的形式有：

1. 由词组成的商标

这是最普遍的一种。其心理特征在于:让人根据词来产生联想,便于消费者识别、记忆。由词组成的商标可分为三种情况:

(1) 由有含义的词组成。这类商标有一定的象征意义,但要避免多家厂商采用同一词语作商标,或者同一词语商标用于不同产品,增强差别性,以避免相互混淆。

(2) 由无含义的创意性的词组成。这种商标不可模仿,差别性强。

(3) 由企业名称缩写而成。这种商标把企业与商品联系在一起,有利于企业整体形象的树立。

2. 由图形组成的商标

这也是较为普遍的一种。其心理特征在于:让人根据图形引起联想。此类商标不受语言限制,但不便于呼叫。具体可分为:

(1) 由有具体象征意义的图形组成。如“迎客松香烟”图案。

(2) 由有抽象象征意义的图形组成。如“小天鹅”图形。

3. 由拼音或外文字母组成的商标

这是一种通俗化的商标形式。其心理特征在于:以字母的韵味或象征意义激发人的联想与情感。如“Young or 雅戈尔”。

4. 由数字组成的商标

这类商标不大多见。在国外,一般不允许用数字作商标。其心理特征在于:简洁易记,不受语言限制,便于传播,有的数字商标还具有象征意义。如“555”、“999”等。

5. 由创制名牌商品的人名、肖像等组成的商标

这类商标不太多见。其心理特征在于:将商品与其创制者联系在一起,让人产生敬仰、信任感。由于名人效应,商品也容易记忆。如“傻子”瓜子的商标中就有年广久的肖像等。

6. 特定劳务标记的商标

这类商标用于提供劳务的航空、铁路、公路、旅游、餐饮等行业。其心理特征在于:有行业特色和自己的象征意义。

7. 其他形式的商标

比如，由词和图案组成、由字母和图案组成、由数字与图案组成、由词与数字组成等多种组合形式。随着社会的发展，商标形式不断创新。例如，有的企业以自己独特的商品造型、色彩、包装作商标；有的企业为防止假冒，在商品上打上特殊的印记、条形码、激光图像等，并以此作为商品商标等。

9.2.4 名牌战略的心理效果

在现代商战中，随着市场发育的高度成熟，企业之间的市场竞争日趋激烈，竞争的内容和方式也由传统的质量、价格、性能或服务等有形要素的单项竞争，上升为产品品牌、企业形象等无形要素为主的整体竞争。名牌作为企业产品形象及经济实力的集中体现和象征，已成为竞争中最具威力的新式武器；名牌战略亦成为企业谋求生存和发展，获取竞争优势的重要战略。纵观国内外商战，凡在同行业竞争中保持领先地位的企业，无一不具有自己的名牌产品。如饮料业的“可口可乐”、“百事可乐”；电脑业的“英特尔”、“IBM”；轿车业的“奔驰”、“劳斯莱斯”；彩色胶卷业的“柯达”、“富士”等，都因成为世界知名品牌而在市场上风光无限。近年来，随着社会主义市场经济的发展，通过激烈的竞争角逐，中国商品市场上一批名牌产品相继崛起，如“健力宝”、“娃哈哈”、“海尔”、“长虹”等，从而推动了中国企业跨入以名牌战略为导向的发展阶段。

1. 名牌的作用基础和构成要素

名牌是相对于一般品牌而言的，具有优秀品质，享有较高知名度和美誉度，拥有较高市场占有率的知名品牌。名牌实质上反映了一个商品品牌在质量、性质、款式、价格、服务、信誉等方面对消费者的满足程度。换言之，名牌之所以成为名牌，关键在于其能够最大限度地迎合和满足消费者的需要，得到广大消费者的普遍认同和赞许。因此，名牌的作用基础在于消费者的心理指向，其形成和发展是消费者以自身的购买行为“投票”选择的结果。正是在这一意义上，可以说，拥有名牌，就拥有了消费者。

纵观中外各种知名品牌，虽然产品性能、品质、用途各不相同，但都具有某些构成名牌不可或缺的基本要素。

1）名牌的品质

这是构成名牌的基础，没有一流的优秀品质为基石，就不可能发展成真正的名牌。例如，法国名酒“人头马 XO”，为了维护名牌的声誉，在制作过程中精益求精，丝毫不曾松懈。这种酒只选用优质葡萄为原料，其酿造采用两次蒸馏的工艺，而且只用较小的铜制蒸馏器与酒渣一起蒸馏，以使香气更加醇厚；在储存方法上也颇为严格，酒桶只以生长百年以上的橡树做原料，绝不允许使用钉子或橡胶，只用白藤捆扎。经若干年后，无色的酒变成诱人的琥珀色，才成为可以上市的“人头马 XO”。

但是，名牌的品质是一个动态的概念，对名牌来说，不存在“终身制”，真正的名牌必须经得起市场的经久考验。名牌产品只有不断创新，保持卓越品质，才能在市场上立于不败之地。

2）名牌的影响力

这是指名牌影响消费者购买心理与行为的深度和广度。名牌是消费者以购买行为投票的结果。一个产品品牌之所以成为名牌，应当在消费者心目中享有良好的声誉、形象，有较高的知名度和美誉度，在同类产品中具有明显的竞争优势，有强大、广泛且持久的市场影响力。而构成名牌影响力的，除优良品质这一基本要素外，还包括外观造型、商标、品名、包装装潢、广告宣传、促销服务等一系列营销要素的综合作用。

例如，“可口可乐”作为世界知名品牌，除独特配方和口感外，其成功还取决于其他多种因素。如细腰身的玻璃瓶包装具有一种与众不同的魅力；“可口可乐”的名称和译名响亮、上口、易记；无处不在的广告宣传令世人皆知；对体育、文艺及各种社会公益活动的积极参与，拉近了与公众的距离等。

3）名牌文化

从社会学角度看，商品是由品质、品韵和品德三种属性所构成的。商品的品质体现了商品的使用价值；品韵体现了商品的欣赏价值；而品德则体现了商品的伦理价值，这种伦理价值就是品牌的文化氛围。这种文化氛围或价值是名牌不可或缺的必备要素。一个为消费者广泛认同的名牌，必定在为社会提供优质产品的同时，创造或弘扬一种文化。这种文化在直接形态上表现为企业文化，如经营宗旨、企业精神、理念追求、风格风貌。而任何企业文化又必然以所在国家民族的文化为依托，从而使名牌在不同程度上体现和折射出特定社会文化的共有特征。例如，北京“同仁堂”，历经 300 余年，金字招牌仍熠熠生辉。其原因不仅在于它掌握了许多家传秘方，更重要的是它始终严格承袭“古训”，即“炮制虽烦，必不敢省人工；品位虽贵，必不敢减物力”。他们有着高尚的“药德”，将经商与做人融为一体，鲜明地体现了我国传统文化中道德价值高于商业价值的人格意识。

2. 创造名牌的心理基础

创造名牌，并非一蹴而就；维护知名品牌的声誉，也不是轻而易举的。其中需要很多必备的条件，包括产品品质、技术创新、经营规模、人员素质、企业组织等。

下面就主要条件加以分析。

1）优秀品质领先

优秀是名牌的基础。任何一个产品要成为名牌，首先必须具有质量优势。因此，有必要进行全方位的严格管理，从设计、制造、检验、销售到维修服务，建立全员参与的质量保证体系，使名牌的品质始终高于同类其他品牌。

2）公共关系造势

现代市场经济条件下，名牌形象的树立离不开公共关系和广告宣传。消费者是健忘的，只有加强公关造势，才能不断强化产品在消费者心目中的印象。比如"健力宝"，上市之初，即利用一切机会赞助体育运动，使其成为中国运动员参加各种世界比赛的专用饮料。在中国运动员创下斐然成绩的同时，"健力宝"也被誉为"中国魔水"而一举成名。

3）规模经营占领市场

名牌必须在扩张开拓中形成规模优势，赢得多数消费者的认可，否则，难以有效地占领市场。同时，规模经营有利于降低生产成本，在价格上赢得消费者。经常地，消费者往往因名牌的品质和品位而动心，但过于昂贵的价格会拉开名牌产品与大众消费者的距离。实际上，消费者在购买商品时，价格往往是最具决定性的因素。春兰集团在产品、销售、服务方面都采取了规模经营策略，从而在诸多名牌中以价格优势大面积地覆盖市场，成为我国最大的空调器生产基地。

4）引导树立名牌意识

没有一流的人才，就没有一流的产品。名牌是人设计出来的，是人制造出来的，所以，人才是名牌的决定性因素。企业领导者应树立名牌意识，并向全体员工灌输名牌观念，使每个人都意识到：企业生产的是名牌。企业所营造出的名牌气氛必然会影响消费者，在消费者心目中留下难以磨灭的名牌印象。

3. 利用名牌促进国产产品消费

中国的商品市场自对外开放以来，大量的外国商品相继涌入，其中很多是国际知名品牌。这些国际名牌占领了从饮食、化妆品到家电、汽车等各种各样的消费品市场，带走了一大批消费者，使中国的民族工业受到很大威胁。

从产品质量上看，不少国产商品与世界名牌的差距并非特别悬殊，而且这一差距正在日益缩小。重要的问题是，国内企业的名牌意识远远落后于国外企业，而且在国外名牌的强大宣传和促销攻势面前，许多国内企业因缺乏雄厚的财力支持而无力抗争。而当今消费者由广告牵引而尝试，进而认同某一产品的现象日益普遍，这使得越来越多的国内消费者成为国际名牌的追随者和使用者。为了夺回失去的市场，创造中国的名牌已刻不容缓。在创造产品品牌的时候，我们主要应该考虑以下几个方面：

1）加强商标意识，强化消费者对名牌的认知

消费者选择购买商品常常依据自己所熟知的商标，因此，商标是树立名牌的重要环节。但长期的计划经济模式，使中国大多数企业缺乏商标意识。没有商标，消费者无法对商品形成明确的标志认知，树立名牌也就无从谈起。

此外，中国知名商标在国外被抢注的情况也时有所见，多年来精心培育出的名牌成了"为他人作嫁衣"。例如，"青岛"啤酒在美国；"凤凰"自行车在印度尼西亚；"阿诗玛"烟在菲律宾；"全聚德"烤鸭在韩国；"狗不理"包子和"同仁堂"中成药在日本，均遭到商标被抢注的厄运。消费者购买商品时，往往只认商标，而不太注意生产地。一旦商标被抢注，中国企业无论是更换商标，还是买回商标，都将是一个痛苦的选择。因此，保护自己的商标，维护商标所拥有的声誉，是企业必须高度重视的一个问题。

2）创造大众化名牌，扩大名牌的消费者群

名牌不等于高档，各个档次的商品都可以有名牌。不同档次的名牌对应于不同层次的消费者群。以中国目前大多数消费者的收入水平而言，名牌发展中单纯追求"贵族化"的倾向，只能令多数消费者望名兴叹。因此，创造出适合普通大众的平民化名牌，将会吸引更多的消费者。比如，"雕牌"洗衣粉，就受到大众消费者的欢迎。便宜的价格并不一定妨碍名牌的声望。将名牌与高价挂钩的观念，是企业创造名牌过程中对消费者心理的一种误解。创造不同档次的名牌，是目前中国市场的一个可行策略。

3）利用法律技术手段对抗仿冒名牌产品

仿冒产品是对名牌的最大威胁。消费者如果买到仿冒产品而不明真相，就会对该名牌失去信任。商界人士都有一个共识：一个品牌一旦倒了，要东山再起难似登天。为了维护名牌在消费者心目中的形象，企业必须采取措施保护自己的产品。例如，在包装上加防伪标记，不断改良创新产品；同时，还要借助法律武器来维护自己的利益。

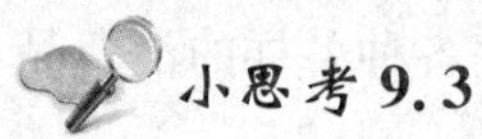

小思考 9.3

说出几种国产名牌的名称。你认为我国名牌产品是多还是少？

答 华为、海尔、TCL、联想、雅戈尔等。我国名牌产品和发达国家相比太少了，需要大力发展。

9.3 产品包装与消费心理

产品包装，泛指一切用于包裹、盛装、束缚和保护商品的容器或包扎物，以及用于装饰商品的装饰物。它是商品的重要组成部分。在现代市场营销观念中，商品包装不仅是承载、储存和保护商品的重要工具，而且是美化商品、宣传推销商品的重要手段。商品包装的优劣对消费者的购买行为起着越来越大的影响，有时甚至起到决定性的作用。

9.3.1 产品包装的心理功能

1. 识别功能

包装是商品的外衣，它给消费者留下第一印象。一个设计精良、独具特色的商品包装，会在众多商品中脱颖而出，以其独特的魅力吸引消费者的注意，以区别于其他同类产品，便于消费者辨认，节省选择商品的时间；同时，也有利于消费者回忆和再认。

2. 便利功能

商品包装牢固、结实，安全可靠，既可以有效地保护商品，又便于储存。有的包装开启方便，有提、拉、拽等装置，便于消费者购买、携带和使用。包装上的有关产品成分和使用说明，可指导消费者合理选择和正确使用。

3. 广告功能

商品包装上一般都有商品的有关信息，包括产品的种类、规格、产地、型号以及厂家、地址等。包装成为这些信息的载体，起到了微型广告的作用。并对消费者的购买活动有引导和推动作用，成为“无声的推销员”。

4. 美化功能

构思独特、设计精良、富于艺术感染力的商品包装，会让消费者赏心悦目，得到美的享受。而消费者在对商品包装的审美过程中，由于心理移情作用的影响，往往借包装来思忖商品，引起消费者对商品的好感，进而激发起购买欲望。

5. 增值功能

良好的包装能赋予商品一种特殊的象征，建立商品的高贵形象，提高商品在消费者心目中的身价，使消费者的自尊、社交心理得到满足。营销心理学家发现，在很多情况下，商品的包装可以影响消费者对商品内在质量的判断，并对好的包装的商品愿意付出较高的价钱。

6. 联想功能

好的商品包装能使消费者产生丰富的想象和美好的联想，从而加深对商品的好感，优化消费者的购买情绪。例如，“雪碧”饮料以绿色瓶装，配以白色浪花的图案，可以使消费者产生凉爽怡人的感觉。此外，商品包装高雅华贵，可以大大提高商品档次，满足消费者的自我表现心理。

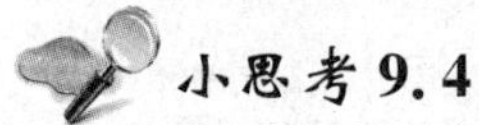

小思考 9.4

中国古代“买椟还珠”的故事，让我们有何启发？

答 “买椟”而“还珠”，“椟”是包装物，“珠”是商品。这个典故告诉我们：好的产品包装能吸引人们购买，人们对包装物的关注甚至超出了对商品本身的关注。

9.3.2 产品包装的形式及其心理特征

1. 系列式包装

是指企业对其生产的各种品质相近的产品采用相同或相似的包装，给消费者一个统一的印象。其心理特征在于：强化消费者对产品系列的认识，促进其对系列产品的连带购买；也有利于消费者通过产品形象加深对企业形象的认识。

2. 连带(配套)式包装

就是把使用时相互关联的几种商品包装在一起，一同出售。其心理特征在于：给消费者便利感和整体感，同时也有利于带动多种产品销售。例如，家电药箱，生活五金用具、文房四宝、盒装点心等。这种包装多适用于小商品。

3. 分量式包装

就是根据消费者在不同时间、地点和使用习惯，采用重量(分量)大小不同的包装。比如瑞士出口的“雀巢”咖啡，有大号包装，也有4盎司、9盎司一包的小包装，方便不同人士选用。也有一些价格昂贵的商品用小包装，给人以便宜感。

4. 等级式包装

为了区别不同商品的不同质量，按其质量等级采用相应包装。其心理特征是：满足不同需求层次的消费者需求，区分商品档次。比如，某些生活用品就有精装、简装、散装之分。

5. 多重用途包装

是指原包装的产品用完后，其包装容器可作他用。例如，装咖啡、酱菜、饮料的瓶子可作茶杯用，装衣服的袋子可作手提袋等。这种包装一方面可引起顾客的购买兴趣，有一物多用的便宜、节约感；另一方面，还能使刻有商标的容器或包装发挥广告宣传作用，吸引顾客重复购买。

6. 附赠品包装

就是在包装物内装有赠品或奖券。这是市场上比较流行的包装形式，有较强的促销作用，它会给消费者便宜感、机会感，容易激发消费者的兴趣，产生惠顾心理。如儿童食品或玩具中赠送连环画或趣味小玩具，酒类包装盒中赠送打火机等。

7. 开窗式包装

是指在包装物上留有透明“窗口”，让消费者透过“窗口”来直接感知商品。其心理特征在于：直接让消费者体会、感知商品的质感，消除消费者的疑虑。此外，还有全透明式的包装，能看见部分或全部内部商品的实际形态，透视商品的色彩、质地，使顾客放心地选购。比如衬衫的包装等。

8. 简易包装

这是一种低成本、设计简单的包装形式，以满足消费者追求经济实惠、价格低廉的心理要求。如青岛生产的一种“钙奶饼干”以单层纸作为包装，并配以“省钱省在包装上”的广告宣传，迎合了众多讲求实惠、生活节俭的消费者的青睐。

9. 名贵式包装

是指对名贵商品的包装，其包装设计精良，质地考究，并具有一定的艺术价值。常见于名贵的药材、文物、工艺品、金银珠宝、高档服装等。其心理特征在于：给消费者一种高档、华贵之感。

10. 礼品式包装

如果商品多被用于送礼，则外包装要精美考究，装饰华丽，富有欢乐色彩，而且包装物较大，给人以拿着体面的心理感觉。其心理特征在于：增添节日气氛，满足人们交往、礼仪之需要。

11. 情趣式包装

是指追求包装造型、色彩、图案的艺术感。通过包装的造型、色彩等来赋予商品一定的象征意义。其心理特征在于：易于激发消费者的联想与情感。

12. 错觉式包装

即利用人们的视觉错觉规律进行合理的包装。例如，两个容量相同的饮料包装，扁形的看起来比圆形的大些、多些；笨重的物体用浅淡色的包装会显得轻巧等。

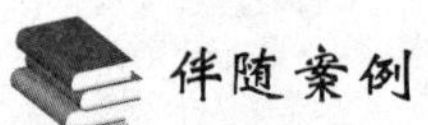

伴随案例

金龙鱼——就是小包装食用油

益海嘉里是丰益国际在华投资的全资子公司，是世界知名的小包装油生产商之一。1990 年，嘉里粮油投资的第一家油脂生产厂——南海油脂工业（赤湾）有限公司正式投产，成为中国第一家大规模生产精炼油脂和小包装油脂的企业，开创了中国小包装食用油的先河。此后不久，北京、广州、上海就出现了著名品牌“金龙鱼”。

1993 年，中国取消了平价油政策，使得一些食用油价格暴涨。金龙鱼抓住了这个历史机遇，不惜血本抢占市场，其价格甚至低于散装油价。这个策略赢得了消费者的广泛认同——金龙鱼就是小包装食用油，小包装食用油就是金龙鱼。

分析启示 顺应消费者消费观念的变化，利用“小包装”打开了市场，开创了中国食用油“小包装”时代的典范。

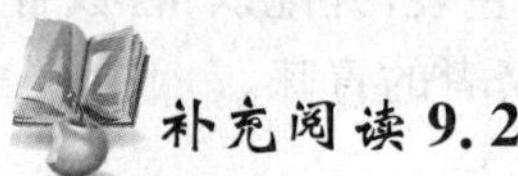

补充阅读 9.2

商品包装新潮流——“绿色包装”

20 世纪 90 年代，以“保护环境，崇尚自然”为宗旨的绿色消费浪潮声势渐高。绿色经济、绿色产业、绿色消费……风起云涌，席卷全球。与此同时，使用小巧、简易、不破坏环境、易于回收再生的“绿色包装”，正在成为世界商品包装的新潮流。

"绿色包装"是指无毒、无污染,具有环保功能,可以回收综合利用的包装。在绿色包装革命中,不仅对包装废弃物的处理方式有全新的变革,也使得包装材料的安全性、包装标准、包装的转换、包装的再创等许多方式都面临新的挑战。由于包装问题造成的环境污染十分严重,治理污染的代价也大得惊人。因此,许多国家纷纷立法,把推行"绿色包装"作为头等大事。

目前,全球很多厂商采取浓缩产品散装销售的方式,赋予"绿色包装"更彻底的含义。目前,在市场上颇受欢迎的绿色包装有:新型纸包装、降解塑料包装和生物包装材料等。另据海外媒体报道,美国蒙桑化工公司和英国某大学的科学家正在研究开发一种会长塑料的欧洲油菜,它能生长出塑料聚合物,可以用来做与普通塑料一样的产品。这种植物塑料的最大特点是能进行分解,把它埋入地下,6个月就会被分解成碳化物和水,是理想的环保用品。但目前要达到商业开发的程度,还需时日。

9.3.3　产品包装设计的心理策略

产品的包装设计,面对品种繁多、各具特色的商品,无论采用什么材料、什么形式,都要注意包装设计如何能满足消费者心理需要,产生更好的心理效果,即要注重包装设计的心理策略。

1. 突出个性,先入为主

消费者购买商品时最先感知的是商品的包装。包装只有引人注目,才能在众多的商品中为消费者所注意。要使包装的形象突出,须在商品包装的造型、色彩、使用材料、图案等方面做到与众不同、独树一帜,给人以过目不忘的感觉。

2. 综合、全面,功能多样

现代商品包装有个明显的趋向,就是将商品包装的保护作用、便利作用、促销作用融为一体。使包装功能多样化,既能保护商品,又便于携带、保管、使用,并将商品有关内容告之于消费者,使消费者从包装上对商品有一个全面的认识。

3. 诱发美好联想

产品包装的造型、色彩、图案、线条等都能引起消费者的相应联想,不同的消费者由于文化、民族、地域、年龄、性别、收入等的不同,对同一事物的理解也不相同,会产生不同的联想。因此,产品包装装潢的每一项设计,都应全面考虑目标市场的各种因素,力求使包装设计产生积极、健康、美好的联想,符合消费者的个性特征和良好愿望。例如，食品包装上写有“新鲜”、“优质”、“脆”等突出字样，可诱发、增进食欲的联想；儿童用品宜采用动植物、卡通、传说人物做包装图案等。

4. 激发情趣

商品包装设计还要富有情感，设法调动消费者的积极情绪。比如浪漫的闲仙游客，传奇的敦煌飞天，古朴的龙宫探宝，嫦娥奔月等科学幻想，在商品包装中应有尽有。成功的包装设计，或造型，或图案，或文字各具情态，利用画、拍、雕等各种方法，加之赤、橙、黄、绿等丰富的色彩，构成一个千姿百态、五光十色的商品包装世界，使人情趣昂然，流连忘返。

5. 富有时代性

在消费者购买活动中，求新、求变的心理最具代表性。在这种心理支配下的购买行为不仅要求商品的性能、特点具有时代感、新鲜感，对商品包装的现代化要求也十分强烈。因此，商品包装设计无论在材料研制、制作工艺、装潢造型等方面，都必须充分利用现代科技手段，采用现代制作工艺，赋予包装以浓厚的时代特色。

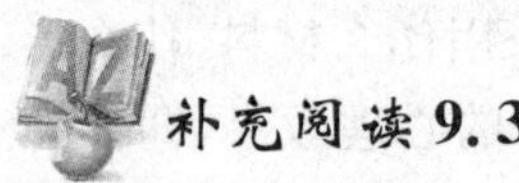

补充阅读9.3

重新包装的莲花茶具

莲花茶具，原包装是瓦楞纸箱，让人感到其质量低下，又看不出里面是什么。因此，尽管售价很低，仍无人问津。伦敦一家百货店则为这套茶具加制了一个精美的包装，并在上面印有实物彩照套在原包装上，这样售价由原来的1英镑提为9英镑，购买者还比原来增加了很多。

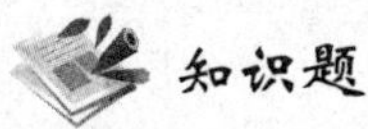

知识题

1. 产品命名有哪些心理功能？命名的原则有哪些？
2. 试举例说明产品命名的主要方法，并说出几个你认为最好听、最喜欢的名字。
3. 什么是商标？它有哪些心理功能？
4. 举几个著名商标实例，分析它们的特定含义。
5. 什么是名牌？它有哪些构成要素？
6. 企业为什么要创立名牌？我国的名牌战略现状如何？应怎样改进？
7. 产品包装有哪些心理功能？举例说明包装的主要形式。
8. 过去有人说：我国出口的产品是“一流质量、二流包装、三流价格”。对此，你有何启发?

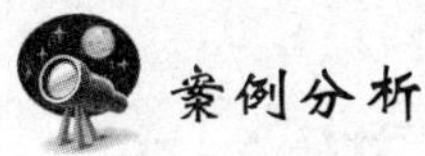

案例分析

给汽车起个好名字

汽车制造厂家都想为生产的汽车起个好名字。美妙的商标名称能取悦用户,打开销路。

德国大众汽车公司的桑塔纳高级轿车,是取"旋风"之美喻而得名的。桑塔纳原是美国加利福尼亚一座山谷的名称,该地因生产名贵的葡萄酒而闻名于世。在山谷中,还经常刮起一股强劲的旋风,当地人称这种旋风为"桑塔纳"。该公司决定以"桑塔纳"为新型轿车命名,希望它能像桑塔纳——旋风一样风靡全球,结果好名字带来了好销路。

汽车的商标名称也有因疏忽而受到"冷遇"的,往往使其销路大减。20世纪60年代中期,美国通用汽车公司向墨西哥推出新设计的汽车,名为"雪佛莱诺瓦",结果销路极差。后来经调查发现,"诺瓦"这个读音,在西班牙语中是"走不动"的意思。又如,福特公司曾有一种命名为"艾特塞尔"的中型客车问世,但销路不畅,原因是车名与当地一种伤风镇咳药(艾特塞尔)读音相似,给人一种"此车有病"之感,因此问津者甚少。

问题

1. 上述案例反映"好名字"能给消费者带来什么心理反映?
2. 举几个"好名字"的商品,并分析它的心理效应。

实践训练

列举生活中的知名品牌、漂亮的包装、好听的名字的若干产品,并分析它们的心理影响作用。

第 10 章　产品价格与消费者购买心理

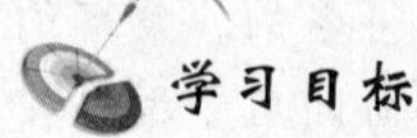

1. 认识产品定价的心理功能及影响价格的社会心理因素；
2. 明确消费者的价格心理特征；
3. 掌握价格制定的心理策略；
4. 了解价格调整的心理策略。

占便宜心理

有这样一个故事：

古时候，有一个卖衣服和布匹的店铺，铺里有一件珍贵的貂皮大衣，因为价格太高，一直卖不出去。后来，店里来了一个新伙计，他说他能够在一天之内把这件貂皮大衣卖出去，掌柜的不信，因为衣服在店里挂了一两个月，人们只是问问价钱就摇摇头走了，怎么可能在一天时间里卖出去。为此，掌柜的还和小伙计打了个赌，说要是他能在三天之内以原价卖出这件衣服，每月就多给伙计加一两银子的工钱，卖不出去就每月扣一两工钱。

伙计答应了。但是伙计要求掌柜的要配合他的安排。掌柜的也答应了。伙计要求不管谁问这件貂皮大衣卖多少钱的时候，一定要说是五百两，而其实它的原价只有三百两。

二人商量好以后，第二天清早，就开始张罗生意了。伙计在前面打点，掌柜的在后堂算账。一上午基本没有什么人来。下午的时候店里进来一位妇人，在店里转了一圈后，看好了那件卖不出去的貂皮大衣，她问伙计："这衣服多少钱啊？"

伙计假装没有听见，只顾忙自己的，妇人加大嗓门又问了一遍，伙计才反应过来。

他对妇人说："不好意思，我是新来的，耳朵有点不好使，这件衣服的价钱我也不知道，我先问一下掌柜的。"

说完就冲着后堂大喊："掌柜的,那件貂皮大衣多少钱?"

掌柜的回答说："五百两!"

"多少钱?"伙计又问了一遍。

"五百两!"

声音很大,妇人听得真真切切,心里觉得太贵,不准备买了。而这时伙计憨厚地对妇人说："掌柜的说三百两!"

妇人一听顿时欣喜,肯定是小伙计听错了,自己可以省下二百两银子就买到这件衣服,于是心花怒放,又害怕掌柜的出来就不卖给她了,于是付过钱以后匆匆地离开了。就这样,伙计很轻松地把挂了很久都卖不出去的貂皮大衣按照原价卖了出去,自己的工钱也得到了提升。

分析启示　引例中的店伙计就是使用价格的悬殊对比并利用贵夫人占便宜的心理成功地把衣服卖了出去。其实,在很多世界顶尖的销售员的成功法则中,利用价格的悬殊对比来俘获消费者的心理是一种常用的方法。他们先是在消费者的心里设置一个较高的价位,然后再以一个比原来低得多的价格作对比,让消费者觉得很实惠,占了一个大便宜,于是就很容易决定购买。很多企业在节假日打折、优惠、特卖,也是运用了这个心理技巧。

产品价格是企业市场营销组合的一个重要因素,也是消费者最为关心的一个问题。在市场经济中,价格体现了买卖双方的经济利益,是生产者、经营者和消费者关心的焦点。同时,价格问题又是一个最复杂的经济现象。它受多种因素制约,又作用于社会经济各个方面,它像一只看不见的手,通过涨跌波动,无形地指挥着生产者、经营者和消费者的行为。

从营销心理的角度分析,价格直接影响,甚至决定着消费者的购买心理和购买行为。消费者在购买商品的过程中,一方面要看商品质量的优劣,另一方面还要权衡价格的高低。追求"价廉物美"是消费者最基本、最普遍的心理规律。消费者对价格最敏感,在市场营销组合策略中,价格策略最直接、最有效。因此,企业生产者、经营者认真掌握价格的心理特征,深入研究价格对消费者购买心理的影响,对合理制定产品价格、迎合消费者心理需要、促进产品销售有着非常重要的意义。

10.1 产品价格的心理功能

10.1.1 产品价格的定义

产品价格是与商品生产、商品交换密切联系的概念，是商品经济发展到一定历史阶段的产物。产品价格是商品价值的货币表现，是商品与货币相交换的量的比例。它包括质和量两方面的规定性：价格的质就是价值，价格的量就是商品同货币的交换比例。

价格是价值的货币表现，它高度概括了价格的本质，说明了价值、货币、价格三者内在的、本质的联系。价值是实体，是内容；货币是表现价值的尺度；价格则是以货币表现的价值的外在表现形式。

从市场经济条件和营销环境上进一步分析，价格相对价值有它的独立性。表现在：

(1) 价格是一种从属于价值并由价值所决定的经济形式。价格和价值是形式和内容、现象和本质的关系。价值应反映社会劳动耗费，表现价值量，价格的形成必须以价值或其转化形态(生产价格)为基础。价值变动是价格变动内在的、支配性因素，是价格形成的基础。

(2) 价格体现了商品与货币的等价关系，是商品与货币交换比例的指数。货币是一种特殊商品，它之所以能充当一般等价物，是因为它本身也具有价值。所以，价格的变动不仅取决于价值的变动，还取决于货币价值的变动。因而，货币价值的变动也会引起价格的涨落。

(3) 价格有偏离价值的可能性。由于价格是价值的外在表现，是动态现象。它不可能在任何时候都原原本本、百分百地忠实于价值。价格和价值在量上的差别，或者说，价格偏离价值的可能性已包含在价格形式之中。在市场经济条件下，由于市场环境的影响，供求经常出现不平衡，加之消费者心理变化的影响，价格和价值在量上的不一致性会经常地出现，价格经常地围绕价值上下波动(见图10.1)。当然，这种不一致或偏离不可能是任意的、长期的、大幅度的，它还要受价值规律的支配和制约。从总趋势看，价格仍然要与价值相一致，价格的独立性是相对的。

(4) 价格比价值更能反映人与人之间的关系和社会经济、心理特征。价格是交换价值在流通中的转化形式，这就决定了价格不仅反映劳动耗费，还体现着交换关系，体现着生产者、经营者和消费者各方面经济利益的分配。价格背后隐藏着各种复杂的经济关系和心理因素。

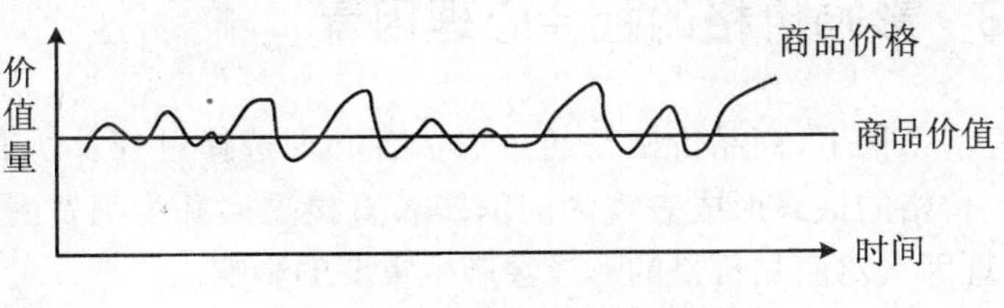

图 10.1 价值与价格关系图

10.1.2 影响产品定价的主要因素

1. 商品价值量是产品定价的基础

如前所述，价值是价格形成的基础。但价值是个抽象的东西，在现实中，衡量价格高低的是商品价值的量。商品价值量是由生产商品所耗费的社会必要劳动时间的多少确定的。生产商品所耗费的社会必要劳动时间越多，商品价值量就越大，价格就越高；相反，价格就越低。

2. 商品供求关系对价格的影响

在现实购买行为中，价值只是现实价格形成的基础，但不能直接决定现实价格本身。直接影响现实市场价格高低变化的则是商品供求关系。商品供求规律告诉我们，当商品供给量超过消费需求量时，价格就呈下跌趋势；当商品供给量低于消费需求量时，价格就呈上升趋势；当供给量与需求量基本平衡时，市场价格才是均衡价格。在市场经济条件下，供求关系对价格的影响是最直接、最外在，也是最明显的。

3. 市场竞争对价格的影响

竞争是市场经济的重要机制。市场竞争，广泛存在于生产者、经营者和消费者各个方面。而每一方面的竞争都会对市场商品价格产生影响，都有可能是价格的争夺。在充分竞争的市场条件下，竞争对企业定价有较大的影响和限制作用。一个企业在决定其产品价格时，很大程度上取决于生产者与消费者竞争的强度。从生产者角度分析，生产该产品的企业数量、产品质量、企业规模，他们各自采取的市场营销策略等都直接影响该企业对其产品价格的决策。从消费者角度分析，消费者对产品的认知程度、需求迫切性、价格心理标准及消费偏好等同样对企业的价格决策有重要影响。

10.1.3 影响价格的社会心理因素

在市场经济条件下，商品价格是通过消费者心理选择过程及所表现的购买行为来实现的。价格的最终形成表现为同消费者直接见面并为消费者接受的价格。所以，社会心理因素对商品价格的形成会产生重要的影响。

1. 价格预期心理

价格预期心理，是指在经济运行过程中，消费者群体或个人对未来一定时期某种产品的价格水平变动趋势和变动幅度的一种心理估测。从某种程度上说，是消费者心理愿意接受的价格水平。从总体上看，这是一种主观推测，它是以现有社会经济状况和价格水平为前提的主观推断和臆想。然而，这种推断和臆想如果形成一种消费者群体的价格预期心理，就会影响和左右人们的购买行为。

2. 价格攀比心理

攀比心理是人们在社会生活中普遍存在的一种心理倾向。价格攀比心理常表现为不同消费者之间的攀比和生产经营者之间的攀比。消费者之间的攀比心理会导致抢购、超前消费，乃至诱发和加重消费膨胀态势，成为推动产品价格上涨的重要因素。拍卖市场中的竞相抬价就是这种心理的明显反应。生产经营者之间由于竞争使然出现的价格攀比会直接导致价格的盲目涨跌，进而冲击消费正常时期的消费心理判断，使市场出现突然的盲目波动。

3. 价格观望心理

价格观望心理，是指对价格水平变动趋势和变动量的观察、等待，以期达到自己希望达到的水平后，再采取购买行为。价格观望心理是价格预期心理的一种表现形式，是以主观臆断为基础的心理活动。它一般产生于市场行为比较活跃时期，消费者往往根据自身的生活经验和自我判断及社会群体的行为表现来确定等待、观望的时间。比如，市场上曾经出现的彩电、空调价格大战，厂家竞相降价，而消费者购买并不积极，反而采取观望态度，持币待购，期望价格再降。因此，企业在实施竞争性价格策略时，要充分考虑消费者的观望心理，否则会得不偿失。

10.1.4 产品定价的心理功能

产品定价的心理功能，是指顾客购买商品活动时，在价格问题上的一般心理活动,即顾客的价格心理。价格心理是顾客购买心理的组成部分。在现实经济生活中,由于人的个性心理的影响,顾客对价格的认识程度不同,因而价格的心理功能也存在明显差异。一般来讲,价格的心理功能主要有:

1. 衡量商品价值和品质的心理功能

价值是商品价格形成的基础,价格总是围绕价值上下波动。一般情况下,人们在购买活动中总是自觉或不自觉地把商品价格与其价值、品质相联系,把价格作为衡量价值大小、品质高低的标志。所谓“一分钱,一分货”,“好货不便宜,便宜没好货”,就是这种心理功能的现实表现。

这种心理功能对消费者购买行为的影响是相当普遍的。这就是为什么市场上有的商品削价处理,甚至幅度很大,消费者却顾虑重重,光顾者了了,而有的商品价格很高,销路却很好的原因。

2. 自我意识比拟的心理功能

自我意识比拟,是指购买者把商品价格自觉同自我意识相比拟产生的心理作用。消费者在购买活动中,通过联想或想象,把商品价格与个人的情感、欲望、偏好、身份、地位等结合起来,通过这种比拟来满足其社会心理和自尊心理的需要。

价格的自我意识比拟的主要形式有:

(1) 社会经济地位比拟。在现实生活中,有些消费者只到高档精品屋、专卖店、大型百货店购买“名、优、特、新”产品或进口产品,而对低档、廉价产品不屑一顾,以显示自己的社会地位和经济地位,获得一种心理上的满足。相反,另一些消费者喜欢专门到廉价商场、大众商店或低价批发超市去购买廉价商品、过季降价品或削价处理品,而对高档的商品或商店敬而远之,同样也能获得心理上的满足。

(2) 文化修养比拟。有些消费者尽管文化水平不高,对艺术缺乏鉴赏力,但为了附属风雅,也会花费重金去购买各种书籍、名人字画来装点门面,显示自己的文化修养,以得到心理上的慰藉和平衡。

(3) 生活情趣比拟。有些消费者不懂音乐,缺乏音乐素养,也会买架钢琴或购买高档音响摆在家中,以显示自己兴趣高雅和经济丰裕,获得心理上的满足。

3. 调节消费需求的心理功能

在购买活动中,价格往往是消费者购买行为的“催化剂”或“抑制剂”。从价格与供求关系的一般规律分析,当商品价格上涨时,消费需求量会减少;当价格下降时,消费需求量会增加。同时,价格对需求量的影响,不同的商品是不一样的,这要取决于各种商品的需求价格弹性。

商品价格对消费需求量的影响主要表现在两个方面：一方面，是我们所说的需求定律，即价格上涨，需求量减少；反之，则增加。另一方面，价格的变动可能使需求量向着同方向变动。比如，当某种商品价格上涨时，人们出于购买的紧张心理，认为价格还要涨，反而刺激其购买；相反，当某种商品价格下降时，人们出于期待、观望心理，认为价格有可能再降，反而抑制其购买行为。这就是人们常见的“买涨不买落”的价格心理。

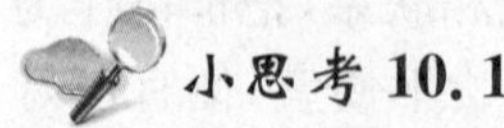

小思考 10.1

价格以价值为基础，但市场上为什么有的价格远远高于其价值？

答 价格虽以价值为基础，但它还要受市场供求关系、货币价值量、消费者心理等多种因素的影响，存在着经常背离价值的可能性。

10.2 消费者的价格心理与价格判断

消费者的价格心理，是指消费者在购买过程中对价格刺激的各种心理反应及其表现。它既反映出顾客对价格的知觉程度，又反映顾客的个性心理；既受消费者主观因素的影响，也受某些客观因素的制约。

10.2.1 消费者的价格心理特征

1. 习惯性心理

习惯性心理，是指顾客在长期多次购买某一商品时，通过对商品价格的反复感知而逐步形成的习惯性的价格心理。这种习惯心理一旦形成，就会产生一定的心理定势而不会轻易改变，并会对其购买行为产生直接的影响。一般来讲，消费者很难对商品价格制定的客观标准有正确的了解。因此，大多情况下，消费者对价格的认知，只能根据他们反复多次的购买体验来获得。特别是那些经常购买的日用消费品，由于长期购买，逐步在脑海中形成对该种商品价格的习惯，并以此作为衡量该商品价格的一个心理尺度。如果该商品价格在这个尺度内，即被认为是合理的，可接受的；反之，则被认为是不合理的而拒绝接受。

消费者的价格习惯心理一旦形成是较难改变的。当然，这种习惯心理也不是一成不变的。如果有新的价格不断冲击，打破原有的习惯价格，经过一段时间的适应，会形成新的习惯价格。因此，企业经营者在对某些习惯价格进行价格调整时，要十分慎重，尽量控制在消费者可接受的范围内。

2. 敏感性心理

敏感性心理，是指消费者在购买商品时对价格变动在心理上的反应程度和速度。比如，企业在调价时，有些商品尽管价格变动幅度较大，顾客反应却并不强烈，而有些商品价格调整幅度很小，顾客却有较强而普遍的反映。这就是顾客对不同商品价格变动的敏感性不同造成的。

一般来讲，价格的敏感性与顾客购买频率密切相关。研究表明，顾客对那些购买频率较高的日常生活用品，如食品、油、盐、蔬菜等，价格变动异常敏感；而对那些高档耐用消费品，如彩电、冰箱、钢琴等价格的变动反应迟钝，即使价格变动数百元，也不会引起广大消费者的强烈反应。

3. 倾向性心理

倾向性心理，是指消费者在购买过程中，对商品价格选择所表现出来的倾向。在商品销售活动中，同类商品因产地、厂家、质量、品牌、包装等方面的不同，而存在高、中、低不等的价格。由于消费者的社会地位、经济收入、文化水平、个性特征和消费观等方面的不同，在购买商品时，对不同价格的商品有着不同的购买倾向。现阶段，我国消费者的消费心理呈现出多元化特征。既有追求商品款式新颖、功能先进、高档名贵的高价心理倾向；也有讲究经济实惠、价格低廉的低价心理倾向；还有介于二者之间的要求商品功能适用、价格适中的中价心理倾向。

4. 感受性心理

价格的感受性，是指消费者对商品价格高低及其变动的感知程度。它表现为通过某种形式的比较所形成的价格差距对消费者形成刺激的一种感知心理。顾客对价格的高与低、贵与贱的感知和判断都是相对的，是根据同类商品价格进行比较，或购买现场柜台中不同类商品价格的比较来认识的。比较结果的差异大小，形成了对价格高低的不同感受。比如，七八十元一件的衬衫，若放在精品店与百元及以上的衬衫放在一起时，则显得低档、最便宜，而在普通商店与三五十元一件的衬衫放在一个柜台中，则显得最高档。消费者会根据不同的场景对同一商品的价格有不同的感受。

小思考 10.2

产品价格并非越低越好，有时高价也能吸引消费者购买。对吗？

答 对的。因为价格具有衡量价值的心理功能，高价有时给人以高品质的象征。

10.2.2 消费者判断价格的三种途径

消费者判断一种商品价格的高低，通常有三种途径：

(1) 与市场上的同类商品的价格进行比较。这是普遍使用的、最简单的一种判断方法。

(2) 与同一售货现场中的不同商品的价格进行比较。如上例所述：70～80 元一件的衬衫放在不同商店柜台中，由于价格的衬托背景不同，而产生贵贱不同的反映。

(3) 通过商品自身的外观、重量、包装、品牌、产地等进行比较。例如，是否名牌，商品包装是否精美、高档，色彩、款式、质地是否精良等，都会使消费者产生不同的价格判断。

10.3 价格制定的心理策略

价格制定策略是企业营销组合策略之一。企业能否制定科学、合理的价格，不仅关系到企业的切身经济利益，更关系到企业产品能否成功地打开市场，并在竞争中占有有利地位。企业定价本身有许多具体的方法和策略，但为使价格制定既能为企业带来更好的经济效益，又能使消费者满意，就必须充分考虑消费的价格心理，制定出让消费者乐于接受的价格来迎合消费者的心理需要，为企业营销服务。这便是定价的心理策略。

10.3.1 新产品定价的心理策略

新产品投入市场，为引起消费者的注意常用的策略有：取脂定价策略、渗透定价策略和反向定价策略等。

1. 取脂定价策略

取脂定价策略又称高价速取策略。它一般是在新产品进入市场初期时所采用的。因为新产品刚进入市场时,需求价格弹性小,竞争对手少,企业有意识地将产品价格定得偏高,以便使企业在短期内收回投资成本,并获得丰厚的利润,然后再根据市场供求状况,逐步降低价格,赚头蚀尾。这种定价策略犹如从牛奶中撇取奶油一样,由精华到一般,故称之为取脂定价策略。运用这种定价策略主要是利用消费者对新产品所具有的好奇和求新心理。在这种心理作用下,有意识地定高价,容易被一部分消费者接受和认可。

这种心理定价策略的优点在于:一是能利用高价来提高新产品的身价,有较强的心理刺激作用;二是在获得高额利润后,可对这一新产品进行改造,完善产品质量、功能,提高产品档次,以对抗接踵而来的众多竞争者,继续保持市场领先地位;三是有回旋余地,即可在其他竞争者纷纷进入市场后,率先降价,以排挤参与竞争者。不过,制定高价也有一定的风险,有可能造成销售的困难。它一般适用于那些非生活必需品,特别是名牌、高档产品。

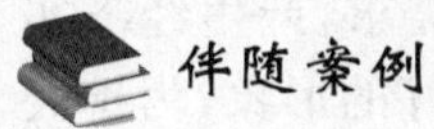
伴随案例

一万块钱一碗的牛肉面

著名的台湾"牛爸爸牛肉面"卖到1万新台币(约合人民币2 026元)一碗。

这个面馆已经有24年的历史。如今,许多美食迷都已经知道,这家只有40个座位的小餐馆供应着世界上最昂贵的牛肉面。牛爸爸餐馆还有一种比较便宜的牛肉面,只有200新台币(约合人民币40.5元)一碗。不过,几乎每一天,都会有客人预订最昂贵的牛肉面。

"牛爸爸"花了15年时间来改进牛肉面的配方。其中包括120克面条、5块4英寸见方的牛肉和一块牛筋,当然,还包括一碗汤。

牛爸爸餐馆的一碗面比一顿六道菜的正餐还要贵,原因何在?他家的牛肉来自4个国家:日本、澳大利亚、美国和巴西(巴西提供的是牛筋)。主厨会把每一块牛肉切成牛肉与牛筋连接方式最吻合的特定形状。举例来说,日本牛肉切之前要稍微冻一下,以便切出比较整齐的形状;澳大利亚牛肉则要先炖好,然后从骨头上剔下来。

牛爸爸餐馆的顾客定位也经过了几个时期。最初只有夫妇两人,几张桌子,凭着一份执著,作出味道不比别人差、价格比别家稍微便宜的牛肉面。结果宾客盈门,桌子越加越多。这样到了第五、第六年的时候老板开始茫然了,他一天到晚在忙，店内总是人声鼎沸，几乎没有自己的时间。难道就这样做下去吗？于是老板开始琢磨如何改变，最后他决定要做世界上最好的牛肉面。从牛肉的选择到烹制手法，再到烹制的餐具，一切都在不停地改进。

在此过程中，“牛爸爸”又发现，如果做最好的牛肉面，成本会提高，因此不能服务于大量的食客，只能服务少部分的人。在牛肉面馆做到第 15 年的时候，牛爸爸餐馆推出了价格从 1 000 块到 1 万块一碗的牛肉面，每天服务的顾客数量减少到 30 至 100 人，结果却使面馆声名远扬，不断有人慕名而来。

为什么来这里吃？许多人说：“就想知道到底贵在哪儿。”正是这种独特性，吸引了很多人来验证这件事情：这 1 万块钱到底值不值？由于人的好奇心，让小店 1 万块钱的牛肉面得以卖出去。当然，这样的一碗牛肉面味道也确实不错。

分析启示　高价可以满足人们求新、求奇心理和高质量的象征。

2. 渗透定价策略

渗透定价策略一般是指在新产品上市时，为了能够打开市场，在市场上站稳脚跟，便以较低的价格吸引顾客，逐步进行市场渗透，以淘汰老产品，尽快占领市场的一种定价策略。这种策略是利用广大消费者求实和求廉的心理需求，产生经济实惠、价廉物美的心理感觉，从而引起消费者的注意，树立新产品良好的形象，为扩大市场占有率打下基础。

这种策略的优点在于：一是能够迅速打开销路，待占领大部分市场后，再逐步提高价格，可为获得长期丰厚的利润打下基础；二是能够形成良好的首因效应，给消费者以价廉物美的好印象；三是低价薄利，不易诱发竞争，便于企业长期占领市场。一般日常用品会较多地采用此种策略。

3. 反向定价策略

反向定价策略是指企业通过市场调查或征询分销渠道意见，预测消费者对某种新产品所期望的价格来确定零售价格。这种定价策略是先研究市场可销价，再逆向推出对生产成本和费用的高低要求，所以称反向定价。这种定价策略由于适应了消费者在价格上的心理要求，所以能够与大多数消费心理和消费能力相一致，市场可行性和可信度较高，因而容易被消费者接受。

补充阅读

市场与产品特点影响产品定价

消费者的购买频率：购买频率高的产品可以经常调整其价格；购买频率低的产

品应尽量保持价格稳定。

产品的标准化(差异程度):标准化、差异小的商品,价格不可经常变化;个性化、差异大的产品,可以因市场变化而经常调整价格。

产品生命周期阶段:新上市阶段可以定较高的价格,到了衰退阶段最好降低价格。

产品的易腐性、易毁性:不易保存的产品因根据其保质期来调整价格。

产品供应和需求的季节性:季节性强的产品价格变动空间较大。

产品的流行性和威望性:流行产品的价格调整余地较大。经济景气状况:经济高增期,人们对价格变化的敏感性较低;经济衰退期,人们对价格比较敏感。

小思考 10.3

20 世纪 90 年代初,市场流行的呼啦圈,成本不过 1 元钱左右,而上市时竟卖到十几元一个,这是什么定价策略?

答　这是运用了取脂定价策略。

10.3.2　产品销售过程中的定价心理策略

产品在进入市场后的销售过程中,常见的定价心理策略有:

1. 非整数定价心理策略

非整数定价又称尾数定价。它是一种典型的定价心理策略,它是有意给商品定一个带有零头尾数的价格。其心理作用主要有:

(1) 给购买者以价格便宜的心理信息。购买者总希望自己能够买到物美价廉的商品,零数定价正好满足了这种心理。它虽然与整数价格相接近,但给予购买者的心理信息是不同的。如标价 99.70 元的商品,给购买者的心理信息是:还不到一百元;如果标价为 102 元,则给消费者的心理信息是:一百多元。二者似乎差距很大。

(2) 给购买者以定价准确的心理信息。零数定价给人的心理感觉是定价很认真、精确,一角一分也算得清清楚楚。由此认为价格定得准确、合理,从而对价格产生信任感。

(3) 给购买者以数字合意的心理信息。某些地区或某类消费者群,出于风俗习惯或其他原因,对某些数字具有偏爱或忌讳,非整数定价易于有意识地选择消费者偏爱的数字,避免其忌讳的数字,使价格数字能符合广大消费者的心意。比如在日本和我国的港澳及其他大部分地区，消费者对末位带“8”的价格存在偏好，有吉祥、发达之意；在许多西方国家，人们对“13”这个数字很忌讳，认为其有不祥之兆等。

心理效应

奇数法则

西方心理学家，在长期的市场营销实践中发现，产品定价用奇数比用偶数要受消费者青睐。这种现象被称为“奇数法则”。特别是美国消费者存在一定心理定势，即认为奇数比偶数少，显得便宜。例如，据美国一些商业心理学家调查发现零售价定为 49 美分的商品，其销量不仅远远超过定价 50 美分的商品，而且也比 48 美分的要多。此外，也有许多著名商标借用“奇数法则”产生良好效果的例证。比如“三五”牌，“三七”、“三九”等。似乎奇数对人们更有吸引力。

2. 整数定价策略

整数定价策略和零数定价相反，它是指有意去掉价格中的零数，改为高于这个零数的整数价格。这种定价策略实质上是利用了消费者“一分钱，一分货”的心理，给消费者以较高价格的印象，从而树立高价优质的产品形象。尤其是一些高档商品，可以显示购买者的高贵和富有。

3. 折扣定价策略

生产者、经营者为了扩大商品销售，经常采取折扣和让价定价策略。这种策略就是按商品的原价给予一定比例的折扣优惠。其主要形式有：

(1) 数量折扣，是指企业根据消费者购买数量的多少，分别给予不同的折扣优惠，有时也称“批量作价”。购买的数量(或金额)越大，折扣就越大。数量折扣有累计数量折扣和非累计数量折扣两种。①累计数量折扣，是指一定时期内(如一个月、一年等)，按照购买的总量(或总额)给予一定的折扣。此策略的目的是使企业和顾客之间建立长期、稳定的合作关系。②非累计数量折扣，就是按一次性购买数量的多少而给予的折扣。购买数量越多，折扣越大，以刺激消费者一次性购买数量的增加。

(2) 付现折扣，是指企业根据顾客在不同的约定日期付款而给予不同折扣的一种做法。它是在“信用购货”这个特定条件下产生的。其目的在于鼓励顾客早日付清全部货款，以加速企业的资金周转。对预付货款或付现款可给予一定幅度的优惠，延期付款的要附加利息。比如现阶段消费者购买住宅多采用这种策略。

(3) 特定时间折扣,是指顾客在某一特定时间内购买某种商品可以得到一定的折扣优惠的方法。常见的形式有季节性折扣、节假日折扣等。当某种商品属于常年生产季节销售或季节生产常年销售时,经营企业为保持自身库存的合理性,加速资金周转,节约仓储费用,往往采用季节性折扣的形式,以鼓励消费者在淡季购买。

4. 组合定价策略

组合定价策略,是指一个企业在生产或销售两种及以上互有关联的商品时,可针对消费者的不同心理,采取不同组合的定价策略。商品的关联关系包括互相补充关系和互相配套关系两种。

(1) 对有相互补充关系的一组商品,有意识地将购买次数少但消费者对价格比较敏感的商品,价格压低一些,而对购买次数多的商品价格定高一些,以此来取得长远和整体的利益。例如,一个企业生产一种新型高档圆珠笔,又生产专用规格的圆珠笔芯,就可将圆珠笔价格定低一些,使消费者感到价廉物美而愿意购买,再将圆珠笔芯的价格定高一些,消费者也不在意,却忽略了圆珠笔芯的高价。同样的例子还有照相机和胶卷、游戏机和游戏卡等。

(2) 对既可单独购买,又可配套购买的商品,可实行成套优惠组合价格,以鼓励成套购买。例如购买化妆品、服装、节日礼品等。

5. 招徕定价策略

招徕定价策略,一般是指企业利用消费者的求廉和惠顾心理,有意识地把那些消费经常需要、知晓度高的产品价格定低一些,借此吸引顾客,并在购买廉价品的同时顺带购买其他正常价格的商品,也有称之为“诱饵定价”。比如,有的饭店把饭菜价格定低些,而把烟酒、饮料等价格定高些;有些餐馆还有意将本店的特色菜肴价格定低些,给顾客留下好印象,而将其他菜肴价格定得正常或略高,从而谋求总利润最大。

6. 习惯定价与方便定价策略

一些产品的价格在某一水平上维持了很久,从而形成了某种程度的固定性,消费者对此逐渐形成了习惯,这就是习惯价格。采用习惯定价策略是给消费者以价格合理的感觉,易于为人们所接受;二是由于价格在某种程度上的固定不变,给消费者留下价格稳定的印象。因此,许多经营者为了促销,往往对一些价值小、购买频率高的商品采用习惯定价策略,不轻易变动价格,以稳定消费者的购买情绪。

方便定价策略是指定价时有意取一个方便的整数,以便利购销活动。在实际生活中,方便价格便于价款找零、便于消费者记忆。例如把一些小食品如瓜子、花生米等包装成一元或二元一袋,或把若干种小商品搭配成一元或二元等。这不仅在销售时方便找零,而且给消费者造成价格便宜的感觉。

10.4 价格调整的心理策略

在企业营销活动中,商品价格的变动与调整是经常发生的。调价的原因很多,有企业内部原因,如成本变化;有企业外部原因,如市场营销环境、供求状况等。有主动调整,也有被动应付。为使价格调整达到理想效果,就必须充分研究、分析消费者对价格调整的心理反应,以便制定出科学的调价策略。

10.4.1 消费者对价格调整的心理反应

价格调整无外乎两种情况:一是削价,二是提价。无论是哪种情况,都会影响到消费者的切身利益。所以,消费者对调价非常关心,比较敏感。这种敏感的程度首先要受产品的需求价格弹性大小的影响。不同的商品,需求价格弹性不同,消费者的敏感程度也不一样。其次,消费者对企业调价的动机、目的的理解不同,也会作出不同的心理反应。一般情况下,消费者无法直接了解到企业调价的真实原因。因此,就存在着许多复杂的心理反应和猜测。

1. 消费者对调低价格的心理反应

一般而言,价格调低会对消费者有利,理应激发消费者的购买欲望,促进产品的大量销售。然而,在现实生活中,消费者对降价措施会作出不同的心理反应。主要包括:

(1) 由"降价—便宜货—质量低"等一系列联想引起疑虑心理。

(2) 购买削价的便宜货有损购买者的自尊心和满足感。

(3) 这个产品款式、花色已过时,将会被新型产品所取代。

(4) 降价商品可能是过期、残次商品,或低档、劣质产品,从而产生不信任感。

(5) 认为价格还会进一步下跌,等待、观望,持币待购。

(6) 认为降价是假,是商家的促销计谋,或是明降实升,里面有诈,不敢购买。

2. 消费者对调高价格的心理反应

一般而言,价格调高,通常对消费者是不利的,按理会减少需求或拒绝购买。

但在实际生活中，消费对企业提价的心理反应可能有：

(1) 这种产品很畅销，不赶紧买就买不到了。

(2) 这种产品很有价值。

(3) 这种产品价格看涨，将来一定很贵，先买下来保值。

(4) 商品已经涨价，可能还会继续上涨，迟买不如早买。

(5) 产品涨价，说明大家都认可，大家都想买，肯定没错。

10.4.2 价格调整的心理策略

根据消费者对商品削价和提价的心理反应，企业可以采取相应的削价策略和提价策略。

1. 削价的心理策略

正确掌握削价的心理策略，必须了解和认识以下几方面的问题。

(1) 企业在下列情况下可考虑采取削价策略：①企业的生产能力过剩，需要扩大销售，而又不能通过产品改进和其他促销工作来实现，可考虑采取削价措施；②在强大的竞争压力下，企业的市场份额下降，为保住竞争优势和市场份额，可采取削价策略；③企业有规模优势，成本费用较低，为了掌握市场主动权，提高产品市场占有率，可采取主动削价策略。许多实力雄厚的大型企业，常采用此策略来排挤竞争对手，掌握市场先机。

(2) 商品削价应具备的条件。企业要想达到预期的削价目的，应具备与消费者心理要求相适应的特征。这些特征包括：①消费者注重商品的实际性能与质量，而较少将所购商品与自身的社会形象相联系；②消费者对商品的质量和性能比较熟悉，如某些日用品和食品等，降价后对商品仍保持足够的信任度；③能够向消费者充分说明削价的理由，并能使其接受；④生产企业和产品品牌信誉度较高，不会引起对商品质量的怀疑。

(3) 准确把握削价时机。削价时机的选择也很重要。选择得好，会大大刺激消费者的购买欲望，顺利实现预期目标；选择得不好，会抑制消费者的购买欲望，甚至适得其反。关于削价时机的具体选择，要根据不同产品、不同企业、不同的市场状况灵活机动掌握。一般来讲：①对于时尚和新潮产品，进入模仿阶段后期就应降价；②对季节性产品，应在换季时削价才可信；③对一般产品，进入成熟期的后期就应降价；④根据我国近几年来出现的“假日经济”现象，在节假日实行降价促销效果较好；⑤店庆或其他重要的节、庆日也是降价的好时机。

应该注意的是，商品削价不能过于频繁，要合情合理，否则会引起消费者对削价动机的怀疑、产品的不信任或观望、等待等负面效应。

(4) 削价幅度要适宜。削价幅度的大小也很讲究。幅度太小则不能达到绝对感觉阈限的刺激量,难以刺激消费者的购买欲望;幅度太大,企业不仅会冒亏损的风险,还会引起消费者对商品质量的怀疑。经验表明,削价幅度在10%～30%较有利于刺激消费者的购买,超过50%的幅度,消费者会产生疑虑,效果反而不好。

2. 提价的心理策略

正确掌握提价的心理策略,必须了解和认识以下几方面的问题。

(1) 提价的原因。引起企业提价的原因很多,主要包括:①由于通货膨胀,物价普遍上涨,企业成本加大,企业不得不提高价格;②企业的产品供不应求,通过提价可缓解供求矛盾;③资源稀缺,或劳动力成本上升,导致产品成本提高而涨价;④开发新市场或新产品;⑤经营环节增多等。

(2) 提价的心理策略。为使消费者能够接受产品的提价,企业应针对不同的提价原因,采取相应的心理策略,做好细致的宣传解释工作,以获得消费者的理解、支持和认同。具体策略有:①整个市场价格升高,可按市场价水涨船高;②减少价格折扣,并限制销售人员以低于价格表的价格拉生意;③降低产品品质、含量,减少产品特色服务;④在产品线中增加价格较高的项目;⑤使用价格较低廉的包装材料,使用便宜的原、辅材料或配方作代用品;⑥压缩产品分量、改变包装;⑦直接提价等。

(3) 提价的时机。一般来说,在通货膨胀时期,全行业成本上升,生产或经营同类产品的企业大多有提价意向时;在商品供不应求,同行竞争者较少时;在商品质量进一步提高,或增加新款、新功能,以新的面貌出现在市场上时;以及在其他企业已经涨价时,企业均可乘机采取提价策略。

(4) 提价的幅度。首先,一次性提价的幅度一般不宜过大。即使调价理由很充分,能够被购买者所接受,幅度过大也会引起人们的不满。其次,在确定调价幅度时,要考虑与相关商品和代用品的价格关系,否则会影响该产品的销售量,甚至动摇产品的地位。最后,在供求矛盾突出或通货膨胀的条件下,由于市场上普遍存在价格上涨的预期心理,调整幅度可以增大些。

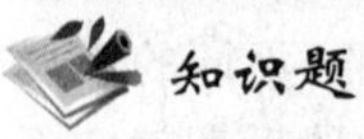

知识题

1. 简述价格与价值的关系。
2. 影响产品定价的主要因素有哪些?
3. 社会心理因素对价格有哪些影响?
4. 如何理解价格经常围绕价值上下波动?

5. 非整数定价的心理作用是什么?
6. 消费者判断价格高低的途径有哪些?
7. 试举例分析新产品常用的定价策略。
8. 如何把握价格调整的机会?

案例分析

沃尔玛的“天天平价”

沃尔玛的迅速发展,除了正确的战略定位外,也得益于其首创的折价销售策略。每家沃尔玛商店都贴有“天天平价”的大标语。同一种商品在沃尔玛比在其他商店要便宜。沃尔玛提倡的是“低成本,低费用结构,低价格”的经营思想,主张把更多的利益让给消费者,“为顾客节省每一分钱”是他们的目标。沃尔玛的利润通常在30%左右,而其他零售商(如凯马特)的利润率都在45%左右。公司每星期六早上举行经理人员会议,如果有分店报告某商品在其他商店比沃尔玛低,可立即决定降价。

问题

1. 分析沃尔玛价格策略对消费者心理产生哪些影响?
2. 这个价格策略对所有企业都有效吗?

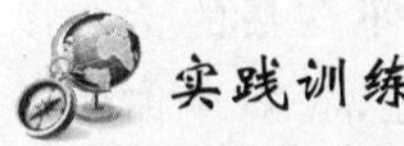

实践训练

你喜欢讨价还价吗?为什么?与大家分享你的还价经验。

第11章　营销促进与消费者购买心理

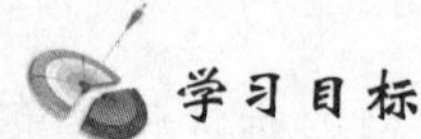

学习目标

1. 了解营销促进的含义和内容，掌握人员推销的特点和过程；
2. 认识广告的特征、心理功能及其心理策略；
3. 掌握公共关系的含义及其对消费心理的影响；
4. 明确营业推广的含义、特点及其对消费者心理的影响。

引　例

先推销自己

甲、乙两个推销员到同一个客户那里推销商品，推销员甲到了客户的家里，就开始滔滔不绝地介绍自己产品的质量多么的好，多么的畅销，如果不购买的话会多么的可惜，结果客户很生气地打断了甲的介绍，说："不好意思，先生，我知道你的产品很好、很畅销，但是很抱歉，我完全不需要，因为它不适合我。"甲只好很尴尬地说抱歉，然后离开。

等到推销员乙到该客户家里推销时，却是另外一种情况。乙到了客户的家里，边和客户闲聊边观察客户的家具布置，揣测客户生活档次和消费品位，并和客户家的小孩聊天，小孩已经喜欢上了这位叔叔。同时乙在向客户介绍自己的产品时，先询问的是客户需要什么样的款式和档次，并仔细地为客户分析产品能够给客户带来多少潜在的利益，比如会给客户省下多少开销，几年时间能够节省下来多少钱，等等，最后乙并没有把自己的产品卖给客户，而是说公司最近会推出一款新机型，特别适合客户的要求，希望客户能够等一等，自己过段时间再来。

乙的一番言语让客户非常感动，因为推销员乙切实地从客户的立场出发，为客户考虑了很多，表现出对客户真诚的关心，使客户得到了真正的实惠，赢得了他们全家人的信任。

当乙再次来到客户家中的时候，还给客户的小孩带了些小礼物，受到了客户的热情接待，并且很顺利地购买了他的新产品。之后，推销员乙和该客户建立了长久的销售关系，客户从他那里买走了很多产品。

分析启示　在营销界有这样一句话：推销商品实际上是从推销自己开始的。是的，营销人员最先推销的应该是自己，其次才是商品。客户一般是先喜欢你、信任你、接纳你，才会进而接受你的营销、接纳你的产品。

营销促进（简称促销）是市场营销的一个重要内容。营销促进是指企业通过人员和非人员的方式，把企业的产品及提供的服务信息传递给顾客，激发顾客的购买欲望，影响并促成顾客购买行为的全部活动的总称。

促销的主要任务是沟通信息，即先由卖方把产品或劳务的信息，包括产品或劳务的性能、特点、价格和销售地点等信息通过一定渠道传递给买方，以引起买方的注意，刺激其兴趣和欲望，诱发其购买行为，从而达到扩大销售、增加企业效益的目的。同时，买方又把接受信息后的反应反馈给卖方，从而不断完善产品质量和服务方式，更好地满足消费者的需要。

促销的方式包括人员促销和非人员促销两大类。其中，人员促销主要是指企业派出推销员进行推销宣传活动，还有卖场营业人员的宣传促销活动；非人员促销主要包括广告、公共关系和营业推广等多种方式。因此，概括地讲，促销可分为人员推销、广告宣传、公共关系和营业推广四种方式。而每一种方式都要直接或间接的和消费者打交道，设法引起消费者的注意。这就必须要研究消费者对这些促销方式的心理反应，以达到最佳的宣传促销效果。

11.1　人员推销与消费者购买心理

人员推销是一种既传统又现代的促销方式，它是指企业派出或委托推销人员亲自向目标顾客对商品或服务进行介绍、推广宣传和销售的活动。人员推销由于直接沟通信息，反馈意见及时，可当面促成交易。因此，它的作用不是仅仅出售现有货物，而是要配合企业的整体营销活动来发现顾客需求、满足顾客需求，把市场动向和顾客要求反馈回来，并据此调整企业生产经营范围、结构，增强企业竞争能力。

人员推销是推销人员与顾客之间的一种互动行为，其过程必然伴随着大量的心理活动，而这些心理活动又将决定着双方的交易行为，从而决定着推销活动的成败。

11.1.1 人员推销的特点与任务

1. 人员推销的特点

人员推销较之其他促销方式，具有下列优势和特点：

(1) 灵活性。推销员能与顾客保持直接的联系，可以根据各类顾客特殊的需要、动机和行为，设计具体的推销策略，并随时加以调整；可以及时发现和开拓顾客的潜在需求；对产品的性能和使用方法等不仅能直接介绍，还可示范表演，以消除消费者对产品的疑虑，促成购买行为。

(2) 选择性。推销员可以选择有较大购买潜力的顾客，有针对性地进行推销，并可事先对潜在顾客做一番调查研究，确定具体推销方案、推销目标和推销策略等，以强化推销效果，提高推销的成功率。

(3) 完整性。人员推销过程是从市场调查开始，经过选择目标顾客、当面洽谈、提供服务，最后促成交易，并反馈顾客对产品及企业的信息。这也就是企业产品销售的完整过程，是其他促销方式所不具备的。

(4) 情感性。推销员在推销产品的过程中与顾客直接接触，可以直接交流情感，增进了解，"一回生二回熟"，从而产生依赖，建立深厚的友谊。而感情的培养，必然会使顾客产生惠顾动机，从而确定稳定的购销关系。

2. 人员推销的任务

(1) 推销产品。这是推销员首要的、基本的任务。推销员通过与消费者的直接接触，运用各种销售技巧，向他们提供各种折扣、优惠和服务，设法诱导其购买所推销的产品。

(2) 寻找顾客。人员推销不仅要提供产品，满足消费者重复购买的要求，还要肩负在市场中寻找机会、挖掘和发现潜在需求、创造新需求、寻找新顾客、开拓新市场的重任。

(3) 传递信息。推销人员在推销过程中要及时将企业提供的产品和服务信息传递给顾客，为顾客提供资料，激发顾客的购买欲望，作出相应的购买决策。

(4) 收集信息。推销人员在推销产品过程中，应进行调查研究，与顾客保持经常联系，收集市场情报资料，反馈信息，为企业改进营销措施、进行营销决策提供依据。

(5) 提供服务。推销人员还应在推销中积极主动地为顾客提供售前、售中、售后服务，及时解决顾客在购买和使用过程中出现的问题。

11.1.2　人员推销过程与消费者购买心理

1. 人员推销的过程

人员推销过程一般分为以下几个步骤：

(1) 寻找并识别目标顾客。推销人员在推销之前，首先必须弄清以下问题：顾客在哪里？自己要向哪种类型的顾客推销产品？准确寻找和识别顾客应当是推销人员的基本功。

(2) 前期调查。对于已确定的目标顾客，推销人员应当首先收集他们的有关资料，包括需求状况、顾客的经济来源和经济实力、拥有购买决策权的对象、购买方式等，以便制定推销方案。

(3) 试探式接触。推销员要根据掌握的目标顾客的资料，从目标顾客感兴趣的问题入手打开话题，了解顾客，并根据顾客的反应逐步引入推销产品的话题。

(4) 介绍和示范。在对目标顾客已有充分了解的基础上，推销员可以直接向目标顾客进行产品介绍，并主动进行一些产品的使用示范，以增强目标顾客对产品的信心。

(5) 应付异议。在推销过程中，推销员经常遇到顾客的异议。顾客的异议既是成交的障碍，也是可能成交的信号。推销员要对症下药，设法消除异议，促成交易的实现。

(6) 达成交易。当各种异议被排除之后，要密切注视顾客发出的成交信号，或主动引导成交，并及时抓住机会达成交易。

(7) 后续工作。交易达成后，并不意味着推销工作的结束，还有许多后续工作要跟上，如备货、送货、配套服务及售后服务等。妥善处理这些工作，不仅可与顾客建立长期、稳固的购销关系，还可吸引新的顾客。

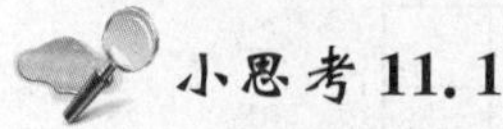

小思考 11.1

"推销是从被顾客拒绝开始的。"这句话对吗？

答　对。在推销过程中，完全没有异议和接受的情况是极少的。在营销实践中，实际上只有少数潜在客户才能成为现实客户，大部分是被拒绝的。

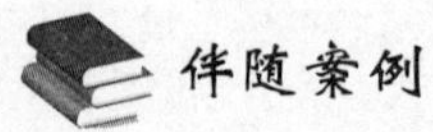

伴随案例

聪明的推销员

汽车推销员乔·吉拉德在他经营汽车销售业务的11年中,卖出的汽车比谁都多。他的成功奥秘在于“我每月都要送出1.3万张以上的贺卡”。顾客只要在他手中买过一辆车,就再也不会忘记他。他们会像刚买车时一样,每月都收到一封信或贺卡,他们也会复信给他。一种特殊的沟通就这样形成了。乔·吉拉德每月1.3万张的贺卡真正体现了他对顾客的关心。

分析启示　关心顾客就是关心自己。

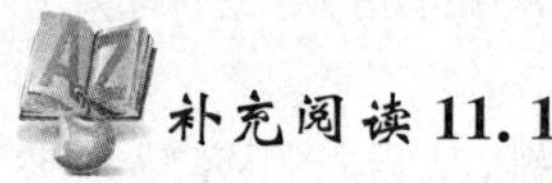

补充阅读 11.1

推销对象的心理类型

在推销活动中,推销人员与顾客通过接近、洽谈,彼此之间产生了一定的认识和印象,在此基础上形成各自不同的心态。美国著名心理学家罗伯特·布莱克和J·S莫顿在其“管理方格理论”基础上建立了“推销方格理论”。这个方格理论由推销员方格、顾客方格、推销员与顾客关系方格三部分构成。其中,顾客方格对研究推销对象——顾客的心理表现、了解顾客的购买心理提供了重要的理论参考。他们认为,顾客在推销活动中一般关注两个目标:①对购买行为的关注;②对推销人员的关注。如图11.1所示。

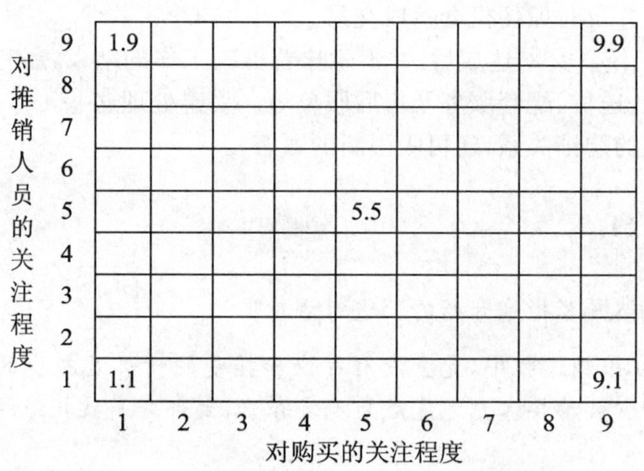

图11.1　顾客方格

顾客方格中数值的大小表示关注程度的大小，布莱克和莫顿在推销活动中把顾客的心理表现划分为五种基本类型：

一是冷漠型，即方格中(1.1)型。冷漠型顾客对推销员和购买两方面的关注程度都很低，其心理表现为设法躲避推销人员，不愿进行交谈，或敷衍应付，并拒绝购买。

二是软心肠型，即方格中(1.9)型。这类顾客对推销员十分关注，对购买关注却很低。这类顾客心地善良，愿意与人交往，在推销气氛十分融洽时，他们会买一些不十分需要的商品。这类顾客多重感情，轻理智，很容易被说服。

三是干练型，即方格中(5.5)型。这类顾客对推销人员和购买活动两方面的关注程度适中。其心理表现为比较冷静客观，既重感情，也重理智，愿意听取推销员的介绍，容易受消费潮流的影响来选择品牌和商标，能根据自己的需要决定是否购买和购买多少。

四是防卫型，即方格中(9.1)型。这类顾客对购买行为很关心，而对推销却很不关心。在他们心中，推销员是不可信的。因而对推销员态度冷淡，存有戒心，但对推销的产品却很关注。他们会认真比较，讨价还价，斤斤计较，在自己认为合算时才会决定购买。

五是理想型，即方格中(9.9)型。这类顾客对推销员和购买行为两方面都非常关注。他们不仅能与推销员保持良好的关系，而且愿意与推销员真诚地合作。他们十分理智，不凭感情办事，不轻信广告宣传，而且十分了解行情，能够对推销员及其产品进行客观分析，并根据需要来购买。

当然，以上五种类型不能非常全面地囊括顾客的全部心理活动，况且顾客的心理表现也不是一成不变的，但能大致反映顾客的基本心理活动，为推销员分析消费心理、更有效地开展推销工作提供理论参考。

2. 消费者对人员推销的心理反应

在人员推销过程中，顾客对推销人员一般有下列心理表现：

(1) 拒绝心理。面对推销人员的上门推销，他们心理上不自觉地产生一种封闭、拒绝心态，心理设防严密，对推销员态度冷淡。他们往往会联想起以前不好的购买经历，认为推销员推销的产品不值得依赖。这是最消极的消费者，一般沟通比较困难。

(2) 怀疑心理。这类消费者对推销员推销的产品，一方面，可能感到方便及时，适应需要；另一方面，又可能担心商家主动上门，是为了推销卖不出去的假冒伪劣商品，或对产品质量拿不准，怕上当受骗，故而持怀疑心理。这类消费者属于较消极的消费者，只要推销人员方法得当，有耐心，推销有成功的希望。

(3) 挑剔心理。这类消费者对推销员推销的产品或服务基本能接受，有客观需求。但面对上门推销防范心理占主导的心理，故而对产品的质量、功能、款式等百般挑剔，提出众多异议和条件。这类消费者基本上属于较积极的消费者，有购买动机和愿望，只要推销员能耐心解释，逐步消除异议，成交的可能性较大。

(4) 尝试心理。这类消费者对推销员推销的产品跃跃欲试。他们认为推销人员推销的产品或许是自己所需要的；即使不需要，也可以见识见识，尝试一下。并且认为，这是商家为应付竞争，更好地满足顾客的需要而开展的营销活动，是正常、合理的。

(5) 可诱导心理。这类消费者对推销员推销的产品本来没有现实的需求。经过推销员的宣传、介绍或展示，激发了他们的潜在购买意识。这是因为大多数消费者缺乏对商品信息的了解，因而存在可诱导心理。

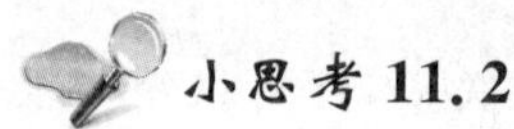

小思考 11.2

销售产品时要学会自贬，即有技巧地暴露自己产品的缺点，而不是一味自夸。

答：是的。这样可以消除客户的戒备心理，拉近双方的距离，使客户更加信任你。

11.2 广告宣传与消费者购买心理

广告宣传是指企业通过一定的媒介物，公开而广泛地向社会介绍企业的营销形式和产品品种、规格、质量、性能以及劳务信息的一种宣传方式。它是商品经济的产物。在当今市场经济和信息社会里，科学地运用广告来宣传、介绍企业及其产品，提高企业及其产品在消费者心目中的知名度，已具有不可替代的作用。有人说："推销商品而不做广告，犹如在黑暗中暗送秋波。"因此，研究广告宣传对消费者心理的影响，掌握广告的心理学原理及心理策略，是我们消费心理学的重要任务。

11.2.1 广告宣传的类别及其心理特征

广告一词，从汉语字面意义上看，就是"广而告之"，或"广泛劝告"的意思。在现代信息社会里，广告是进行信息传播的主要方式，它渗透到我们经济和社会生活的各个方面，在市场营销中更有广泛的运用。

1. 广告的分类

(1) 按广告的目的划分,可分为商业性广告和非商业性广告。商业性广告是以盈利为目的,是生产者、经营者向消费者传递商品、企业及劳务信息的广告,又可分为产品广告和企业形象广告。非商业广告又称公益广告,它不以盈利为目的,而是以公布政府政策、法令,宣传社会价值观、社会伦理道德、社会公众事业为目的。现在许多企业也巧妙地把二者结合起来运用。

(2) 按诉说对象的不同,可分为消费者广告、工业用户广告、中间商广告等。

(3) 按信息传播范围的不同,可分为国际性广告、全国性广告、区域性广告和地方性广告。

(4) 按传播媒介来划分,主要包括:视听广告,如广播、电视、电影、幻灯、电脑显示屏等;印刷广告,如报纸、杂志及其他印刷品;户外广告,在街头、建筑物、车站、码头等公共场所的广告等;交通广告,在车、船、飞机等交通工具上设置或张贴的广告等;邮寄广告,通过邮政直接投递企业介绍、广告说明书等函件的广告。

2. 广告的心理特征

广告的形式很多,各类广告都有其自身的心理特征。下面着重介绍主要媒介的广告心理特征。

(1) 报纸广告的心理特征。报纸,其主要特点是出版周期短,发行量大,传播广告信息及时、迅速、准确,因而对公众心理刺激的频率高、幅度广,留下的心理印象也较为清晰和深刻。特别是在我国,由于报纸多为党政机关或公众社团的"喉舌",人们对其有一种依赖感,刊登的广告也有一定的权威信。但由于内容多而杂,时效短,使广告信息缺乏应有的刺激强度和持久力,从而影响公众对广告信息的注意和接受。

(2) 杂志广告的心理特征。与报纸不同,杂志的保存期长,内容集中,并且有显著的专业性和选择性,读者的类型和层次也相对集中和稳定,因而能根据特定对象的兴趣、爱好和心态进行有针对性的传播。又由于杂志可借助精美的印刷来突出、渲染产品的形象,所以能增强广告的感染力和说服力。不过,杂志的读者群比较狭窄,对公众的影响面也较少,再加之出版周期较长,因而难以满足公众快速、迅捷、及时地了解商品信息的要求。

(3) 广播广告的心理特征。广播广告是通过电波传递信息的,因而能以最快的速度在最短的时间内让公众接受广告信息,从而增强其心理刺激的强度。加之电台有较高的社会声望,很容易激发公众的信任感和亲切感。然而,广播广告只能听,不能看,且电波转瞬即逝,因而很难给听众留下直观而深刻的心理印象,而且现在的广播听众越来越少。

(4) 电视广告的心理特征。电视广告是一种传播能力最强的广告媒介。它具有艺术性、形象性、广泛性、感染性等特点。它能通过音响与图像的完美组合,调动一切视、听艺术,对公众的视觉、听觉进行综合刺激,因而它是表现力最强、影响面最广、效果最好的广告媒体。但是,它制作成本高,价格昂贵。同时,影视传播又具有极强的时效性:如果播出时间短,就难以给公众留下深刻的印象;若时间长,不仅费用昂贵,还可能引起公众的厌倦和反感。但无论如何,电视广告仍然是威力最大,效果最好的广告形式。

(5) 户外广告的心理特征。户外广告是通过路牌、招贴、霓虹灯、各种横幅、充气球等多种形式,在闹市区户外进行的广告宣传。它具有信息集中、传播面广、费用低、收效快、使用时间长、吸引力强等特点,因而被越来越多地企业广泛运用,备受企业青睐。但也受到一定的时空限制,由于设置地点和宣传对象的不固定,广告效果也不稳定。

(6) 橱窗广告的心理特征。橱窗广告是通过橱窗陈列的方式,将样品、模型、文字说明及其他装饰物放置在橱窗内,配以灯光色彩,组成效果逼真的立体图案,以吸引消费者的注意和兴趣。它一般适用于专营商店、服装店、婚纱店、照相馆等零售企业,适用范围不太广泛。

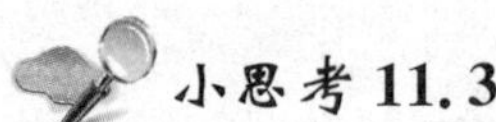

小思考 11.3

有人说:“广告的发达程度可以反映一个国家的经济发达程度。”这句话有道理吗?

答 有道理。经济越发达,市场竞争越激烈,广告也就越普及。事实也确是如此。

11.2.2 广告宣传的心理功能

1. 认知功能

在琳琅满目的商品世界中,公众对商品的认知和了解往往是通过广告的刺激和传播来实现的。通过广告,使信息传播打破时、空的限制,引起人们的广泛注意,从而使公众加深对商品信息的存贮和记忆,增强对商品的认知能力。

2. 诱导功能

广告通过创造一种合乎消费者意愿的商品经验来刺激公众的消费欲望,从而诱发公众潜在的消费需求，建立或改变他们对企业或产品的态度，进而影响其消费决策，诱发并引导新的消费需求。

3. 教育与审美功能

广告通过其独特的形式和内容来发挥其社会教育和审美情感的功能。健康、文明、积极向上的广告可以拓宽消费者的知识面，丰富消费者的精神生活，并对指导科学消费、促进两个文明建设都有着潜移默化的作用。

4. 便利功能

广告通过各种媒体及时、反复地向消费者传递商品、劳务及企业信息，便于消费者搜集有关商品信息，在购买之前充分地考虑，进行比较和选择，从而节约购买时间，减少购买的盲目性。

5. 促销功能

广告通过对商品和服务的宣传，把有关信息传递给广大的消费者，引起消费者的广泛注意，可以深化消费者对商品的认识，增强购买信心，激发对商品的购买欲望，因而是企业促进销售的有效手段。

11.2.3　广告宣传的心理学原理

1. 关心点原理

所谓关心点，是指消费者对商品或劳务的最主要特征，最为关切的焦点问题。因此，广告要抓住这个关心点作为宣传的重点，这样才能引起消费者的兴趣，激发他们的购买欲望。

2. 诉求认知原理

诉求认知原理包括以下几点具体含义：

(1) 引起注意。为了让消费者更好地认识、了解产品或劳务信息，广告必须通过恰当的感性诉求和理性诉求来引起消费者的注意。常用的手段有：反常、突变、对比、强化、集中等。

(2) 产生兴趣。兴趣是激发购买动机的诱因。广告要设法取得消费者情感上的共鸣，激发他们的兴趣，从而引导他们产生购买行为。

(3) 刺激需求。它就是利用有效的宣传手段，抓住消费者生理和心理上的某种需要，激活他们的想象，勾起他们的需求，从而使消费者的潜在需求变成现实的愿望。

3. 差异原理

差异原理是依据心理学中的异质性刺激现象提出来的。所谓异质性刺激，是指一个人受到某种突如其来的刺激后，正常的视听感觉一时失去平衡，并集中于新异刺激物上，从而在感觉中留下特别深刻的印象。差异原理广泛运用于广告的画面设计、形象设计、音响合成等方面，目的是引起消费者的强烈震撼，产生过目不忘的效果。

4. 情感原理

广告实践证明，感性诉求广告的成功率远远高于理性诉求。其原因在于，许多人的行为动机在很大程度上出于情感因素，由于情感的共鸣而产生购买的欲望。

5. 动态原理

由于社会是不断发展、变化的，消费者的动机和行为也是发展变化的。广告宣传要适应这种不断变化的心理状态，在广告形式、内容上要不断创新、变化，给消费者不断新鲜的刺激。

11.2.4 增强广告效果的心理策略

1. 独特的创意策略

创意是广告的精华之所在，是广告的灵魂。成功的广告无不具有奇妙的构思、独特的创意。商品广告的创意不仅要突出商品销售的重点，还要运用最佳的艺术手段，设计情节和景趣，以达到理想的效果。

2. 鲜明的主题

广告要给人以深刻的印象，在最短的时间内达到最佳的认知效果，就必须要有一个鲜明的主题和诉求宗旨，确定要向公众宣传介绍最主要的问题。每一产品都有品质、功能、工艺特点、产品效用等诸多构成要素，广告不能面面俱到，只能侧重某个方面，简明扼要地突出主题。比如冰箱广告，有的强调节能，有的强调健康、环保，有的则强调经济适用等。

3. 优美的文字

广告文字是指说明广告信息内容的文字部分，应简明扼要、便于记忆，且真实可靠、富有情趣。中国文字最为丰富多彩,优美的广告词能使人回味无穷,永久难忘,从而使广告增加无穷的魅力。

4. 丰富的画面

许多广告通过画面真实地、生动地展示商品的特质和魅力,能起到奇妙的、无可比拟的效果。广告画面可以运用美术、摄影、漫画等多种艺术手段来丰富广告的表现内容,充分展示广告的视觉冲击力。

5. 准确的媒体选择

在广告的实施过程中,合理选择和运用广告媒体,也是一件极其重要的工作。当广告确定后,就要考虑、策划:选择什么媒体最合适?哪些媒体才能让消费者易于接受?什么时候播放、刊载效果最佳?各媒体的优缺点比较见表11.1。

表11.1 媒体优缺点比较表

媒体	优　点	局　限
报纸	灵活、方便、良好的当地市场覆盖面,接受广泛,可信度高	时效短,制作质量差,转嫁读者少
电视	大规模的市场覆盖率,平均费用低,结合视、声及动作,诉诸感观	绝对费用高,内容庞杂,宣传短暂,观众可选择性差
直邮	观众选择性强,灵活性好,同一媒体内没有竞争对手,个性化	相对费用高,广告形象差
广播	当地接受良好,地理及人口选择性强,费用低	只有听觉效果,宣传短暂,注意力较差,听众零星分散
杂志	地理及人口选择性强,可信度好,制作质量好,读者阅读时间长	购买会浪费时间,费用高,位置无保证
户外广告	灵活性好,复现率高,费用低,媒体竞争少,位置选择灵活	观众选择性差,创造性差

11.2.5 广告宣传效果的心理制约因素

1. 注意因素

注意是人的意识对对象的指向和集中。广告的效果取决于其吸引消费者注意的程度。消费者对广告的注意大多是无意注意。一般来讲,能够激起消费者无意注意的必须是新奇、变化、刺激性强的信息,能激发公众美好情感、引起广泛兴趣、出奇制胜、富有创意和灵感的广告。

2. 记忆因素

记忆是人脑对过去经历过的事物的反映。广告不仅要引起消费者的注意，更要强化消费者的记忆。增强广告记忆效果的手法有：

(1) 有形。直观、形象的东西比抽象的东西易记忆。

(2) 有律。规律性强的东西容易记忆。

(3) 有音。带声响的东西容易引起注意和记忆。

(4) 有韵。韵律十足易激发人的情感，便于记忆。

(5) 有意。寓意深刻、内容丰富、画面容易记忆。

(6) 简短。简明扼要的广告语言容易记忆。

(7) 鲜明。主题鲜明的描述和介绍容易记忆。

(8) 重复。重复是减少遗忘的一个基本心理法则。但重复要有度，要有一定的时空间距，不要引起人的厌烦。

3. 联想因素

联想是由一事物想到另一事物的心理过程。广告策划要广泛运用联想原理，以启发消费者美好的联想，进而产生对商品或劳务良好的印象。为增强广告的联想效果，要注意：联想要自然贴切，不能生搬硬套；要准确、合理，能抓住企业、产品或劳务的本质特征；要巧妙，并能产生强烈的心理共鸣，使联想达到情理之中、意料之外的出奇效果。

4. 兴趣因素

兴趣是人们力求接触、认识某种事物的意识倾向。它同人的个性、职业、文化、习惯等有关。广告要想引起人们的兴趣，就要符合某个消费者群的个性、职业、文化、习惯等特征，从感情上唤起共鸣。

5. 情感和情绪因素

人们对广告的感知，也会带有一定的情感和情绪色彩。广告要努力运用各种有效手段及移情作用原理等，设法调动消费者对广告的积极情感和情绪，减少消极情绪和情感，以创造广告的最佳宣传效果。

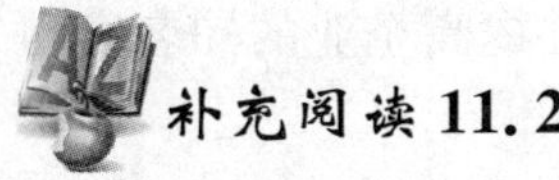

补充阅读 11.2

艾宾浩斯遗忘曲线

著名的心理学家艾宾浩斯通过对人的遗忘进行研究，揭示了这样一条规律：人在记忆后的短期内，遗忘开始进行得较快，遗忘的较多。过了一段“易忘期”后，遗忘进行得较慢，渐渐趋于平衡，并保持在一定的水平上，如图 11.2 所示。遗忘的过程是先快后慢的。

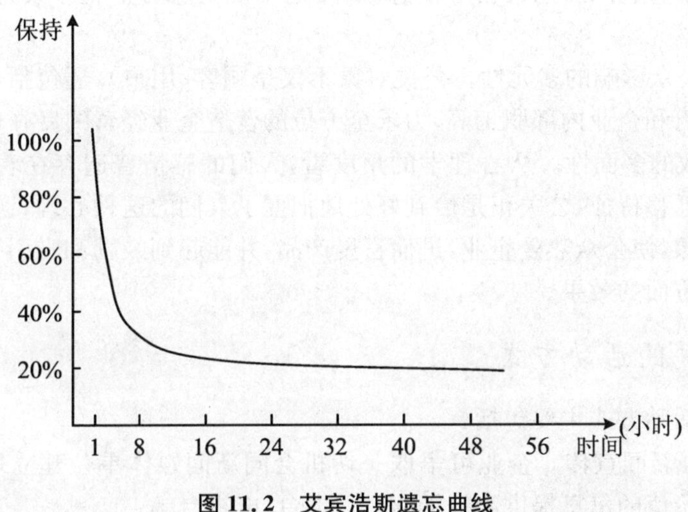

图 11.2　艾宾浩斯遗忘曲线

这个曲线对增强广告的记忆效果有重要启发：减少遗忘的最好办法是反复刺激，逐步加深对信息的印象，延长对信息的存储时间。广告要遵循先密后疏，并保持适当的时空间距的规律。

11.3　公共关系与消费者购买心理

11.3.1　公共关系概述

1. 公共关系概念

公共关系是指企业通过各种活动使社会各界了解本企业，以取得他们的依赖和好感，从而为企业创造一种良好的舆论环境和社会环境，并提高企业的知名度和社会声誉，为企业创造一个良好的外部环境。

2. 公关促销的特点

较之人员推销、广告宣传和营业推广，公关促销有下列特点：

(1) 传递信息的全面性。公关所传递的信息是大量而全面的，既传递企业技术、设备、财务等信息，也传递职工福利、企业前途及社会责任等信息，甚至还传递企业素质、人才培养、股票价格等信息，试图把一个立体的企业形象完整地展示在公众面前。

(2) 对公众影响的多元性。公关对象不仅是顾客(用户)，还包括供应厂商、社区、媒介、政府和企业内部职工等，力求全方位的营造企业经营的良好环境。

(3) 成效的多面性。从心理学的角度看，人们的感情普遍存在着一种由此及彼地扩展和迁移特征，公关正是恰到好处地把握了人们的这种心理，通过集中力量塑造企业形象，使公众热爱企业，进而喜爱产品，并能起到鼓励和吸引投资、吸引优秀人才等多方面的效果。

3. 公关的活动方式

公关的活动方式主要包括：

(1) 加强新闻宣传。企业可争取一切机会同新闻媒体单位建立联系，及时将企业有新闻价值的信息提供给报纸、杂志、电台、电视台等。

(2) 开展公益性活动。企业可通过赞助和支持体育、文化教育、社会福利等公益性活动，树立企业的良好形象。

(3) 收集、处理与反馈公众意见。企业要特别关注社会各界公众对企业及其产品的意见、建议，包括矛盾和纠纷，并及时把改进后的情况告知公众，或化解矛盾和纠纷，以求得公众的谅解和支持。

(4) 建立全方位的联系。包括建立与有关的社会团体、政府机构、银行、商业等单位的广泛联系，主动向他们介绍企业情况，争取他们的支持。

(5) 组织专题公关活动。包括组织举办新闻发布会、展览会、联谊会、庆典、开放参观等活动，介绍企业情况，推销产品，沟通情感，增进了解，扩大宣传，以强化企业形象。

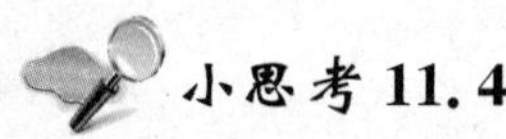

小思考 11.4

推销员要经常说“我们”，尽量不要说“我”，寻找共同点和“我们感”。

答　这是套近乎的心理策略。

11.3.2　公关促销过程与消费者购买心理

1. 公关促销过程

公关促销过程大致可分为以下三个阶段：

(1) 公关调查。企业在作出公关决策之前，首先必须进行充分的调查研究。通过各种定性分析和定量分析相结合的方法，了解社会公众的需要，寻找公众需要和企业营销目标相结合的切入点，以保证公关促销的效果。调查的内容包括公众的范围、公众的构成；分析企业的首要公众、次要公众和边缘公众；调查企业及产品的知名度、信任度、美誉度等。

(2) 制订公关计划。公关计划，就是根据企业经营目标的要求，对企业公关的发展、公关工作和它所需要的各种资源，以及与各企业、各部门、各环节的关系，从时间、空间上进行具体统筹安排，编制公关计划。首先要确定公关目标，明确需要解决的问题，然后确定公关计划的具体内容。内容主要包括：公关发展计划、商品促销计划、公关预算、公关效益计划等。

(3) 公关计划的实施。具体包括以下几个步骤：

一是公关计划的执行。公关计划的具体实施，要经过一系列的准备和筹划工作。首先，要分析公关形势，选准时机；其次，要做好开展公关活动的要素准备；第三，根据客观情况的变化，及时修订公关计划；第四，还要注意排除干扰，防止竞争对手制造谣言，引起混乱等。

二是公关计划的监督检查。通过监督检查，了解计划的执行情况，及时发现问题，采取补救措施。检查内容包括：检查计划完成的进度；检查公关活动是否符合预算和财务计划要求；检查公关计划与企业整体战略及各部门计划是否协调一致，是否符合党和国家的方针、政策要求等。

三是公关效果的评价。公关活动完成以后，必须对各项工作有一个恰当的评价。内容主要包括：预期的目标是否达到，投入是否值得，效益是否高等。

2. 公关活动与消费者购买心理分析

运用公共关系进行促销，目的是通过提高企业或产品的知名度、美誉度，树立企业的良好形象，为企业创造最佳的经济效益和社会效益。为使公关促销能达到预期目标，就必须充分了解消费者对公关活动的心理反应。一般来讲，对企业的公关活动，消费者有下列心理表现：

(1) 可信性心理。营销促进的其他手段,如营业推广、广告宣传、人员推销等。往往给人有"王婆卖瓜,自卖自夸"之嫌,容易引起用户或顾客的逆反和防卫心理。与此相反,公关则借助新闻媒介或第三者对企业或商品的赞赏和评价,则有一定的权威性和客观公正性,因而可信度高。

(2) 联系性心理。如前所述,人们的情感普遍存在一种由此及彼的迁移特性,也就是通常所说的"爱屋及乌",这就是联系性心理。公关正是利用人们的这种心理,通过全方位塑造企业的良好形象,扩大企业的知名度和美誉度,从而使消费者对企业的产品也产生信任和好感。

(3) 新闻、猎奇心理。消费者普遍具有新闻的传播和猎奇心理。特别是对那些具有轰动效应、新闻性强的故事、传说、报道、消息等有极强的好奇心和广泛传播的心理和行为。公关活动正是利用消费者的这种心理,有意识地制造、猎取、炒作有趣的新闻、事件来达到广泛传播的轰动效应。

(4) 间接性心理。由于公关活动是通过"第三者"而非直接营利性活动来展开的,这就避免了消费者的抗拒、逆反和封闭心理,巧妙地利用人们对媒体的信任、对新闻和事件的好奇和兴趣来间接地达到宣传企业及产品、扩大企业影响的目的,具有一定的隐蔽和潜移默化的效果。如美国著名的可口可乐公司,热衷于赞助奥运会等重大体育赛事,日本的丰田公司举办"丰田杯"足球赛等,都对企业扩大影响起到了良好的效果。

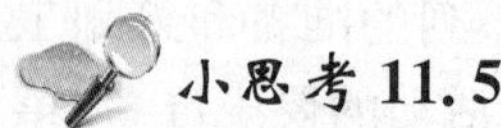

小思考 11.5

"广告是要大家买我,公共关系是要大家爱我。"这句话准确吗?

答 准确。广告是在推销,公关则是获得称赞、讨公众喜欢。

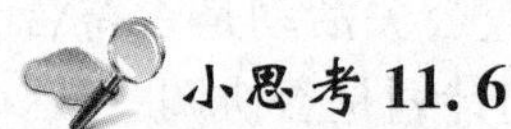

小思考 11.6

"顾客永远是正确的"。不与顾客发生争吵、争辩,主动承认自己的过失。

答 把顾客的错误主动地揽到自己的身上,是一种商界高级处事原则和职业素养,也是一种重要的营销理念。

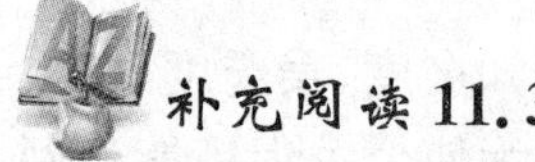

补充阅读 11.3

什么是公共关系

北欧联合公司一位公关经理曾经用形象的比喻说明什么是公共关系,"好比一名男青年追求伴侣，可以用很多办法，大献殷勤就是一种，这不算公共关系，而是推销。努力修饰自己的外貌和风度，讲究谈吐举止，这也是一种吸引人的办法。不过，这也不是公共关系，而是广告。如果这位青年经过周密的研究思考，制定个计划来，而且埋头苦干，以成绩来获得他人的称赞，然后通过他人的口将自己的优良评价传递出去，最终赢得姑娘的青睐，这就是公共关系了。”

11.4　营业推广与消费者购买心理

营业推广，也称特种推销，是指工商企业在比较大的目标市场中，为刺激消费需求而采取的能够迅速产生激励作用、提高交易效率、促进商品销售的一种活动。它的形式很多，如商品陈列、展示、示范表演、赠送样品、有奖销售等。它一般适用于企业在一定时期、一定条件下的短期特殊推销，是一种行之有效的辅助性促销方法。

11.4.1　营业推广的特点

营业推广是刺激消费者迅速购买商品而采取的营业性促销措施，是配合一定的营业任务而开展的特种推销方式。一般具有下列几个特点。

1. 见效快、效果显著

营业推广通过灵活多样的推广方式，以“机不可失，时不再来”的较强吸引力，向顾客提供特殊的优惠条件，并能打破顾客购买某一产品的惰性，迅速引起顾客广泛的兴趣和注意，在短期内达成更多的交易，收到立竿见影的促销效果，从而以较小的促销费用，在局部市场上取得较大的经济效益。

2. 营业推广的局限性

由于营业推广往往是在短期内利用过高的优惠条件和强大的宣传攻势刺激销售，虽能促成大量交易，但也容易使顾客误认为卖主急于推销积压产品，可能会贬低产品档次，引起潜在顾客怀疑其产品质量或价格的合理性，有损产品形象，导致不良后果。

3. 非经常性

营业推广形式很多，如举办展览会、展销会、现场示范表演、赠送纪念品、有奖销售等。多数营业推广方式是非经常性的，只能起暂时作用。任何企业都不能长期依靠营业推广来维持经营，它只能是广告、人员推销等的一种补充形式。

11.4.2 不同形式的营业推广与消费者心理

营业推广的形式多种式样。对消费者的营业推广，一般利用一些小恩小惠，给消费者带来一些额外利益的方法来吸引消费者，常见的形式及对消费者心理的影响主要有：

1. 赠送样品

在消费者购买产品之前，免费赠送样品，请消费者品尝或试用。使消费者在试用过程中，了解效果，传递信息，产生兴趣，从而建立顾客的购买信心，消除对产品的疑虑心理，容易对产品形成好感而刺激其购买。

2. 有奖销售

就是在产品销售时设立若干奖励。如在购买当时发给购买者对奖号，揭开后中奖者马上兑奖；有的是对一次购买金额达到一定数量后发给对奖券，然后公布中奖号码。奖品一般比较丰厚，因而对消费有一定的吸引力。这种推广方法利用了人们的侥幸心理，有利于在较大范围内迅速促成购买行为。

3. 优惠券

发给可能的购买者优惠券(或贵宾卡)，持券者在购买产品时，可享受一定比例的优惠折扣。这是利用消费者的惠顾心理，一般用于产品价格比较稳定的老牌的商店或商品。

4. 礼品券

企业发售定额礼品券，购买者用来馈赠亲友。受礼者可持礼品券到指定商店选购自己喜爱的、价值相当的商品。这种方法既方便了送礼者，受礼者也得到了实惠。同时，发售商店还可预收一部分现款作为流动资金，可谓一举多得。

5. 附赠品销售

附赠品销售是指在推销某商品时，对购买者赠送一定价值的小商品来吸引消费者购买。如买一袋牙膏附赠一把牙刷，买一瓶酒附赠一把打火机等。这是利用人们的好奇和惠顾心理。

6. 产品陈列和现场表演

企业利用橱窗、货架、柜台等进行商品陈列展示，或对某些新产品进行示范性使用表演，把产品的特点和优越性显露在顾客面前，这样能消除顾客的疑虑心理，并运用直接的感官刺激来吸引消费者。

7. 产品展销会、交易会

企业通过展销会、交易会、订货会等机会展示商品，显示自身的经济实力。一般在这些场合，都是厂商云集，产品琳琅满目，各企业的拳头产品和新产品竞相争艳，可让消费者一饱眼福，满足消费者的选择心理。这既可以吸引消费者参观购买，又可起到广告宣传作用。特别适用于新产品的推广销售。

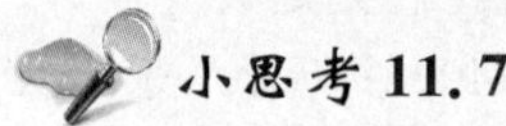

小思考 11.7

为什么说营业推广是短期促销策略？

答　因为长期使用，消费者就会产生适用心理，缺少应有的新鲜刺激，难以起到促销效果。

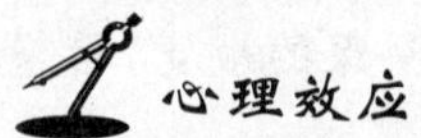

心理效应

赞美定律

学会夸人心更近。在营销活动中，要善于赞美顾客。真诚的赞美要注意：①赞美事实而不是人。如说“你的书写得真好”而非“你真棒”。②赞美要具体。如“你的领带跟西服很配”要比“你今天穿得很好看”更能说到对方心里去。

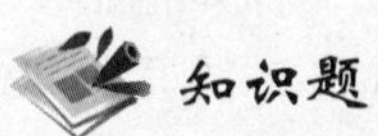

知识题

1. 简述营销促进的概念及主要方式。
2. 人员推销有哪些特点？
3. 顾客对人员推销有哪些心理反应？
4. 增强广告效果的心理策略有哪些？
5. 广告宣传的心理功能有哪些？
6. 公关促销对消费者心理的影响？
7. 举例说明营业推广的形式，并分析它对消费心理的影响。

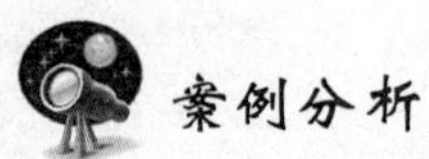

案例分析

粒粒瓜子寄深情 “傻子”致信邓小平

1992年初，邓小平同志在南行讲话中特意提到“安徽傻子瓜子”。这使得“傻子瓜子”经营者年氏父子感到特别欣慰。为表感激之情，在1992年12月30日下午，年氏父子向邓小平同志寄了几斤自产的“傻子瓜子”，并附上一封情真意切的信。信中写道——

敬爱的小平同志：

您好！

我们是安徽芜湖“傻子瓜子”经营者。今年年初，您在南巡中讲到了我们“傻子瓜子”，我们感到好温暖，好激动。您是对全国人民讲的，但对我们更是极大鼓舞。光是今年下半年，我们“傻子瓜子”就新建了13家分厂，生产了1400多万斤瓜子。从经营“傻子瓜子”以来，我们已经向国家交纳了200多万元的税，向社会提供了40多万元捐赠。但我们还要兢兢业业地做“傻子”，为顾客提供更多味美可口、价钱公道的瓜子；我们还计划更快地扩大经营规模，把“傻子瓜子”打到国际市场上去，为国家多做贡献。

敬爱的小平同志，我们时时铭记着您的恩情，在这新春佳节到来的时候，特地寄上几斤瓜子给您尝尝。这是非常微薄的礼物，却代表我们对您深深的敬意，希望您能喜欢。

衷心祝愿您新春快乐！健康长寿！

“傻子”年广九 “小傻子”年金宝 年强

1993年元月18日，傻子瓜子接到受委托转交瓜子与信的中央某部门电话，言信与瓜子均已收到，已转交小平身边的同志。

1993年元月28日，《安徽工人报》的一位记者采访年广九，无意中得知他们一家给小平同志写信并有回音的消息，立即意识到其中的新闻价值，次日便写成以《粒粒瓜子寄深情“傻子”致信邓小平》为题的报道。由于此新闻涉及人物，一位是当代中国最伟大的人物，一位则是令人敏感的个体户。各级党报均持审慎态度未作报道。但其新闻价值又确实比较大，于是各地的周末版、扩大版、文摘报及一些专业报纸、刊物均先后进行报道。直到1994年初，此消息仍在各媒体辗转传播。

“傻子致信邓小平”的消息经各地100多家媒体报道，有效地传播了傻子瓜子经营的规模、计划等信息，使“傻子瓜子”在近年第一次以正面新闻见诸报端，树立了良好的形象。自此消息传播后，傻子瓜子厂先后收到500多封来信，要求联营或经销代理。中国科学技术大学一位副教授对此评估测算，认为这起公关策划与传播,其效果相当于80～100万广告费所产生的广告效应。

问题

1. 这起公关策划案例成功之处主要有哪些?
2. 好的公关活动对企业营销活动有何积极意义?

实践训练

列举若干你特别喜欢或不喜欢的广告词,分析它们的优劣,并对你认为不好的广告词提出改进建议。

第 12 章　营销场景与消费者购买心理

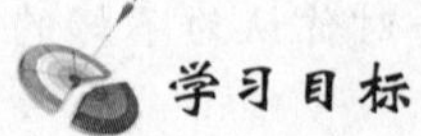

学习目标

1. 了解店址的选择对消费者购买心理的影响；
2. 掌握商店招牌命名的心理要求及商店标志的心理功能和设计要求；
3. 认识橱窗设计的心理功能及其对消费心理的影响；
4. 明确商店建筑和内、外装饰的基本要求和商品陈列的心理效应。

引　例

特高价咖啡

当坐落在东京滨松町的一家咖啡馆首次推出 5 000 日元一杯的咖啡时，轰动了社会。闻者无不为之震惊，连那些一掷千金、出手阔绰的大亨也惊呼“太贵了！”可是让好奇心所驱使的顾客还是纷纷前来，一时间竟应接不暇。

5 000 日元一杯的咖啡，其实无利可图，根本与敲诈或攫取非法利润不相连或不沾边。其原因在于该店装咖啡的杯子名贵而豪华，而且是正宗的舶来品——法国货，每只价值就在 4 000 日元；当你享用咖啡之后，店员就将它包好送给你。这里的每杯咖啡均由名师当场炮制而成，味道特殊，纯正，又可口，店堂里的装潢更是奇特豪华，赛过宫殿。身着古代皇宫服饰的侍女，把顾客当做帝王一样来侍候。

许多被好奇心所动的客人，起初只是想光顾一下，作为谈话的资料或炫耀于人的资本；然而一旦来过之后，便被这里令人顿感身价百倍的气氛所吸引，对 5 000 日元的高价也就不以为贵了。他们不但不会退缩不来，反而会带着女伴或朋友、家人再度光临。

声名大振的咖啡馆形成了独特的风格，豪华，高雅，令人难以忘怀的气氛，被那些流连忘返的客人所称道。然而，该店的老板头脑却十分清楚，开店还得赚钱，当然不能仅仅靠出售 5 000 日元一杯的咖啡，还要靠每杯 100 日元的咖啡、果汁、汽水之类的廉价饮料！

“树起招兵旗，自有吃粮人”，被昂贵的 5 000 日元一杯咖啡引来的人会认为货真价实而光顾再至,他们喜欢这里的气氛,气氛也是商品！而那些被声名吸引而来又囊中羞涩的人又做成了老板别的生意,这样,老板的意图也达到了。

分析启示　现代人的生活水平越来越高,对购买环境的要求也越来越挑剔。同时,营销环境也是服务质量、消费层次高低的一个重要体现,它对消费者心理的营销也是显而易见的。

营销场景,一般是指购物的场所和营销环境。消费者的购买行为通常是在一定的购物场所或营销环境中实现的。营销场景一般包括店址选择,商店招牌、标志、橱窗设计,商店建筑及商品陈列等一系列内容。它的优劣对消费者购买过程中的心理感受具有多方面的影响。

营销场景的选择对商业企业尤其重要。因为商业企业不同于生产企业,它要直接同消费者见面,同时营销场景的选择和投资是长期和固定性的投资。它的重要性还在于:它要把吸引消费者的眼球、招徕顾客作为基本的营销策略。因此,为适应消费者的心理需要,深入研究营销场景的科学设置,为消费者提供良好的营销环境,是商业企业扩大商品销售不可或缺的条件,也是营销心理学研究的重要内容之一。

12.1　商店店址选择与消费者购买心理

商店店址选择对商店的经营效益有着长期而至关重要的影响,是商店投资决策需优先解决的问题。商店所处的地理位置的优劣,对消费者购买心理会产生重要的影响。俗话说:“天时不如地利。”所以,店址的选择也要用科学的方法、认真的态度进行合理选择。

12.1.1　商圈分析

1. 商圈的含义

商圈,是指企业吸引顾客的区域范围。无论是大商场还是小商店,它们的销售总有一定的地理范围。这个地理范围就是以商店为中心,向四周辐射至可能来店购买的消费者所居住的地点。

一个商店的商圈可以划分为以下三部分:

(1) 核心商圈,是指最接近商店的区域。在这个区域的消费者来店购买商品最方便。一般来讲,小型商店的核心圈在0.8公里之内;大型商场的核心圈在5公里以内;通常50%以上的顾客来自核心商圈。

(2) 次级商圈,是指核心商圈的外围区域。在这个区域的消费者来店购买商品比较方便。一般来讲,小型商店的次级商圈在1.5公里以内;大型商店的次级商圈在8公里以内;通常15%~20%的顾客来自次级商圈。

(3) 边缘商圈,是指次级商圈以外的区域。在这个区域的消费者来店购买商品不太方便。一般来讲,小型商店的边缘商圈在1.5公里以外;大型商场的边缘商圈在8公里以外;通常10%左右的顾客来自边缘商圈(见图12.1)。

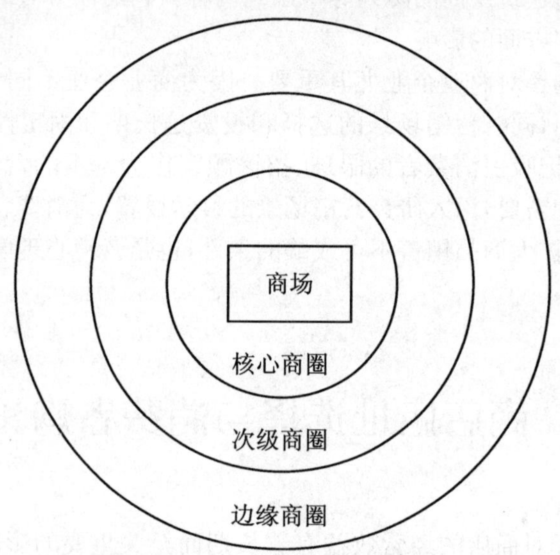

图12.1　商圈分层示意图

以上对商圈的划分不是绝对的。因为现代商店类型众多,各类商店经营规模、所处地段和经营品种不同,而且,现实商圈多为不规则的区域空间。但这不影响我们的理论分析。

2. 商圈的界定

商场在进行选址的时候应该对商圈进行初步的界定和分析,常用的方法是市场调查法。

对新建商场的商圈界定,主要根据当地零售市场的潜力进行销售趋势分析。包括向有关部门索取城市规划、人口分布、住宅建设、公共交通等方面的资料,进行综合分析,调查消费者购买商品所愿花费的时间和所行的距离等。

3. 商圈分析

商圈分析是对商场特定商圈内的构成、特点和影响商圈规模变化的各种因素进行综合性的研究。商店在对商圈进行分析时要考虑以下因素：

(1) 人口数量及特点。包括居住人口数量、工作人口数量、过往人口数量、居民户数和企事业单位数，及其年龄、性别、职业和收入水平构成等。

(2) 城市建设状况。包括公共交通、通讯设备、金融机构、供电状况及对商店营销的方便程度等。

(3) 社会因素。包括地区建设规划、公共设施（公园、公共体育场所、影剧院、展览馆）以及本地区的人文因素等。

(4) 商业发展潜力。在对商业发展潜力进行分析时，应了解该地区的商圈饱和度，以掌握这个地区内同行业是过多还是不足。在商圈饱和度低的地区建店，其成功的可能性较大。

12.1.2　地区选择与消费者购买心理

商店店址选择是在商圈分析的基础上进行的。通过商圈分析，经营者了解到某一区域是否具备设置商店的客观条件，特别是了解在该区域建立商店是否符合消费者的购买心理和购买规律。

1. 购买类型与区域选择

我们把消费者大致分为三种类型：

(1) 经常性购买的地区选择。经常性购买的对象是消费者普遍需要的日用生活必需品。这类商品选择性不强，价值较低，购买频繁。消费者购买的基本愿望是求取便利，走较近的路、花较少的时间即可买到。

(2) 间歇性购买的地区选择。间歇性购买的对象大多是需要进行挑选的非生活用品。这类商品价值较高，品种差异大，挑选性强，购买频率较低。消费者为买到称心如意的商品，舍得花费较多的时间走较长的路，精心选购。购买走向是商业网点比较集中的地区。

(3) 考察性购买。考察性购买的对象是长期使用的耐用品及其他特殊商品。这类商品价值高，品牌差异大。消费者为购买到品牌、质量有保证的商品，不怕花费时间，不计较距离远近。因此，购买走向是商业中心和专业商业街。

2. 城市商业网点的设置

与消费者购买在地区选择上相适应，一个城市的商业网点一般按照“方便购买和经济效益”为原则，分三级进行设置。

(1) 市场商业中心。一般来说，市场商业中心位于城市中心和繁华地区，交通便利、人口密集、客流量大；各种商店数量多而集中，类型齐全、功能配套、商品种类繁多，并以中、高档为主。选择市级商业中心作为商店店址，可以借助其优越的地理位置、浓厚的商业气氛来提高商店的地位和知名度，吸引更多的消费者光顾，并促进对商品的连带式购买。

(2) 地区商业中心和居民区商业中心。地区商业中心和居民区商业中心分别为二、三级商业网点群，其空间分布广泛，地理位置与所在区域的消费者十分接近。经营类型以小型、大众商店为主，经营商品多为日常生活必需品。将商店设置在这类网点群中，可以借助深入居民、方便生活、价廉物美、综合服务的优势，激发消费者求廉、求便的心理需求和惠顾性购买动机，促成习惯性购买，以保持稳定的目标顾客群和销售量。国外专家分析认为：家庭主妇对周围步行不超过 500 米便可购物的副食店、便利店最为满意，再远则感到不便。

补充阅读

麦当劳布点 5 大秘诀

麦当劳仅在上海的连锁店就已增加到了 41 家。最近，麦当劳的中国华东地区总裁施文哲在接受记者采访时说：“麦当劳在上海的连锁店之所以开一家火一家，究其原因，第一是地点，第二是地点，第三还是地点。”麦当劳的布点，有 5 方面值得借鉴。

• 针对目标顾客群

麦当劳的目标消费群是年轻人、儿童和家庭成员。所以在布点上，一是选择人潮如涌的地方；二是在年轻人和儿童经常出现的地方；三是在百货商厦和大卖场中开店，吸引逛商场的年轻人就餐。

• 着眼于今天和明天

麦当劳布点的一大原则，是一定 20 年不变。所以对每个店的开与否，都要通过 3 个月到 6 个月的考察，再作决算评估。重点考察是否与城市规划发展相符合，是否会出现市政动迁和周围人口动迁，是否会进入城市规划的红线范围。进入红线的，坚决不碰；老化的商圈，坚决不设点。有发展前途的商街和商圈，新辟的学院区、住宅区，是布点考虑的地区。纯住宅区则往往不设点，因为纯住宅区居民消费的时间有限。

• 讲究醒目

麦当劳布点都选择在一楼的店堂，透过落地玻璃橱窗，让路人感知麦当劳的餐饮文化氛围,体现其经营宗旨——整洁、方便、物有所值。由于布点醒目,便于顾客寻找,也吸引人。

• 不急于求成

黄金地段的房产业主往往要价很高。当要价超过投资的心理价位时,麦当劳不急于求成,而是先发展其他地方的布点。通过别的网点的成功,让高价路段的房产业主感到麦当劳的引进,有助于提高自己的身价,于是再谈价格,重新布点。

• 优势互动

麦当劳开"店中店"选择的"东家",不少是牌誉较高的。知名百货店为麦当劳带来客源,麦当劳又吸引年轻人逛商店,起到优势互补的作用。

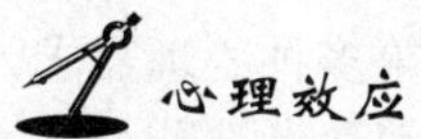

三分之一效应

"三分之一效应",指的是消费者在通常情况下会选择处于中间三分之一位置的对象。如果消费者面对三个以上的选项,通常会对处于三分之一位置的选项比较钟情。尤其是对于那些一眼就可以看到尽头的商业街,在条件大致相当的情况下,处于三分之一处位置的店家通常生意会更好。

对此,德国著名心理学家弗朗兹·布伦塔诺解释说:"三分之一效应的存在,是因为人们在选择之初会抱有后面还有更好选项的想法。而到了最后,又会变得选择疲劳,曾经出现的选项都会一一浮现在脑海中,最终还是会在三分之一处作出自己的选择。"

12.1.3 方位的确定与消费者购买心理

商店的店址,不仅要选择适当的地区,而且要设置在有利的方位上。同一地区、同一街道,甚至同一地段,处于不同方位的商店,其营销的成效会有很大的差异,这就是所谓的"一步差三市"。影响店址方位选择的心理因素包括以下几个方面。

1. 商店集中程度的心理影响

店址的方位应选择在商店比较集中的地区,尤其是销售选购品。这是因为,一个商店的客流可分为两部分:一部分是专门来本店购买商品的顾客,称为本店客流;一部分是邻近的客流,即顺便进入本店的顾客,称为分享客流。

小思考 12.1

许多城市出现：食品一条街、服装一条街，还有家具城、家电城等。在一条街上，店铺越多，生意却越红火，为什么？

答 商店越集中，越能满足消费者的选购心理和购买习惯，而且获得的分享客流就越多，生意就越好做。

2. 商店类型的心理影响

(1) 大型百货商场。一般具有经营广泛、品种齐全、设施精良、服务完善、信誉良好等诸多优势，可以满足消费者求全心理、选择心理、安全心理等多种心理需求，因而对大多数消费者具有较强的吸引力。因此，大型百货商场是消费者选购商品、了解商品信息、感受时代潮流的主要场所。

(2) 专业商店。因其专业化程度高而能更好地满足消费者对某种特定商品的深层需求，因而在选购专业性较强的单一商品，如汽车、家电、钟表时，经常为消费者的首选商店类型。

(3) 超级市场。超级市场一般采取敞开货架、顾客自选的售货方式，使消费者能够亲手选择、比较、体验商品，因而可以满足消费者在购买过程中的参与感、自主性、选择性、便利性等心理需要。同时，减少与售货员发生矛盾的可能性也符合现代快节奏的生活需要。近年来，超级市场发展迅速，很受消费者欢迎。

(4) 连锁商店。连锁店因具有统一经营方式、统一品种、统一价格、统一服务、统一标志、分布广泛、接近消费者等特点，受到许多消费者的偏爱。在连锁店购物，可以使消费者减少风险、节省挑选时间、缩短购买过程。

(5) 高档精品店。一般以经营名牌商品、价格昂贵、质量精良、环境设施讲究和高水准服务见长。这类商店主要以高收入阶层、社会名流为主要服务对象，以满足其显示财富、身份、社会地位的心理要求。

(6) 货仓式商场(或小商品批发商场)。这类商店一反传统销售方式，将零售、批发和仓储各个环节合而为一，并采用小批量形式出售，因而可以最大限度地节约流通费用，进而大大降低商品的零售价，利用价格低廉的突出优势，迎合中低收入阶层求实、求廉的心理需求。

3. 交通条件的心理效应

交通条件的优劣决定着消费者能否便利地到达商店购买商品，因此商店的地点选择必须对该地区或地段的交通条件进行认真分析，如公共汽车路线、车站位置、人行横道的远近、有无停车场等。同时，还要分析人们的行走习惯，因为交通条件和光照情况的影响，在一条街上，两侧的客流量并不均衡，甚至有较大差异。

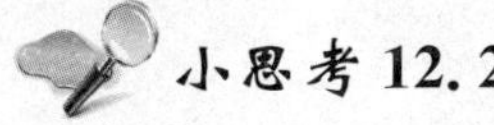

小思考 12.2

时下，越来越多的设在居民区的中小型连锁超市(或方便店)生意红火，其成功的原因是什么?

答　其成功的主要原因是节省时间、方便购买，迎合了现代人的生活节奏。

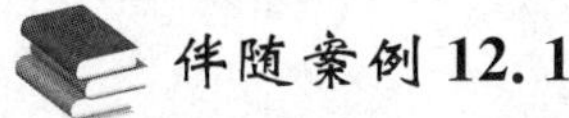

伴随案例 12.1

家乐福的选址要求

家乐福 1999 年销售额达 789.7 多亿美元，居世界第二，欧洲第一。到 2000 年底，家乐福在国外的店铺数已经比沃尔玛在国外的店铺数还多。

家乐福的选址要求是：

• 开在十字路口。第一家 Carrefour(法文意为十字路口)是 1963 年开在巴黎南郊一个小镇的十字路口，当时非常火爆，大家都说去十字路口，把店名给忘了。十字路口成为家乐福选址的第一准则。

• 3～5 公里商圈半径。这是家乐福在西方国家选址的标准。在中国，一般标准是公共汽车 8 公里以内的车程，时间不超过 20 分钟。

• 聘请专业公司进行市场调研。一般需要分别选两家公司进行销售额测算，两家公司是集团之外的独立公司，以保证预测的科学性和准确性。

• 灵活适应不同地理位置的特点。家乐福店可开在地下室，也可开在地上四五层，但最佳为地面一层、二层或地下一层和地上一层。家乐福一般只占两层空间，不开三层。

12.2　商店招牌与消费者购买心理

招牌是商店的名字，是识别商店、招徕顾客的牌号。设计精美、具有高度概括力和吸引力的商店招牌，不仅便于消费者识别，而且可以形成鲜明的视觉刺激，对消费者心理产生重要影响。

12.2.1 商店招牌命名的心理要求

招牌的首要问题是命名。好的招牌命名要便于消费者识别、注意,上口易记。具体包括以下几个方面。

1. 以商店主营商品命名,满足求便心理

这种命名方式,通常能从招牌上直接反映出商店经营商品的类别,如"北京烤鸭店"、"亨得利钟表店"等。

2. 以商店经营特点命名,唤起消费者的信赖感

消费者总是希望购买到质量上乘、货真价实的商品。以经营特点命名,能反映商店的经营特色、良好信誉等,如"精时钟表店"、"迷你服装店"等。

3. 以名人或象征高贵的词语命名,满足求名、求奢心理

追求名牌、高档、华贵,是某些消费者特有的心理倾向,可满足其求名、求奢心理,如"皮尔·卡丹"、"金利来"等名牌专卖店,"王府"、"贵宾楼"等高档酒店等。

4. 以寓意美好的词语或事物命名,迎合消费者吉祥心理

追求喜庆、吉祥是各个民族普遍追求的心理需要,就连奥运会也要选一个"吉祥物"。以寓意美好的词语、数字或事物命名,可以给消费者吉祥如意的心理感受,平添一份喜悦和好感,如"红豆制衣"、"好心情咖啡屋"等。

5. 以新颖、独特的方式命名,唤起消费者的好奇心

好奇心人皆有之,它能引起人的兴趣、渴望,以及探究心理。而新颖、奇特、不落俗套的招牌或命名,最能激发人的好奇心。

12.2.2 招牌的艺术表现形式与消费心理

确定了招牌命名之后,还须配以良好的艺术表现形式,它较之命名更具视觉冲击力,也是招牌设计的重要内容。招牌的艺术表现手段十分丰富,在构图、用料、造型、色彩等方面,运用艺术手段精心设计,可以给消费者赏心悦目、品位高雅、别具一格的心理感受。

招牌常见的表现手法有:请名人或书法家题写店名;运用现代科技手段,采用

立体化的艺术图形，使用霓虹灯、灯箱、电子显示牌，或用实物作装饰物等。同时，招牌应注意与人流方向相切，侧向悬挂，更能引起注意。

12.2.3　商店标志的心理功能

所谓标志，是以独特造型的物体或特殊设计的色彩附设于商店的建筑物上，从而形成的一种识别载体。例如，麦当劳餐厅上方的金色“M”，肯德基门前的“山德士上校塑像”等，就是非常独特的商店标志。其心理功能主要有：

(1) 标志是商店的主要识别物。由于标志通常设计独特、个性鲜明，为一家商店或企业所独有，因而成为商店的主要识别物。消费者仅从标志上即可对各种商店加以辨认和区别。

(2) 标志是商店或企业形象的物化象征。现代商店标志往往具有丰富的内涵，是商店或企业经营宗旨、企业精神、经营特色等理念与识别形象的高度浓缩和象征。通过标志，可以向消费者传递有关企业理念的多方面信息，给消费者留下深刻的印象。

(3) 标志具有特殊的广告宣传功能。设计新颖、独具特色、鲜明醒目的标志，本身就是良好的形体广告。它通过不间断地强化消费者的视觉感受，引起过往以及一定空间范围内的众多消费者的注意和记忆，从而成为招徕顾客的有效宣传手段。

12.2.4　商店标志设计的心理要求

为了充分发挥商店标志的心理功能，在设计标志时，应充分迎合消费者的购买心理，符合下列要求：

(1) 独特。避免相似或雷同是标志设计的最基本要求。设计标志时，应力求做到构思巧妙、独具匠心。

(2) 统一。一般来讲，连锁店或企业集团内各个分店或分支机构的标志必须是统一的。不仅如此，标志的字体、造型、色彩等还应与企业的形象识别系统(CIS)相统一。

(3) 鲜明。标志的色彩应力求鲜明，以便形成强烈的视觉冲击效果，给消费者留下深刻的印象。

(4) 醒目。标志在形体大小和位置设计上要做到醒目突出，能够为消费者迅速觉察。为此，标志的形体在与商店外观保持协调的前提下，应以大型为宜，设置位置一般应矗立在建筑物顶端或商店门前，以达到醒目的效果。

12.3 橱窗设计与消费者购买心理

橱窗是商店外观的重要组成部分。它是以商品为主体，通过背景衬托，并配合各种艺术手段进行商品介绍和宣传的综合性艺术形式。一个主题鲜明、构思新颖、造型美观的商店橱窗可以激发消费者的购买欲望，并起到指导和示范宣传的作用。

12.3.1 橱窗设计的心理功能

1. 引起注意的功能

心理实验表明，当消费者漫步在繁华的街道上，即使有明确的购买目标，他的目光也常常是游移不定，四处观望、浏览，店门、招牌、橱窗都在其视觉范围之内。由于近距离观察，橱窗处于最佳视觉范围，所以最先引起注意。同时，橱窗内琳琅满目的商品，对视觉器官的直接刺激作用大于门面的其他部位。因此，橱窗具有引起注意的重要功能。

2. 激发兴趣的功能

橱窗展示商品的最大特点是在一定范围内，以商品实物配以特定的环境布置，创造某种适应消费者心理的意境，不仅能给消费者一个商店经营项目的整体形象，还能给消费者以新鲜感和亲切感，能极大地激发消费者的购买兴趣。

3. 心理暗示的功能

心理学认为，心理暗示是指在无对抗态度条件下，用含蓄、间接的方式对人们的心理和行为产生诱导和影响的心理现象。橱窗展示是使消费者接受某种销售暗示的有效途径。它作为一种无声的暗示，对消费者的诱导在于意境的遐想，也就是通过橱窗布置的小环境，使消费者看后产生某种心理联想，从而激发其购买欲望。

12.3.2 橱窗设计的形式与消费者购买心理

为了充分发挥橱窗的心理效应，橱窗的设计与布置要做到以下几点。

1. 注意橱窗的整体效果

(1) 橱窗的大小、高矮、位置及数量要与商店的建筑形式保持和谐。小型商店建筑一般设置一、两个橱窗，大型建筑可多设置一些。

(2) 橱窗本身的装饰性要高于商店建筑外装饰的水平，在不破坏商店外观的前提下突出橱窗的装饰感，成为商店外观中最醒目的部分。

(3) 具有两个以上橱窗的商店，还要注意橱窗之间既分割又相连，既有区别又有呼应。

2. 注意对不同结构橱窗形式的选择

(1) 独立橱窗。只有一面透明，其他侧面均呈封闭的独立橱窗。这种橱窗不仅与商店内部的售货现场隔离，在商店外观中也自成一体、相对独立，因而便于设计者充分展示商品，突出宣传效果，从而吸引消费者的注意。

(2) 半透明橱窗。除正面透明外，侧面、背面也透明。这种形式若运用得当，可以形成与内部售货场所的紧密联系，但容易分散消费者对橱窗的注意力。

(3) 透明橱窗。它与商店内部为一体，可以使消费者直接看到售货现场，获得对商店外观和内部状况的整体感受。小商店和综合商店常采用这种方式。它可以增加商店的进深感。但是，由于里外透视，很难取得橱窗的艺术感，消费者的视线也容易分散，不易突出商品本身。

3. 注意不同陈列方式橱窗的选择

(1) 特写橱窗。这种橱窗一般只陈列某一种商品，即使有其他商品，也处于从属地位。特写橱窗常用于介绍新产品，或是准备推销的、具有特色的、可能流行的商品。

(2) 分类橱窗。它是把有连带性的、用途相近的商品摆放在一起陈列，如床上用品、家用电器、旅行用品等。这种橱窗可以引起消费者的联想，产生整体的印象。

(3) 综合橱窗。小型商店常采用综合橱窗。这类橱窗陈列商品较多，因而很难突出某个商品，彼此之间也很难取得艺术联系。不过，内容较丰富，也有一定的实用性。

12.3.3　橱窗设计的艺术手法与消费者购买心理

橱窗设计的效果要通过一定的艺术手法得以实现。设计者应灵活地运用样品、视线、层次、色调、摆放位置、灯光、道具等手段，力求使橱窗主题鲜明、构思巧妙，富于艺术感染力。具体内容如下所述。

1. 样品

在样品的选择上，任何一种橱窗都应以实物样品为主体，给人以真实感和信任感。陈列的样品应具有下列特点：货源充沛，需要大力推销的商品；能反映本店经营特色的商品；能引起消费者购买欲望的、款式新颖的新产品等。

2. 摆放位置

橱窗内陈列商品的最佳部位，一般在人们的视平线一带，过度上仰或俯视都会给消费者一种不舒适的感觉。特别是小件商品更要注意位置，让人能一目了然。同时，应把宣传的重点商品放在突出、显眼的中心位置，其他物品作为陪衬或点缀，以加大主题与背景的对比度。

3. 层次

一般应当根据橱窗的高矮、深浅、宽窄来确定陈列商品的品种和数量。不管是哪一种橱窗，布置的商品都要适当，过多会显得臃肿杂乱，过少则显得层次零散、单调，最好是上稀下密、前稀后密，层次分明，重点突出。

4. 色调

在色调运用上，应以所宣传的商品和季节为转移。春、夏季以冷色调为主，秋、冬季以暖色调为宜。同时做到上浅下深、浓淡相宜、搭配协调，使消费者获得美的感受。

5. 灯光

橱窗内应有充足的照明设备。灯头的分布要均匀，数量要充足，亮度集中而不强烈。特别是在晚上，无论从远近、左右、正侧各个角度看橱窗，都能恰到好处，使商品外形轮廓清晰可见。

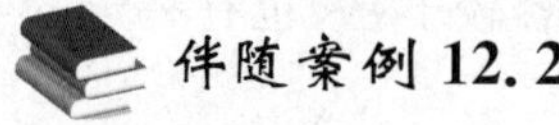

伴随案例 12.2

一、真人模特吸引人

加拿大的 EM 香烟公司在推出 Sportsman Filter 香烟时，在艾德蒙顿市街道设一橱窗，请了一位女模特一天 24 小时“住”在橱窗内。女模特对来往行人或巧笑倩兮，或搔首弄姿，甚至哆声哀求：“请救救我，这些香烟无法卖出，我便无法离开此地。”于是，围观的路人纷纷解囊。Sportsman Filter香烟很快走俏起来，并创下了5天销售100万包的世界纪录。其招，则是该公司的公关人员分析并组合了“吸烟多男人，男人善于在美女前潇洒”之信息，并由此产生广义灵感的产物。

二、橱窗时装天天换

意大利专门销售时装的爱玛公司，在橱窗设计上充分利用顾客的好奇心理来吸引顾客，他们的绝招是“天天换”。在爱玛公司的橱窗里，设有十个新时装陈列台，旁边有一大幅广告，声明橱窗内的新时装“天天换”，如果哪一位顾客能发现某一天陈列的十套新时装中有和过去相同的，就会得到一套时装作为奖励。爱玛公司的新时装橱窗前，每天都挤满了好奇的顾客，他(她)们用仔细而挑剔的眼光，希望侥幸发现一套重样的时装。结果是从未有人获奖，而许多人却被花样翻新的时装迷住，争先恐后地购买自己喜爱的时装。

12.4 商店建筑、设施与消费者购买心理

商店建筑与设施是企业进行营销活动不可缺少的基本物质条件。商店建筑主要指商业企业营业场所、保管商品和出售前准备的辅助场所、行政办公场所，以及职工活动场所等。商店营销设施包括陈列、出售、储存、搬运、加工、包装等各环节使用的工具设备等。

商店建筑与实施是否完善，直接关系到商品实体运动的畅通和效率，关系到服务手段的现代化，更关系到顾客购物方便和惠顾心理。因此，要进行科学设置和合理安排。

12.4.1 商店建筑的基本要求

商店建筑的基本要求包括以下几个方面。

(1) 适用。适用是指商店的建筑和设计应最大限度地满足为消费者服务的需要。一个商店的建筑和设计，从采光到通风都必须适应最合理布置营业现场的要求，以适用为基本原则。

(2) 坚固。坚固和适用是基本一致的。它要求经久耐用，并符合一定的质量要求。不坚固就谈不上适用，而坚固的标准也是符合适用的要求。

(3) 经济。即符合经济核算原则。在建筑设计中的花费要尽量少，效用要尽量大。当然，不同类型的商店建筑和规格不一样，对经济合理的要求也不相同。

(4) 美观。商店建筑除经济适用外,还要追求美观大方。一个商店的外观造型是否美观,各部分比例是否均衡对称,色彩是否协调,都会给消费者产生不同的感觉,影响消费者的购买情绪。

12.4.2 商店外部装饰与消费者购买心理

商店外部装饰是指商店的外形设计、门面、招牌、色彩、灯光及橱窗设计等。外部装饰关键要能吸引消费者的注意,给消费者有较好的第一印象和整体感受。许多没有固定购买目标的消费者,往往会以此来判断和衡量商店的经营档次和服务水平。因而,许多商店对外部装饰十分重视,越来越趋于高档化、特色化、现代化,以此来吸引消费者光临。

商店的外部装饰不仅标志着商店的经营类型,对商店起着宣传、介绍的作用,而且反映着商店的经济实力、经营档次、企业形象等。因此,商店外部装饰必须适应消费者购买心理与购买习惯。具体表现在以下几方面。

(1) 商店的外貌风格必须与所经营的商品内容相一致,要突出自己的行业特点和商品类型。一般来讲,经营一般日用品的商店,没有必要装饰得十分豪华,而经营高档商品的商店外观装饰要求就要高档些。

(2) 商店建筑与周围环境尽量做到协调。商店的外形设计除了要注意自身的美观以外,还应当使建筑物的个体与群体尽量协调。处于商业中心区域的商店建筑外形要有独特的风格,要尽量避免商店外貌与其他商店雷同,以使消费者在较远距离就能获得鲜明的印象。

(3) 商店招牌应鲜艳醒目,富于形象性,以招徕顾客。这是商店外部装饰中非常重要的方面。

(4) 必须重视橱窗的艺术设计,追求和商店外形整体的和谐统一。

12.4.3 商店内部装饰与消费者购买心理

商店内部装饰是指商店内部的建筑形式、装饰风格、柜台摆放、商品陈列,以及色彩、照明、音响等的综合体现。如果说良好的商店外观可以将消费者吸引进商店,那么能否激发消费者的购买欲望则很大程度上取决于内部环境的刺激。

1. 商店内部的建筑形式与购买心理

(1) 商店店门。店门是商店内部与外部的分界线。对店门形式的选择,不仅要有利于消费者出入,还要考虑对消费者心理的影响。其主要形式有:①封闭型。

是指消费者必须自己开启才能出入的店门,一般用深色玻璃与外界隔离开,形成安静、高雅的购物气氛。②开放型。这种形式是将店门前面全部开放,消费者在街上便可直接看到商店的全部内貌,而且,顾客出入方便。③半开放型。有些大型商店,根据季节和客流量变化调节大门的开放度。还有的店第一道门是敞开的,第二道门是封闭的,也是半开放型的。

(2) 内部建筑和辅助设施。①室内高度和空间设计。商店室内高度要与面积相适应,并保证通风和采光。多层商店,底层设计要高些,以免消费者产生压抑感。空间结构可采用丰富多变的设计手法,如各层中间有垂直空间,使消费者能看到商店的全貌,给人以宏大、宽敞的感觉。②楼梯。合理的楼梯设计应以方便消费者行走为原则,尽可能扩大客流量。在现代大商场,自动扶梯是必不可少的内部设施。③辅助设施。一般指商店为消费者提供非商品销售的服务性设施,如寄存处、休息室、问询处等。这些设施可使消费者获得极大便利,产生方便、舒适的良好印象。

2. 商店内部的装潢

商店内部装潢的效果取决于选用材料的不同和设计水平的高低。一般来讲,内部装潢在资金、场地等各种许可范围内,应尽量达到高雅、华贵,营造一个赏心悦目和舒适的购物环境。

3. 色彩

色彩是指商店内部四壁、天花板和地面的颜色等。心理学研究表明,不同的色彩能引起人们不同的联想和情绪反应,产生不同的心理感受。一般来讲,商店内部装饰色彩要以淡雅为宜,如象牙白、乳黄、浅蓝、浅绿、浅粉色等,给人以宁静、清新、轻松怡人的心理感受。

4. 照明

照明直接作用于消费者的视觉,对消费者选购商品有重要的促进作用。明亮、柔和的灯光可以充分展示店容,宣传商品,吸引消费者的注意力;可以渲染购物气氛,调节情绪,为消费者创造良好的心境。

商店照明分为总体照明和附加照明。总体照明以天花板上布置荧光灯为主。附加照明包括特别照明和装饰照明。前者是为增加柜台光度配置的,多采用聚光灯、探照灯等定向照射;后者多采用彩灯、壁灯、吊灯、落地灯、霓虹灯等照明设备。当然,装饰灯不要滥用,否则会给人眼花缭乱的感觉,不利于消费者选购商品。

5. 音响

音乐可以调节人的情绪,用音乐、声响来促销,自古有之。

营业场所配以恰当的音乐，可以为消费者创造轻松、愉快的购物环境。但若选用不当，则适得其反。因此，要遵循下列要求：

(1) 音量高低要适度。音量过低，难以引起消费者的听觉感受；音量过高，形成噪音污染，产生不良效果。

(2) 音乐要优美动听，并尽量体现商品特色和经营特色。音乐选择要与所售商品和企业经营的特色相结合，以促使消费者产生积极的情绪和相关的联想。

(3) 音响的播放要适时有度。音乐的播放时间要有间断，适时有度，切忌无休止、无变化地延续。

12.4.4 商品陈列与消费者购买心理

商品陈列是商店内部设计的核心内容，商品陈列与展示本身就是最直观的实物广告。丰富美观、琳琅满目、井然有序的商品陈列，本身就是强化商品促销的有力手段。

1. 商品陈列的心理要求

(1) 商品陈列要能引起消费者的注意与兴趣。这就要求商品的陈列必须做到：一要醒目，即对重点商品、特殊商品的陈列要有新意、引人注目；二要形象突出，即要求陈列高度要适宜，并尽量裸露摆放；三要有美感，即充分展示商品的形态美、花色美、质感美和时尚美等。

(2) 商品陈列要给消费者洁净、丰富的感觉。商品陈列不仅要讲究造型美观新颖，还要干净整洁、摆放整齐、错落有致，给消费者以品种齐全、数量充足、洁净丰富的感觉，但又不能显得拥挤或杂乱。

(3) 商品陈列要使消费者能一目了然。要尽可能裸露摆放，要配有价格、货号、产地、规格等信息的商品标签，以便于消费者观看、比较。

2. 商品陈列的基本形式

(1) 醒目陈列法。它是指商品摆放应力求醒目、突出，需要注意下列内容：

① 一是要合理调整摆放高度。据瑞士学者塔尔乃教授研究表明，消费者进店后无意识展望高度为 0.7～1.7 米，与人的视线大约成 30°角以内的物品最容易被感受到。因此，商品的摆放高度一般以 1～1.7 米为宜，与消费者的距离为 2～5 米。

② 二是要保持商品量感。量感，即陈列商品的数量要充足，给人以琳琅满目、十分丰富的印象，使消费者产生品种齐全、有充分挑选余地的心理感受。

③ 三是要突出商品的特点。商品陈列的重点要是突出商品独有的优良性能、质量、款式、造型、色彩、包装等内容。例如把款式新颖、时尚流行商品放在最能吸引消费者视线的位置等。

(2) 分类陈列法。它就是指先按商品的大类划分，然后在每一大类中，再按价格、档次、产地和使用对象进行第二次划分的方法。比如，先将商品划分为食品类、服装类、纺织品类、化妆品类等；然后在纺织品类中，再按毛呢、化纤、纯棉、丝绸等分类。这种方法便于消费者挑选、比较。

(3) 敞开陈列法。它是指商店采用自选售货形式。商品全部敞开摆放在货架上，允许消费者自由接触、挑选、试穿试用，甚至亲口品尝等，以减少消费者的疑虑心理、降低购买风险、坚定购买信心。

(4) 专题陈列法。又称主题陈列。它是指结合某一特定事件、时期或节日，集中陈列应时适销的连带商品的方法。如中秋节食品店中的月饼专柜，开学初商店开设的学生用具专柜等。

(5) 季节性陈列法。它是指根据季节性变化，把应季商品集中起来进行陈列的方法。尤其是季节性强的商品，必须随着季节的变化不断作调整。

(6) 连带陈列法。许多商品在使用上具有连带性，如牙膏和牙刷、照相机和胶卷等。为方便消费者购买相关商品，应把具有连带关系的商品相邻摆放，以便连带购买。

(7) 重点陈列法。现代商店经营品种十分繁多，要全部陈列是不可能的，为此，可选择消费者大量需要的商品作为陈列重点，同时附带陈列一些次要的、周转缓慢的商品。

(8) 艺术陈列法。这是通过商品组合的艺术造型进行摆放的陈列方式。在保持商品独立美感的前提下，通过艺术造型使各种商品巧妙组合、相映生辉，以达到整体美的艺术效果。如采取图案式、折叠式、艺术字式、单双层式、多层次斜坡式等多种方式进行组合摆放，赋予商品陈列以高雅的艺术品位和强烈的艺术感染力。

总之，科学的、独具匠心的商品陈列方式，可以使商品富有生命，发出光彩，产生赏心悦目的效果。在实际营销活动中，经营者要根据环境和需求的变化，对各种方法灵活组合、综合运用，并大胆创新，以使静态的商品焕发生机和活力。

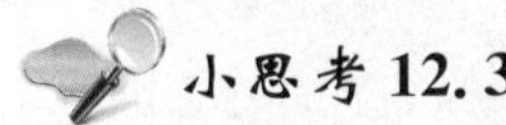

小思考 12.3

贵重物品和一般商品相比，在柜台摆布上是否应该有所区别？

答　应该有区别。一般来说，贵重商品应该摆放在高层或商店深处，一般商品应摆放在商店低层或方便地方。

知识题

1. 什么是商圈？商圈分析应考虑哪些因素？

2. 试分析不同类型商店顾客的购买心理。

3. 举例说明店址选择的重要性及其要求。

4. 分析商店命名的心理要求和标志的心理功能。

5. 针对你所熟悉的商店，说明该店的布局设计和内、外部装饰特点。

6. 选择某个大家熟悉的大型商场，对其店址选择、商店建筑、招牌命名、内部设施进行全面分析、比较优劣。

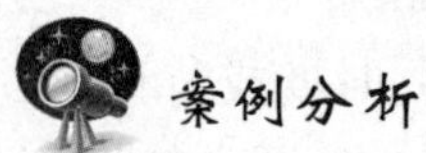

案例分析

背景音乐与购买行为

在进行某些活动时，背景音乐是可以影响人的态度和行为的。虽然在许多零售商场中都开始播放背景音乐，但背景音乐对消费者的行为到底有怎样的影响？美国学者 Lonald E. Milliman 研究了音乐的一个方面——节拍——对超市顾客行为的影响。他进行了三种处理：没有音乐、慢节奏音乐和快节奏音乐。研究的基本假设是这三种状态将对以下三个方面产生不同的影响：一是超市顾客在商场内的流动速度；二是消费者的日购买总量；三是顾客离开超市后，表示对超市的背景音乐有印象的人数。

研究发现，背景音乐的节奏能影响消费者的行为。商场内顾客流动的速度在慢节奏音乐是最慢，而在快音乐节奏环境中则最快。而且，选择慢节奏可以提高销售额，因为在慢节奏环境中，消费者在商场内徘徊、浏览的时间加长了，因而就有可能购买更多的商品。有趣的是，购物后的询问调查表明，很多消费者根本没有留意商场中所播放的音乐。可见，音乐很可能是在消费者没有意识到的情况下对消费者的购买行为产生影响的。

问题

1. 这个案例对商店营销环境设计有何启发？

2. 举正、反两个实例，分析音乐对消费者购买心理的影响。

实践训练

注意观察所在地较著名的大型商场的店址环境，分析评价它们的优势和特点。

第 13 章 网络营销与消费者购买心理

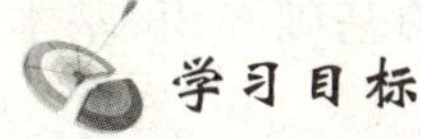

学习目标

1. 了解网络营销的概念、特点和发展趋势；
2. 明确网络营销产生与发展的心理基础和心理优势；
3. 掌握网络营销的心理策略。

引 例

花花公子——用网络促销的开拓人

《花花公子》作为全球最畅销的成人杂志早已风行全球，但是利益的追求是无止境的，它同样也面临着如何促销、如何进一步扩大市场的任务。1994 年夏天，《花花公子》公司正式推出了自己的网站，一经推出，这个网站便迅速跻身于世界最热门的网站行列，吸引了每天多达 10 多万人的访问。《花花公子》对于男性来说，一直是性感和诱惑的代名词，其访问者中以成年男性、青少年为主，这些人中不乏能掏得起腰包的大款。

《花花公子》网站提供了许多访问站点。比如在该网站上，有一小段标上底线的红蓝色文件，叫"常春藤联盟的女生"，许多人访问了这个站点，就像饥饿的狐狸抓到了肥硕的母鸡。利用这个文件，《花花公子》将男人的眼光探进了美国著名学府的女生中间，认为这是一块"资源巨大的"市场。通过网站，大多数精力充沛的男性都会点击"下一步"。《花花公子》正是用这种网上招数吸引了公众的注意力：当点击"下一步"、"完成"后，会发现里面并非点击者想要的图片，而是《花花公子》杂志的介绍。利用这种手段，《花花公子》成功地推销了自己的杂志，因为任何一个点击者是不会轻而易举让这种欲望和诱惑自行熄灭的，他们会去买本杂志尽情享受。

分析启示 网络经济以创造注意力、创造点击率取胜，一个网站一旦成功地抓住了千万访问者的"眼球"，它必须给客户们提供一些实际内容，让他们一而再、再而三地回到网站上来。《花花公子》的巧妙之处就在于它抓住了客户的心理，利用网站达到了推销《花花公子》杂志的目的。

人类进入21世纪，面临着新的经济浪潮的冲击，以数字信息技术和因特网为标志的技术在全球扩展。这个创新的商业模式趋于成熟，互联网迅速普及，其开发性、可扩张性和互动性迅速成为客户的新平台和交易的新标准。地域的分割和民族国家的限制开始打破，全球化的规则开始建立，降低了要素流动的障碍和摩擦。以新经济整合传统经济，以网络营销的概念整合传统营销策略势在必行，企业营销者适应新世纪营销的需要，必须要掌握网络营销的基础知识、基本技术与策略。

13.1 网络营销概述

13.1.1 网络营销的概念

网络营销就是以计算机互联网的使用为基础，企业直接与顾客接触，并根据顾客的特定需要，以比竞争对手更有效的手段向顾客提供所需要的产品或服务的营销。它是直复营销的一种形式。网络营销概念包括以下三层含义：

(1) 网络营销是利用计算机互联网为实现交易的主要手段。

(2) 网络营销是企业通过计算机网络对目标顾客的直接营销，即网络营销中除了在付款阶段，需要通过中介的认证机构来保证付款的真实性以外，其他任何环节都不再使用或需要依靠任何中介机构插手其间，完成企业对其目标顾客的营销。因此，它是直复营销方式。

(3) 网络营销的本质是以使用计算机网络为基础的，是定制营销，即企业与目标顾客之间采用直接互动性的市场接触，根据顾客的特定要求提供相应的产品或服务。

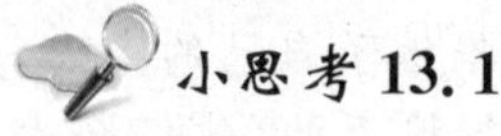

小思考 13.1

网络营销的本质是什么？

答 网络营销的本质是以使用计算机网络为基础的定制营销。

13.1.2　网络营销的特点

1. 全球营销性

网络营销使用计算机网络作为产销或买卖双方营销信息沟通的主要方式。因特网已与世界上186个国家和地区相连，使用该网的用户达数亿之多。计算机互联网的联系范围的全球性使得从事营销活动的企业可以利用这个世界性的信息媒体和传播通道，将企业营销活动的范围轻而易举地扩大到全球范围。网络营销使小企业也能与大企业一样，在全球范围内开展营销活动。同时，网络营销也使任何一个因特网使用者能够向任何一家营销企业提出自己对产品或服务的需求信息，买卖双方通过计算机互联网就可以直接进行交易洽谈、成交。

2. 网络营销的交互性

现代的市场营销环境要求企业实行全程营销，即必须在产品设计阶段就开始充分考虑消费者的需求和欲望。但由于企业和消费者之间缺乏适合的沟通或沟通成本过高而难以做到，消费者只能针对现有产品提出建议和批评，对尚处于概念阶段的产品难以涉足。此外，大多数中小企业也缺乏足够的资源用于了解消费者的各种潜在需求。他们只能从自身能力或市场领导者的策略出发进行产品开发。而网络营销不仅有全球性提供消费者反馈信息的广阔天地，而且它的交互性及快速的信息传输率也可以让企业非常及时地、充分且广泛地听取消费者的意见或建议。即使是中小企业也可通过电子布告栏、线上讨论广场和电子邮件等方式，以极低的成本在营销全过程中对消费者进行及时的信息收集。消费者则有机会从对产品设计到定价和服务等一系列问题发表意见。这种双向互动的沟通方式不仅提高了消费者的参与性和积极性，更重要的是，它能使企业的营销决策有的放矢，从根本上提高消费者的满意度和企业对市场的应变能力。

3. 网络营销的无形化

网络营销的无形化表现在：书写无纸化，传递数据化；经营规模不受场地限制，经营者在"网络店铺"摆放多少商品几乎不受任何限制，只要经营者有足够的商品开发能力，服务器都可以满足，都可以通过电子网络在世界范围内采购与销售；支付手段高度电子化，如使用电子信用卡、电子现金、智能卡等方式支付货款。网上营销的无形化显然可以扩大营销规模，降低营销成本，提高企业的市场竞争能力。

4. 网络营销的便利化

网络营销能够满足消费者对购物方便性的需求。网络提供一天 24 小时、一年 365 天的持续营业,无需雇佣营销服务人员,不受节假日、营业时间和《劳动法》对职工工作时间的限制,也可摆脱因工作疲惫或缺乏训练而引起的顾客反感所带来的麻烦。同时,消费者可随时查询所需资料或购物。查询和购物时间极短,程序简便快捷。在一些选购品或有特殊性的商品购买中,这种优势更为突出。例如,书籍的购买,消费者不必遍寻各大书店,也不会因本地书店没有进货而求之不得。这一特点使网上购物受到需要大量信息进行决策的分析型消费者或以缩短购物时间为目标的消费者的青睐。

5. 网络营销的互联性

目前,信息互联网有三大层次:国际互联网——由全球各个网络群联合而成,是全球范围内由所有上网终端连接而成的国际信息网;国内互联网——由一个各行业网络群组成的网络,主要是企业网的外延和一个地区或一个行业相互连接起来的网络;企业内部网——由企业各部门站点或网络终端连接而成。不同层次的信息互联网是互联的,所以各企业可共享存储在互联网服务器内的数据信息,协调管理项目,这样就可以大大增强企业内部、企业间协同开发新产品能力和优质服务的机会。

6. 网络营销的个性化

网络营销向一对一的个性化方向发展。营销者与目标客户互动交谈,相互传递的信息可以在服务器中集中储存,独立运行、存入或输出,消费者也可以按需比较、挑选、彼此商讨,从而指导消费者迅速、经济、实惠地完成购买过程,有利于建立相互间长期的、稳固的,甚至是牢不可破的良好关系。

7. 网络营销的标准化

为了适应计算机互联网沟通信息的需要,网络营销要求将产品的各种特征和属性信息化、标准化以及商品交易过程规范化、标准化。因此,网络营销中商品交易的规范化比传统营销的要求要高得多。

8. 网络营销的效益性

企业营销效益与营销成本是成反比例关系的。成本越低,效益越好。而网络营销恰恰具有成本低的特性:

(1) 网络营销的商场是虚拟商场,没有存货,无需承担库存压力,可以节约仓储费用。

(2) 电脑存储大量信息,便于消费者查询,可传送的信息量大、精确度高,减少印刷与邮递成本。

(3) 网络营销没有店面租金,能节约水、电与人工成本。

(4) 网络营销属直复营销,没有中间商参与其中,必然能够节省商品流通成本。

(5) 网络营销能够实现全天不间断的连续经营,能够扩大销售,提高市场占有率,取得良好的经济效益。

9. 网络营销的整合性

网络营销的交互性和个性化特点使顾客参与到营销管理全过程成为可能,而满足顾客个性需要使个性消费者的回归迫使企业必须贯彻以消费者需求为出发点的现代营销思想,将顾客整合到营销过程中来。为此,企业就必须将顾客的需求和利润最大化放到同等重要的位置。从顾客需求出发开展整个营销过程,而且在整个营销过程中要不断地与顾客交互、与顾客合作。网络营销的整合性还表现在互联网上的营销是一种全程的营销渠道,可以由发布商品信息到收款、售后服务一气呵成。同时,企业可以借助互联网络将不同的传播营销活动进行统一设计、规划实施,以统一的传播咨询向消费者传达信息,避免因不同传播的不一致性而产生的消极影响。

10. 网络营销的技术性

网络营销是建立在以高科技作为支持的互联网络、现代通信技术以及数字交互多媒体技术基础上的,企业实施网络营销必须有一定的技术投入和技术支持,只有改变传统的组织形态、提升信息管理部门的功能、引进懂营销与电脑技术的复合型人才,才能具备市场的竞争优势。

13.1.3 网络营销的发展

互联网起源于美国。最初的网络主要用于学术交流,禁止一切商业行为。此后,美国数据协调委员会和国家信用协会在原有标准上开发并推出一系列电子数据交换(EDI)标准,并得到广泛的使用,EDI 方式除了用于企业之间商务活动的信息传递,还被用来传递贸易单证、交货和付款。20 世纪 80 年代网络技术得到迅速的发展,专用增值网络和交换公用数据网的采用为 EDI 提供了较为理想的通讯环境,贸易伙伴开始通过网络进行交货和产品交换,这就是网络营销的起点。

在20世纪八九十年代,当一种新型的通讯媒体——国际互联网登上了世界信息舞台,地球的文明开始由物质化信息时代向数字化信息时代过渡。国际互联网和企业营销活动的组合过程分为两条线。第一条线是国际互联网线。其演进过程经历了第一阶段的内部电子邮件和内部数据传递,第二阶段的信息管理,第三阶段的工作组合,并向全球机构集成。第二条线是企业网线。其演进过程经历了第一阶段的外部电子邮件和浏览,第二阶段的广播媒介和厂商的联系,第三阶段的客户服务,并向电子化的市场发展。第一条线的第三阶段与第二条线的第三阶段结合在一起集中连接,网络营销正式形成。

20世纪90年代,全球国际互联网的高速发展促进了全球信息高速公路建设。一个通过电话系统和卫星通讯系统组成的连接世界几乎所有国家的大型国际通讯网络,成为商业最重要的伙伴,它改变了人类传统、落后的交易手段,将世界连为一体,缩短了人与人之间的距离,地球变小了,全球网络营销的时代到来了。

我国从1994年开始引入国际互联网。1996年,我国接入因特网的计算机只有2.4万户,用户人员只有10万。到1997年6月30日,我国上网用户为62万,上网计算机为29.9万台,域名注册4 066家,网站1 500多个;2001年6月30日,我国网民已达2 650万人,截至2008年6月30日,我国网民总人数达到2.53亿人,网民规模跃居世界第一位;2009年底,我国网民人数达3.38亿。从1994年起,我国部分企业开始涉足网上营销。1998年3月6日,由世纪互联通讯技术公司与中国银行合作的交易在因特网上成功实现,标志着我国网络营销开始进入实用阶段。进入21世纪,以现代信息网络为依托的中国商品交易中心(CCEC)、中国商品订货系统(COGS)、中国远洋运输集装箱信息系统、库存商品调剂网络商务系统陆续投入运营。近年来,商务交易类应用增幅异军突起,商务交易类应用的用户规模成长最快,平均年增幅达到68%。其中,网上支付用户年增幅80.9%,在所有应用中排名第一。2014年1月11日,工信部信息化推进司副司长董宝青表示,2013年中国电子商务交易额超过10万亿元,电商已经到一个临界点和引爆点。互联网金融、大数据时代、移动电子商务、跨境电商、传统企业触网等热潮,正推动着电商产业走到中国经济的舞台中央。张佩东介绍,2013年我国网络零售交易额约为1.85万亿元,5年来平均增速达80%。"有乐观声音表示,我国网络零售市场规模在去年一年已经超过美国,目前成为世界最大的网络零售市场。"国家邮政局市场监管司副司长刘良一在访谈中表示,近几年,我国快递业迅猛发展,速度超出了原来的预期。2006年邮政体制改革时,快递每年业务量只有10亿件,网购规模为500亿元。2007年,快递业务量92亿件,其中超过60%是来自网购。可见,电子商务与网络营销在我国发展迅速并有着灿烂的前景。

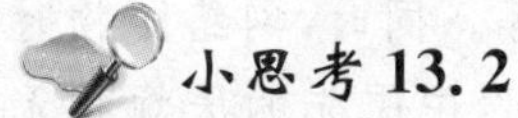

小思考 13.2

国际互联网起源于哪个国家?

答　国际互联网起源于美国。

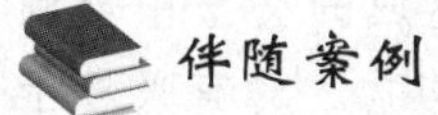

伴随案例

光盘网上营销

美国一对双胞胎兄弟在自己家里设立了一家光盘唱片公司,销售在美国发行的所有光盘及2万张进口光盘。公司通过互联网提供客户订货,通常在24小时内即将光盘送到顾客家里。这家公司不需要店面,也不需要库存,因为公司是在接到订货单以后,通过经销商将货物送出去。加上网络上的广告收入,这家公司1996年营业收入就达600多万美元。

分析提示　该光盘唱片公司通过互联网销售,实行24小时无店面网上销售,加上与经销商的实体分销密切配合,大大地降低了成本,取得了较好的经济效益。

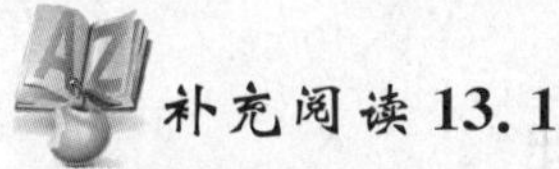

补充阅读 13.1

消费者为什么要选择网上购物

就消费者选择网上购物的原因而言,一些研究者发现有心理因素和非心理因素两种。

消费者选择网上购物的心理因素有多种,如非网络的购物无法满足个人欲望,购物经验很少或不习惯上街购买,商店人员态度不佳,对商店购物有强烈的排斥,所购买的东西不想让人知道或想拥有别人所没有的等因素。网络购物的隐秘性和产品的独特性,恰可满足这些需求。利用家中电脑连上网络便可使网络消费者足不出户,就可到世界各地采购。

消费者选择网络购物的非心理因素也有多种,如店铺离家远,没有时间购物,商品的体积太大而不易搬运,销售时间太短暂(如季节性商品),网络购物的全天营业,商品邮寄到家等好处,使这种购物方式更能吸引人。

网络购物除了以满足个人心理需求外,还有人际因素。对网络使用者来说,上网购物可以替代部分人际互动关系,并减轻孤独感,玩电脑时进入忘我的境界,也是一种逃避的方式,借着上网购物的过程,寻找可能想拥有的东西并达成幻想。

网络购物还可以满足消费者个人角色扮演动机的需要,消费者可借此扮演社会上所认可或接受的某一角色,如一位母亲、家庭主妇、先生等。同时,网络购物时电子商店亮丽的色彩及视觉的娱乐性和感官的刺激性,可使心中原先的厌烦和无聊感降低,商品取代了心中的问题与困惑,缓和沮丧。此外,上网漫游使得网络使用者有原始的放纵,有些人认为上网购物是一种原始角色的后现代表现。

不过,电子商店无法使消费者受到注意、尊重而享有地位、荣誉与权威。无销售人员亲自服务,会让网络商店购物缺乏讨价还价的乐趣或从达成的交易中得到自我能力的肯定。这些因素将影响消费者是否愿意用电子商店购物。对有兴趣于网络营销的企业,如何减少网络购物的不足,势必会是未来网络商业成功与否的主因。

13.2 网络营销心理因素分析

网络营销产生的心理基础是消费观念的转变。网络营销具有很多特点和优点,是新时代的产物。为促进网络营销的发展,必须了解网络营销的心理基础及其优势。

13.2.1 网络营销产生及发展的心理基础

随着市场由卖方市场向买方市场转变,消费者的主导地位日益彰显。消费者面对更为纷繁复杂的商品和品牌选择,其消费心理也产生了新的变化,并呈现出一种新的特点和趋势。

1. 个性消费的回归

在短缺经济的卖方市场条件下,由于可供选择的商品的品种和数量有限,消费者的个性受到压抑,消费需求得以实现的程度很低。随着社会生产力的发展和进步,商品的数量和品牌逐渐丰富,他们能够以个人的心理需求为基础挑选和购买商品和服务,不仅要求物质需求的满足,还要求精神需求的满足,"心理消费"概念应运而生,个性消费正成为消费的主流,而网络营销方式为消费者的个性消费提供了广阔的平台。

2. 消费主动性强

由于科学技术的发展,新产品层出不穷,老产品的性能和功能也在不断变化,消费者由于缺乏足够的专业知识，使得购买时知觉风险增大。人类天生的求知欲促使他们积极地去获取商品的有关资料和信息，尤其是大件的耐用消费品，以实现“明明白白消费”。互联网能够为消费者提供大量的信息，可以为消费者的消费主动性的增强提供实现的条件。

3. 消费心理的稳定性下降、转换性上升

在计划经济时代，某种产品流行多年的情况极其普遍，老字号、老品牌对人们的消费心理影响很大，消费观念保守、落后。而当今时代，科技和生产力的高速发展，产品的更新换代速度加快，产品的生命周期不断缩短，社会变革加快，人们的消费心理也在加速变化，消费观念不断变化，高消费、超前消费成为普遍现象，网络营销能够满足人们求新、求变的心理需求。

4. 追求购物方便性和乐趣性的统一

随着个性化的被承认和受到重视，消费者的需求也日益呈现复杂化、多元化趋势。对于工作压力大、紧张程度高的消费者而言，常以追求购物的方便性为目标，尽量节省时间成本，特别是对于需求和品牌选择都相对稳定的消费者，他们的购买行为快捷，重视个人的喜好，较少瞻前顾后。同时，另一部分消费者呈现相反的情况，劳动生产力的提高，人们可支配时间的增加，有一部分消费者把购物看做一种消遣，愿意花时间去获取信息，得到一种购物的乐趣和体验。网络营销无疑是他们方便、快捷地了解广泛信息的最好途径。

13.2.2 网络营销的心理优势及吸引力

1. 网络营销能满足消费者个性化消费的心理需求

网络营销最大的特点就是消费者的主动性。消费者可以根据自己的个性特点和需要，在全球范围内寻找满足的商品，不受时空的限制，随时进入感兴趣的企业网站或虚拟商店，搜索资料并进行信息的资源整合，使购物更显个性。

现代企业借助计算机辅助设计、人工智能等新科技，能够以较低的成本进行多品种、小批量生产，从而为个性营销的推行奠定了基础。按照以往的营销渠道，要实现真正的个性营销，必须解决庞大的促销费用问题，而网络营销的出现为解决这个问题提供了条件。网络营销使各种销售信息在网上以数字化的形式存在，可以以极低的成本发送并随时修改，因而可以节省促销费用。

2. 网络营销具有极强的互动性，是实现全程营销的理想工具

传统的营销理论已注意到全程营销的问题，提出了“4P”（即产品、价格、分销、促销）的组合理论。现代的营销理论更为重视营销的整体化问题，追求“4C”（即顾客、成本、方便、沟通）。但全程营销的真正实现，必须充分考虑消费者的需求与意愿。由于企业与消费者之间在这方面的沟通需要较高的成本，因而传统营销难以达到上述要求。而在网络营销环境下，这一难题得到了较好的解决，企业可以通过电子布告栏、在线讨论和电子邮件等方式，以极低的成本在营销的全过程中即时进行信息收集，而参与讨论者有机会对产品从设计、定价到售中、售后服务等环节发表意见，全程参与。

3. 网络营销能满足消费者对购物方便性的需求

网络所提供的服务超越了时空的限制，全天候、全方位、无节假日，消费者可随时上网查询和购物，其过程非常简便、快捷。网络营销使购物不再是一种负担，而是一种轻松的活动，甚至还有可能是一种获得购物情感体验的机会、一种休闲、一种娱乐。网络营销使购物过程简化，达到高效、精简的目的，与现代的快节奏合拍，从而提供整体的优化服务，赢得顾客的倾心。

4. 网络营销能满足重视价格型消费者的需求

作为消费者，必然关心商品的价格问题，货比三家，价低者得。由于网络营销能够有效地节省促销费用和流通费用，节省人、财、物消耗，从而大大降低成本，进而降低价格，满足消费者的心理需求。例如，美国通用电器公司用网上采购系统自动联系客户、协调业务、下订单，预计 2～3 年内采购量可达 50 亿美元，将为公司节省 5～7 亿美元的采购费用。作为消费者，则可在全球范围内寻找最优惠的价格，甚至可以绕过中间商直接向生产者订货，因而可以取得较低的价格。

13.2.3 网络消费者需求特点和购买动机

1. 网络消费者的群体特点

消费者行为以及购买行为永远是营销者关注的热点问题，对于网络营销者也是如此。网络用户是网络营销的主要个体消费者，也是推动网络营销发展的主要动力，它的现状决定了今后网络营销的发展趋势和道路。我们要搞好网络市场营销工作，就必须对网络消费者的群体特征进行分析，以便采取相应的对策。网络消

费者群体主要具备以下三个方面的特征。

(1) 注重自我。由于目前利用网络销售的用户多以年轻、高学历用户为主,他们拥有不同于他人的思想和喜好,有自己独立的见解和想法,对自己的判断能力也比较自负,所以他们的具体要求越来越独特,而且变化多端,个性化越来越明显。因此,从事网络营销的企业应想办法满足其独特的需求,尊重用户的意见和建议,而不是用大众化的标准来寻找大批的消费者。

(2) 头脑冷静,擅长理性分析。由于利用网络销售的用户是以大城市、高学历的年轻人为主,他们不会轻易受舆论左右,对各种产品宣传有较强的分析、判断能力,因此从事网络营销的企业应该加强信息的组织和管理,加强企业自身文化的建设,以诚信待人。

(3) 喜好新鲜事物,有强烈的求知欲望。这些网络用户爱好广泛,无论是对新闻、股票市场还是网上娱乐都具有浓厚的兴趣,对未知的领域抱以永不疲倦的好奇心。好胜,但缺乏耐心,因为这些用户以年轻人为主,所以比较缺乏耐心,当他们搜索信息时,经常比较注重搜索所花费的时间,如果链接、传输的速度比较慢,那么他们一般会马上离开这个站点。

网络用户的这些特点,对于企业加入网络营销的决策和实施过程都是十分重要的。营销商要想吸引顾客,保持持续的竞争力,就必须对本地区、本国以及全世界的网络用户情况进行分析,了解他们的特点,制定相应的对策。

2. 网络消费者的需求特点

动机是一种内在的心理状态,不容易被直接观察到或被直接测量出来,但它可根据人们的长期的行为表现或自我陈述加以了解和归纳。对于企业促销部门来说,通过了解消费者的动机,就能有依据地说明和预测消费者的行为,采取相应的促销手段。而对于网络促销来说,动机研究更为重要,因为网络促销是一种不见面的销售,网络消费者复杂的、多层次的、交织的和多变的购买行为不能直接被观察到,只能通过文字或语言的交流加以想象和体会。

马斯洛的需求层次理论可以解释虚拟市场中消费者的许多购买行为,但是,虚拟社会与现实社会毕竟有很大的差别,马斯洛的需求层次理论也面临着不断补充的要求。而虚拟社会中人们联系的基础实质是人们希望满足虚拟环境下三种基本的需要,即兴趣、聚集和交流。

(1) 兴趣。分析畅游在虚拟社会的网民,我们可以发现,每个网民之所以热衷于网络漫游,是因为对网络活动抱有极大的兴趣。这种兴趣的产生,主要出自于两种内在驱动:一是探索的内在驱动力。人们出于好奇的心理探究秘密,驱动自己沿着网络提供的线索不断地向下查询,希望能够找出符合自己预想的结果,有时甚至到了不能自拔的境地。二是成功的内在驱动力。当人们在网络上找到自己需求的资料、软件或游戏,或者打入某个重要机关的信息库时,自然获得一种成功的满足感。

(2) 聚集。虚拟社会提供了具有相似经历的人们聚集的机会,这种聚集不受时间和空间的限制,并形成富有意义的个人关系。通过网络而聚集起来的群体是一个极为民主性的群体。在这样一个群体中,所有成员都是平等的,每个成员都有独立发表自己意见的权利,使得在现实社会中经常处于紧张状态的人们渴望在虚拟社会中寻求到解脱。

(3) 交流。聚集起来的网民,自然产生一种交流的需求。随着这种信息交流的频率的增多,交流的范围也在不断地扩大,从而产生示范效应,带动对某些种类的产品和服务有相同兴趣的成员聚集在一起,形成商品信息交易的网络,即网络商品交易市场。这不仅是一个虚拟社会,而且是高一级的虚拟社会。在这个虚拟社会中,参加者大都是有目的的,所谈论的问题集中在商品质量的好坏、价格的高低、库存量的多少、新产品的种类等方面。他们所交流的是买卖的信息和经验,以便最大限度地占领市场,降低生产成本,提高劳动生产率。对于这方面信息的需求,人们永远是无止境的,这就是电子商务出现之后迅速发展的根本原因。

3. 网络消费者的购买动机

网络消费者的购买动机主要体现在以下三个方面。

(1) 理智动机。理智动机是建立在人们对于在线商场推销的商品的客观认识基础上的。众多网络购物者大多是中青年,具有较高的分析、判断能力。他们的购买动机是在反复比较各个在线商场的商品之后作出的,对所要购买的商品的特点、性能和使用方法早已心中有数。理智购买动机具有客观性、周密性和控制性的特点。在理智购买动机驱使下的网络消费购买动机,首先注意的是商品的先进性、科学性和质量高低,其次才注意商品的经济性。这种购买动机的形成,基本上受控于理智,而较少受到外界气氛的影响。

(2) 感情动机。感情动机是由于人的情绪和感情所引起的购买动机。这种购买动机还可以分为两种形态:一种是低级形态的感情购买动机,它是由于喜欢、满意、快乐和好奇而引起的。这种购买动机一般具有冲动性和不稳定性的特点。还有一种是高级形态的感情购买动机,它是由人们的道德感、美感和群体感所引起的,具有较大的稳定性和深刻性的特点。而且,由于在线商场提供异地买卖送货的业务,大大促进了这类购买动机的形成。

(3) 惠顾动机。这是基于理智经验和感情之上的,对特定的网站、图标广告、商品产生特殊的信任与偏好而重复地、习惯性地前往访问并购买的一种动机。惠顾动机的形成,经历了人的意志过程。从它的产生来说,或者是由于搜索引擎的便利、图标广告的醒目、站点内容的吸引,或者是由于某一驰名商标具有相当的地位和权威性,或者是因为产品质量在网络消费者心目中树立了可靠的信誉。这样,网络消费者在为自己作出购买决策时,心目中首先确立了购买目标,并在各次购买活动中克服和排除其他的同类水平产品的吸引和干扰,按照事先决策采取购买行动。具有惠顾动机的网络消费者,往往是某一站点的忠实浏览者。他们不仅自己经常光顾这一站点,而且对众多网民也具有较大的宣传和影响功能,甚至在企业的商品或服务一时出现某种过失的时候,也能予以谅解。由于电子商务的出现,消费观念、消费方式和消费者的地位正在发生着重大的变化。电子商务的发展,促进了消费者主权地位的提高;网络营销系统巨大的信息处理能力,为消费者挑选商品提供了前所未有的选择空间,使消费者的购买行为更加理性化。研究网络消费者的需求特点、购买心理和购买动机,对促进我国网络销售的发展非常重要。

13.2.4　网络营销与消费心理

近年来,互联网作为营销沟通的新方式,正以超常的速度增长,独特的诉求方式受到世人瞩目,它具有以下心理特征。

1. 即时互动

网络可以让受众自由查询,当遇到基本符合自己需求的内容时可以进一步详细了解,并向企业的有关部门提出要求,让他们提供更多所需要的信息。网络广告是"活"的广告,查询起来非常方便,由一个感兴趣的问题一步步深入到具体的信息,只要在一般性介绍中有手形标记的关键词上单击鼠标,便可以看到对这个关键词的内容作详细介绍的新画面。消费者可以通过正在浏览的页面,直接向企业发出 E-mail 进行咨询或下订单。

网络广告可以一年 365 天、一天 24 小时不间断地开通传递信息,消费者什么时间愿意看,可以随时点击选择收看。互联网的信息传播还打破了国界限制,网络广告几乎是"无国界"的。网络媒体具有随时更新、更改信息的功能,广告主可以根据营销的需要随时改动广告信息,并及时将最新信息传递给消费者。

2. 生动的表现手法

网络广告的表现手法以图像、色彩、文字相结合,具有形象、直观、生动的特点。

3. 持久性和可检索性

网络媒体也可以长久地保存广告信息,在互联网上,广告主建立的有关产品的网站可以吸引网民的注意力，随时等待现实和潜在的消费者查询。

网络广告不像电视、广播广告那样被动地接受，而且图像、声音转瞬即逝，网络广告可以随时检索、查阅，能够保留较长的时间。

4. 统计性

网络广告可以有效地进行顾客研究，可以在网站上和网页中准确地记录来访者的数量和访问的次数，甚至可以记录访问者的情况，以获得双向的广告效果信息。

5. 信息量大，传播范围广

在互联网上，广告主提供的信息容量是不受限制的。互联网是由遍及世界各地大大小小的各种网络按照统一的通信协议组成的一个全球性的信息传输网络，因此网络广告可以把广告信息全天候、不间断地传播到世界各地。

6. 针对性强

网络营销的广告针对性包括两个方面：一是广告主投放目标市场的针对性；二是广告受众的针对性。一般消费者浏览站点时，只会选择其真正感兴趣的广告信息，所以网络营销信息到达受众的针对性较强。

7. 彻底细分市场的营销

在网络营销环境下，市场更趋于彻底细分化，即网络营销向一对一的个性营销发展。营销者与目标顾客互动交谈，相互传递的信息可以在服务器中储存，独立运行、存入或输出。企业可以针对目标顾客的个性需求设计、推销产品或服务，顾客也可以按需要进行比较、挑选、彼此商讨，从而指导消费者迅速、经济地完成购买过程，有利于建立相互间长期、紧密的稳定关系。

8. 网络营销的协调性

在网络环境下，生产商和最终用户通过互联网直接进行交易。这就要求企业与银行、配送中心、通信部门、技术服务等多个部门通力合作，完成整个交易过程。为消费者购物提供便捷，使消费者真正做到坐在家中完成购物。

9. 网络营销的安全性

与传统的直接营销不同的是，安全性在网络营销中至关重要，这也是一个核心问题。它直接影响了消费者对网络营销的信任度。它要求网络能提供一种“端到端”的安全解决方案，如加密机制、签名机制、安全管理、存取控制、防火墙和防病毒保护等。因此，网络营销必须要有一定的技术投入和技术支持，才能具备市场竞争力。

13.3　网络营销的心理策略

发展网络营销，就必须要扬长避短，了解消费者对网络营销的心理需求，分析消费者对网络营销的心理障碍，从而为网络营销的发展提供条件和保证。在网络技术和网络信息发布中，应倡导和推行诚信原则和客观原则，增强网络营销的可信度，赢得顾客的信任感和忠诚度，杜绝虚假信息，为网络顾客提供心理保障。要采取独特的有创意的、感性和理性相结合的形式，克服网络营销感觉不够具体生动，购物过程未能身临其境、缺乏真切感等弊端。具体策略包括以下内容。

(1) 建立一个规模庞大、结构完备、细致而便捷的信息处理系统，在线应答和后续服务能力强大的服务支持的综合体，能发现顾客、服务顾客、影响顾客、巩固顾客、发展顾客，形成日益扩展的顾客群。

(2) 以顾客为中心，致力于建立与强化与顾客的紧密联系，建立管理客户关系优化组合的体系，与客户积极沟通，建立牢固的顾客关系网。

(3) 推崇智慧营销，懂得用脑来营销。开辟各种网上消息、网上新闻等栏目，每天有新封面，让顾客有亲近的感觉、有新的感觉。网上商店的经营要别开生面，充分显示自身的经营特色，为顾客提供定制化的个性服务。

(4) 网上商店的外观设计要寓意深刻，引人入胜。从域名到栏目的制定、动静的结合、色彩的组合等方面，要利用心理学和美学理论，充分考虑、刺激顾客的感官及反应，以新、奇、全的风格吸引和留住顾客。

(5) 要充分利用网上商店的虚拟性，以动感来赢得顾客的青睐。网上商店的内部布局要考虑整体效果，要整齐、大方、格调高雅，富有艺术色彩，使人置身于高雅、清丽的购物环境之中，并能提供实用、准确的导航系统，使顾客进出方便。

(6) 要运用心理学原理指导商品的陈列摆放和购物顺序的编列，及时提供有关商品的信息，进行智能化处理，安排导购小姐、导购先生进行有趣的购物演示，实现数字化、拟人化。

此外，消费者希望得到价廉物美的商品，十分重视价格因素，这已成了顾客的心理定势。所以，网上购物更应充分运用心理定价策略，掌握好心理价格的阈限，使顾客能欣然地接受。

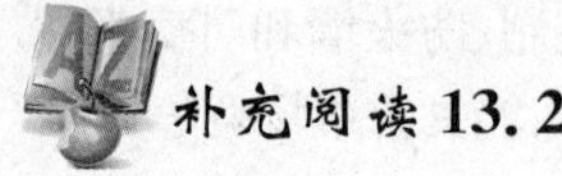

补充阅读13.2

网络营销四诀窍

• 网址宣传

做网络营销，一个极为重要的工作就是大规模的宣传。说白了，就是吸引眼球。搜索引擎上的网址，注册一定要保证排名，特别是入口网站和信息服务网站。当然，这必须考虑商家的网上营销预算。

评价一个网站成功与否的重要标志是网页访问量的大小。而这个访问量的标尺是日访问量(点击率)——具体形象的说法叫流量。访问网页的直接表现形式是"看"，这就是所谓的"眼球经济"。

如何增加点击率，这是网站经营者想要解决的问题，但是又始终摆脱不了经营怪圈的影响，想把网站做大，获得风险投资，然后上市，就得有一定的点击率。

• 虚拟服务

Internet是一个虚拟的生活空间，同时也是一个虚拟的市场。因此，虚拟服务"现实化"很重要。一般来说，取得客户的信任是网络营销成功与否的关键。网站内容宜客观、忌花哨。近几年来，利用多媒体技术手段将服务或产品"真实"地再现在因特网上是比较容易做到的。

• 电子邮件

电子邮件也许是网络营销中非常重要的利器。在开展网上营销业务过程中，你是否使用过未经许可的电子邮件发送信息？也许有过。结果可能是遭到那些被你激怒的人们的强烈抗议，甚至会收到电子邮件炸弹。我们建议你不要再做这种自讨没趣的事情了。但是，如果你正确地使用电子邮件而不是用令人讨厌的方法。电子邮件营销"正确"的方法仅有一个：发邮件给那些首先与你联系的潜在客户，他们不会抱怨收到有价值的信息。

经过调查，这样的邮件内容将会受到收件人的欢迎，如"最后一分钟"的提示；特别的优惠；产品的最新信息；他所在行业最前沿的新闻等。

• 网络市场定位

网络营销同一般营销相比，其前期工作也包括准确的市场定位。网上营销与营销有较大的区别，因此其市场定位也有其独特之处。如何准确、客观地进行网上营销的市场定位，必须搞清以下几个关键问题：

(1) 产品或服务是否适合在网上销售。如何判断你的产品或服务是否适合在网上营销？一般来说，标准化、品质容易识别的产品或服务适合在网上进行销售。所谓标准化的商品或服务，是指这样一种商品或服务，它们很少发生变化，以至于消费者很容易识别其性能。例如像书这样的商品，太标准不过了，这样的商品就适合在网上销售。所谓品质容易识别,是指你的产品或服务有不同于其他同类产品或服务的地方,以至于消费者很容易识别其品质。例如一个商品的品牌——中国银行是一个世界级的品牌,在它的网站上,消费者自然很容易信赖其网上金融服务。

(2) 分析网上竞争对手。网上的竞争对手与现实中的竞争对手基本一致,网络只是市场营销竞争对手的一个新的战场。所以,对竞争对手的分析不可拘泥于网上,还要从现实的角度出发,根据对竞争对手的一般性分析,确定其在各个领域的策略、营销手法等。当然,在网上要访问竞争对手的网页,一般来说,对手的最新动作(包括市场活动)会及时反映在网页上。

(3) 目标市场客户应用因特网的比率。网上销售并非万能,它的本质是一种新的、高效的营销方式。目标市场客户应用因特网的比率,无疑是重要的参数。假若目标市场的客户基本不使用因特网,那在网上的销售显然是不值得的。

(4) 确定具体的营销目标。与普通营销一样,网上营销也有相应的营销目标,须避免盲目。有了目标,还需进行相应的控制。网上营销的目标应与现实中的目标一致,但网络面对的市场客户有其独特之处,且网络的应用不同于一般营销所采用的各种手段与媒体,因此网上市场目标的确定应稍有不同。在当前,网上营销发展之时,目标就不要定得过高,且重点在于如何使客户接受这种新颖的营销手段。

知识题

1. 什么是网络营销?它有哪些特点?
2. 网络营销产生与发展的心理基础是什么?
3. 结合实际,分析网络营销的心理优势和吸引力。
4. 开展网络营销有哪些心理策略?
5. 举例分析哪些商品或服务开展网络营销适合、哪些不适合。
6. 结合当前形势,分析网络营销在我国的发展趋势。

案例分析

沃尔·马特的网络营销

沃尔·马特是近20年来美国发展最快的零售商。20世纪70年代公司销售额只有4 000万美元。1995年沃尔·马特年销售额已达936亿美元,列美国最大企业排名第四位。至今,公司已拥有2 133家沃尔·马特商店、469家会员店和248家购物广场,遍布世界各地。其成功之道在于理念和手段。其理念是尽量降低成本,实行低价销售。沃尔·马特之所以能维持较低的经营成本,得益于其拥有先进的技术手段，那就是电脑联机销售网络。沃尔·马特拥有世界上最大的私有卫星系统，并利用这个系统与3800家供货商实现计算机联网。总部的电脑与16个发货中心和1000多家零售店连接，做到了即时销售。这大大压缩了产品的时间成本，减少存货风险，加速资金周转，从而降低了成本、扩大了销售，使销售额直线上升。

问题

从心理学角度分析沃尔·马特的成功原因。

实践训练

结合自己的购买实践和消费心理，比较网络销售与实体店销售的优劣，并提出网络销售的营销建议。

第14章　营销者心理与行为对消费者购买心理的影响

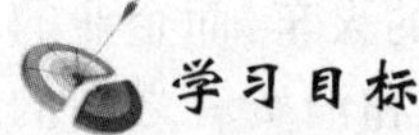

学习目标

1. 了解营销服务的内容及其对消费者心理的影响；
2. 明确营销语言的基本要求及语言艺术；
3. 掌握营销人员仪表及服饰的基本要求；
4. 认识营销人员心理素质要求及心理素质训练内容。

引　例

到非洲卖鞋

有两个推销员被派到非洲去推销皮鞋。第一个推销员到了非洲，发现那里的人根本就不穿鞋子，于是失望透顶，心想这里根本就没有市场，怎么推销啊。于是他刚到的第三天就放弃任务，很沮丧地回到了公司；另一个推销员到了非洲，看到非洲人都打赤脚，基本上没有人穿鞋，于是高兴得差点跳起来，他高兴地想：这些人都没有皮鞋穿，那该有多大的市场啊，自己这下可发大财了。于是他开始想方设法地进行推销，说服非洲人买皮鞋穿。虽然一开始很多人拒绝，但是经过他的努力，人们开始慢慢接受了，于是随着市场的打开，他赚了不少的钱。

分析启示　不同的心态，所导致的结果是有天壤之别的。拥有积极心态的推销员，不仅能够乐观地面对工作中的打击和挫折，还更善于积极地推销自己，为自己创造成功的机会。还比如乔·吉拉德是我们所熟知的世界上最伟大的推销员之一。他一生共销售出去13 001辆汽车，至今无人能打破他所保持的纪录。他之所以如此的成功，与他积极的心态是密切相关的，因为他无论在什么场合，都会积极地推销自己，他总会随身携带很多名片，走到哪发到哪，他努力地让更多的人知道有一个人叫乔·吉拉德，是个卖汽车的。

心理学家认为，很多时候我们的心理的、感情的、精神的环境都是由我们自己的态度来创造的。拥有积极的心态虽然不能保证事事成功，但是却会改善一个人的内心环境，使人变得乐观、自信。持消极心态的人是难以取得持续的成功的。即使运气好，碰到一次成功，也是暂时的，犹如昙花一现，转瞬即逝。

选择哪种心态来对待人生，则会使人与人之间产生巨大的差距，有的人获得成功，而有的人却遭受失败。积极的心态是生命的灿烂阳光，给人以温暖和力量，而消极的心态是生命的阴云，让人感到寒冷和无助。所以，如果一个人能够拥有这种积极乐观的心态，那么他在通向成功的路上，就会走得更加从容和自信。

在市场经济条件下，营销人员无论是对生产企业还是商业企业，都扮演者十分重要的角色。在西方发达国家盛行的观点是：将企业比作运行中的火车，而企业的营销人员则被比作火车头，是企业运行的关键。营销人员是企业和消费者之间的桥梁和纽带。营销活动能否顺利进行，除了受消费者因素、市场因素、产品因素等制约之外，还直接受营销人员的服务态度、语言艺术、仪表、服饰以及营销人员心理素质等方面的影响。因此，企业应十分注重对营销人员的甄选和培训，加强对营销人员服务水平、语言能力、仪表服饰及心理素质的培养和训练，以造就一支精干的营销人员队伍。

14.1 营销服务与消费者购买心理

14.1.1 加强营销服务的重要意义

营销服务是构成商品整体的一个重要组成部分，是企业向顾客提供的、有助于商品销售和使用的活动。随着市场经济的发展，市场竞争不断加剧，服务已成为企业营销活动和企业竞争的重要手段。有些营销学家预言：21世纪的竞争是服务的竞争。因此，研究营销服务对消费者购买心理的影响对提高服务质量、增强企业竞争力有着非常重要的意义。

1. 营销服务是扩大商品销售的必要条件

对现代企业来说，并不是把商品销售出去就算完事，特别是对生产资料和家用电器，维护使用时的正常运转是企业应尽的责任。只有这样，才能赢得用户的欢迎和信任，从而得到更多消费者的青睐和重复购买，从而扩大商品销售。

2. 营销服务是提高市场竞争力的重要因素

商品在市场上的竞争力，不仅要看商品质量、款式、价格，而且要看商品的服务。特别是机械设备和耐用消费品，市场竞争越来越激烈。消费者购买商品总要货比三家，充分选择，往往是质量相同看价格，价格相同看服务，谁的服务多、服务好，销售必然好。这也是企业发展、提高市场竞争力的重要手段和途径。

3. 营销服务是提高企业经济效益的重要途径

企业要坚持产品整体概念、树立以消费者为中心的市场营销观念，就必然要提高服务质量、改善服务态度，才能吸引更广大的消费者，扩大商品销售，从而提高企业的经济效益。

4. 营销服务是产品参与国际竞争的一项重要措施

我国已加入世界贸易组织，进出口贸易越来越频繁，企业的竞争也必将逐步纳入国际竞争的行列。在进出口贸易中，经济发达国家的产品竞争优势除了技术之外，主要就是服务，产品销到哪里，技术服务网络就设到哪里。因此，提高营销服务质量，是现代企业参与国际竞争的一项重要措施和保证。

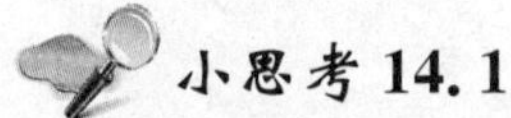

小思考 14.1

服务是同产品销售连在一起的吗？

答 是的。服务是产品整体概念的一部分，消费者购买产品，同时也包括有关的服务。

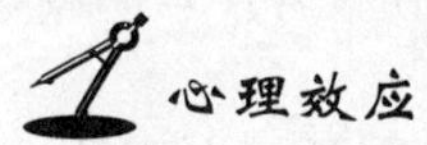

心理效应

相互吸引定律

“我们总是喜欢喜欢我们的人。”即使他们的人生观、价值观并不相同。

14.1.2 营销服务的内容与消费者心理

营销服务的内容复杂多样，并随着社会的发展和进步越来越丰富。营销服务内容大致可分为售前、售中、售后服务三部分。

1. 售前服务内容与消费者购买心理

1）售前服务内容

售前服务是指产品从生产领域进入流通领域，但还未与消费者见面的这段时间里的各种服务。具体包括：

一是要搞好市场调查与预测，努力适应消费者需要。市场调查与预测是售前服务的首要工作。从产品开发、制造到商业企业进货，都要以市场调查与预测为前提，充分考虑消费者的意见和要求，以便产品适销对路，更好地满足消费者的需要。

二是要采购适销商品，做好备货工作。组织货源要适销对路，要备足、备齐商品，以便消费者充分选购，最大限度地满足消费者的需要。在备货中，要做到数量充足，花色品种、规格型号齐全，明码标价，商品陈列整齐、美观等。

三是要搞好商品宣传，加强消费引导。信息传播是售前服务的主要内容。要做好商品介绍与消费引导；加强消费者对新产品的认知，做好广告宣传工作；为消费者提供样品和说明书，向消费者传递商品信息和各种商品知识，便于消费者选购。

2）售前消费者的购买心理

要搞好售前服务，既要满足消费者的物质需要，又要满足消费者的心理需要。就现代营销而言，消费者的心理需要比物质需要更为重要。

售前服务的心理需要多种多样，大致包括：

其一，外露与内藏并存。外露是指直接表现出来的心理需要。如消费者到餐馆用餐，首先看一看卫生环境，满意就坐下来，不满意就走人。内藏是指潜藏内心的心理需要。例如保险，有些消费者明明了解，但不愿接受其推销。

其二，确定与未确定并存。确定是指消费者明了的心理需要。例如，明确购买商品的品牌、数量等。未确定是指消费者对心理需要不够肯定，对购买什么品牌、买多少不能确定等。这时就需要售前服务来帮助消费者确定。

其三，单一与多重并存。单一是指消费者的心理需要只存在于某一点或某一方面。比如，有的人购买商品只关注价格，有的人只看质量，而不在乎其他。多重是指消费者同时具有多种心理需要。例如，购买彩电，既要屏幕大、清晰度高，又要立体声、多功能等。

其四，现实与潜在并存。现实是指消费者具备购买能力的心理需要；潜在是指消费者不具备购买能力的心理需要。现实和潜在的区分是售前服务中企业在市场细分基础上进行目标市场选择的重要工作。

2. 售中服务内容与消费者心理

1）售中服务内容

售中服务是指在买卖进行过程中，直接围绕商品出售所提供的各种服务，主要内容有：

(1) 介绍商品。营销人员在销售过程中首先要向消费者介绍商品性能、特点、用途、保养方法等。介绍要言简意赅，否则容易使人产生厌烦和戒备心理。

(2) 充当参谋。介绍完商品后，如果消费者对商品心存疑虑，营销人员要主动询问，并作进一步的解释和补充。疑虑消除后，就应主动帮助其挑选商品，充当顾客的参谋。

(3) 付货与结算。当消费者决定购买后，营业员应迅速付货，进行结算，并做好相应的包扎、协助送货等工作，热情、礼貌地送别顾客。

2）售中消费者购买心理

消费者在接受售中服务过程中主要有下列心理：

其一，获得详尽的商品信息。通常，消费者希望营销人员能对其选购商品提供尽可能详细的信息，使其准确了解商品，解决选购的疑虑和困难。

其二，寻找决策帮助。当消费者选购商品时，营销人员是他们进行决策的重要咨询者和参与者，特别是当消费者拿不定主意时，很希望营销人员能够根据他们的经验提供建议，帮助其作出正确的购买决策。

其三，受到热情接待与尊重。消费者对售中服务的心理需要，主要是能受到热情接待与尊重，包括：受到营销人员的以礼相待，并能一视同仁；服务周到、热情，百问不烦，百拿不厌；言谈话语轻松自然，能真正获得"上帝"的心理感受与体验。

其四，追求方便快捷。期望减少等候时间，尽快受到接待；方便挑选，方便交款，方便取货；已购商品迅速包扎递送，大件商品能免费送货等。

3. 售后服务内容与消费者心理

1）售后服务的主要内容

售后服务，是指商品到达消费者手中进入消费领域后还要继续提供的各种服务。主要包括：

一是咨询服务。随着科技的迅猛发展，越来越多的产品含有一定的科技成分，如电脑、汽车等，这就要求企业在商品销售后进行知识性指导及产品咨询服务。

二是实行"三包"服务。消费者在购买商品以后，可能会出现这样或那样的不满意或问题，这时企业应根据"三包"要求：包退、包换、包修，认真履行"三包"承诺。

三是送货和安装服务。有许多大件、耐用消费品不便携带，需要免费送货到家；还有些技术含量较高的产品，如空调、热水器、电脑等，需要提供专业免费安装测试等。

2）售后消费者心理

对产品的售后服务，消费者心理表现为：

一是求助心理。这种心理较多地表现在消费者要求提供维修服务、咨询服务和退换服务等。消费者希望营销人员在提供上述服务时，态度诚恳，实事求是地解决问题。不要推诿、扯皮、拖延或埋怨、责怪。比如海尔产品为赢得众多消费者的青睐，推出“24 小时全天候售后服务”措施，使消费者买得放心，用得舒心，深受广大消费者的欢迎。

二是试探心理。由于主观和客观等多种因素的影响，消费者对所购商品的评价可能会出现摇摆不定的心理。这时，消费者来店提出退换，往往带有试探心理，特别是耐用消费品，一般并不携带。营业员针对这种情况，要仔细询问消费者对商品的使用情况，帮助他们解决疑问，消除购买后的不良感受，使其试探心理得到满足。

三是退换心理。这种心理通常表现在要求退换商品和进行维修服务时，营业员必须冷静地、耐心地听取消费者的陈述，客观地分析，明确责任。若确是厂商方面的问题，应立即予以解决。即使不是厂商的责任，也要通情达理地做好解释工作，或给予指导性建议，妥善地解决问题。

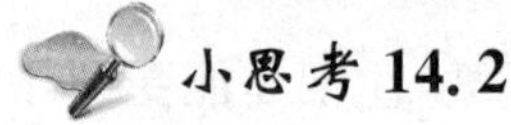

小思考 14.2

营销专家告诉我们：学会听更重要。

答 是的。一般都以为优秀的营销员应该是伶牙俐齿、激昂雄辩的人，但事实并非如此。有经验的营销员应该用心倾听客户的语言，而不是夸夸其谈地宣传自己产品的人。

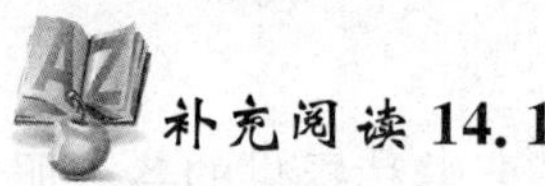

补充阅读 14.1

服务是什么

服务究竟是什么？服务的英文是“SERVICE”，除了字面意义，还有没有其他意义？西方学者认为“S”表示微笑待客(Smile for everyone)，“E”就是精通业务上工作(Excellence in everything you do)，“R”就是对顾客态度亲切友善(Reaching out to every customer with hospitality)，“V”就是将每一顾客都视为特殊和重要的大小物(Viewing every customer as special)，“I”就是要邀请每一位顾客再次光临

(Inviting your customer to return),"C"就是要为顾客营造一个温馨的服务环境(Creating a warm atmosphere),"E"就是要用眼神表达对顾客的关心(Eye contact that shows we care)。我们可以根据这七个字母的含义来检查自己的服务表现,并要求为我们服务的厂商也能做到这一点。

14.2　营销人员的语言艺术与消费者购买心理

语言是人们交流思想感情,相互沟通信息最基本的工具。文明、礼貌的语言不仅是用来宣传商品、销售商品的工具,也是沟通营销人员与顾客情感的纽带。因此,学会文明礼貌用语,掌握语言表达艺术,是营销人员素质的基本要求。

14.2.1　营销语言对消费者心理的影响

语言,就其内涵来讲内容甚广。而营销语言是专指营销人员与顾客交往过程中的言语交流。营业员和顾客之间通过语言可以沟通情感,交流有关商品的信息,为消费者最终购买商品奠定良好的基础。营销语言对消费者心理的影响表现在以下几个方面。

1. 满足顾客对商品信息的需要

大多数顾客由于信息的缺乏,对所购商品的性能、内在品质、价格并不十分清楚。在购买某种商品之前,他们总希望能获得尽可能多的信息,以便充分比较、选择,买到称心如意的商品。与营销人员交谈,是他们了解商品、收集信息的重要途径。因此,营销人员用准确、诚恳、真实的语言介绍商品的有关知识和信息,真诚地推荐商品,提供建议,以满足顾客对商品信息的需求心理。

2. 影响顾客对商品的评价

顾客与营销人员进行接触,询问有关商品的信息,这只能说明其对商品或劳务产生了兴趣。能否最终成交,在很大程度上受营销人员与顾客交流时的言语沟通和言语刺激的影响。在购买过程中,顾客会从营销人员的言谈举止和交谈内容中不断充实或修正自己对某一商品的评价。营销人员应察言观色、揣摩顾客的心理活动,因势利导,以热情坦诚的态度、得体的语言表达调动消费者的积极情绪,以便最终达成交易。

3. 影响企业的形象

在市场营销活动中，营销人员是以企业代表的身份与顾客打交道的。他的一言一行代表的是企业形象，而并非单纯的个体行为。顾客也自然地把营销人员的言谈举止和态度与企业形象自觉地相联系。古人云："一言知其贤愚"，从营销人员的语言中反映出来的思想品味、文化修养、精神风貌、业务素质等能折射出企业的整体素质、管理水平和对顾客的态度，从而影响人们对企业的评价。所以，营销人员应运用恰当的语言艺术，表现出文明的谈吐、丰富的业务知识和真诚的关怀，来赢得消费者的信任和好感，从而维护企业良好的形象。

4. 满足顾客的心理需求

消费者购买商品的过程实际上是一个追求需求满足的过程。这种满足有的是使用价值带来的，也有的是在现场销售服务中得到的。营销人员通过良好的语言表达、得体的夸赞创造和谐的营销氛围，能使顾客产生愉快的心情，体会到被尊重的心理满足。所谓"良言一句三冬暖，恶语伤人六月寒"，一句亲切的招呼、热情的问候就能缩短顾客与营销人员的心理距离，创造良好的营销气氛。

5. 加速购买过程，缩短营销周期

顾客的心理活动是循序渐进的。营销人员若能根据顾客的心理活动规律，采用准确可信的语言，良好的表达技巧，及时宣传介绍，进行诱导劝说，就能有效地加快顾客购买心理的活动过程，缩短销售周期。不过，不能操之过急，欲速则不达，要准确地把握时机。

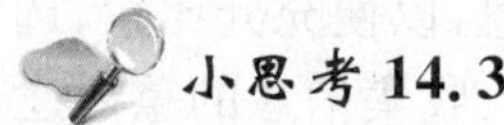

小思考 14.3

"褒贬是买家，喝彩是闲人"。

答　顾客对产品提意见——褒贬，是诚心购买的先兆。

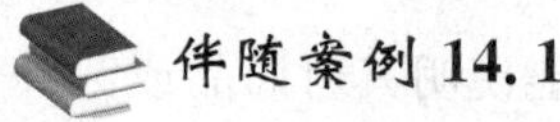

伴随案例 14.1

聪明的推销员

汽车推销员乔·吉拉德在他经营汽车销售业务的几十年中，卖出的汽车比谁都多。他是保持几十年的全美汽车销售冠军。他的秘诀之一就是，在顾客比较满意准备购买时，绝不说要顾客去付款，而是说："你什么时候把车开回家"。

分析启示 营销人员要讲究语言艺术。

14.2.2 营销语言的基本要求

营销人员要想取得消费者的信赖，提高销售服务水平，就必须重视口才训练，提高语言技巧。在营销服务中，营销人员仅仅掌握服务、礼貌用语是不够的，还要能够根据不同消费者的个性心理特征，运用语言艺术和技巧，灵活应变。具体要求如下所述。

1. 语言表达要清晰、准确、快慢适中

只有清晰、准确的语言表达，才能让顾客明白你的意思。

清晰，是指吐字清楚，不含糊。顾客南来北往，营业员要讲普通话，不能用土语方言。

准确，具体包括：其一，对不同顾客的称呼要准确。亲切、准确的称呼不仅合乎礼仪，也能使顾客产生愉快的心理感觉。其二，对商品描述要准确。准确、恰当的描述能帮助顾客正确认识商品，增强购买信心。若答非所问、模棱两可或夸大其词，易引起疑虑、误会。其三，用词要准确得体。字词的运用是语言艺术的基本技巧，优秀的营销人员应能准确用词、合理造句，体现良好的文学修养和营销素质。

2. 语言表达要富于情感、生动形象

营销语言除了发挥语言交流、信息沟通作用外，还应体现言语的情感作用。礼貌使人感到亲切，热情使人受到尊重，文雅能引起倾慕，友善可带来融洽，生动能引发激情。营业员的言语表达充满诚挚之意，富于感染力、说服力，就可传递美好的情感，引发消费者内心的好感，从而激发消费者的购买欲望。

3. 语言表达要因人而异、随机应变

营销人员面对不同年龄、性别、个性、职业和需求的消费者，语言表达要有区别，不能千篇一律，要根据对象，灵活应变。比如，接待年轻顾客时语速可较快，而对老年人则应放慢；性格较孤僻的顾客往往喜欢自我审视，不希望过多介绍，性格开朗、外向的顾客，则乐于交谈。

14.2.3 努力掌握营销语言艺术

营销人员具备良好的口才，无疑是一笔财富，是营销人员赖以生存的手段。因

此，营销人员想要提高自身素质，首先就要努力掌握语言艺术。

1. 提高思想素质，树立“用户第一”的思想观念

营销人员每天都要与形形色色的顾客打交道，他们中间有的随和，有的挑剔；有心情好的，有心情不好的。但无论什么情况，营销人员都应保持良好的心理状态，用亲切、友好的语言接待每一位顾客、感染每一位顾客，让顾客接近你、认同你，对你产生强烈的信任感。

树立“用户第一”的思想是营销人员职业道德的基本要求。只有强化为顾客着想的服务意识，才能在接待过程中，摆正与顾客的位置，始终诚心实意地为顾客服务。可见，良好的思想素质，坚持“用户第一”的思想观念，是营销人员维持良好心理状态、提高语言表达艺术的保证。

2. 加强知识学习，扩展语言内涵

语言是一门艺术，这种艺术的表现依赖于知识的多少。试想一个知识贫乏、孤陋寡闻的营销人员在与顾客的交谈中，语言必然会单调、贫乏、苍白无力。只有知识渊博、见多识广、经验丰富的营销人员，才能面对各种不同的顾客，因人而异、旁征博引地正确运用语言艺术感染顾客，说服顾客，取得良好的营销业绩。因此，提高营销人员的知识素养是拓展语言内涵的前提条件。这些知识主要包括：

(1) 专业产品知识。营销人员与顾客交谈，涉及最多的是产品本身的问题，如产品的功用、性能、质量、产地、厂家、同类型产品和替代产品的优劣等。这都是产品的专业知识，营销人员必须熟悉掌握。

(2) 市场知识。主要包括：商品的市场供求状况，要做到心中有数；熟悉市场价格行情，就能在谈判中掌握主动；了解市场竞争状况，特别是竞争对手的有关条件和销售手段，就能有理有据地和顾客一起分析、比较来促进销售。

(3) 消费者心理学知识。消费者购买行为过程，可以看成是一系列心理活动过程的结果。认真掌握消费者心理活动规律，洞悉消费者心理活动，了解需求倾向，采取针对性的推销策略，必然能够提高销售工作绩效。

3. 加强基本技能训练，提高语言能力

语言表达是一种技能，具有良好思想品质和广博知识的人不一定是个能言善辩的人。因此，只有通过严格的技能训练，方能造就良好的口才素质。营销人员的语言技能训练包括：语言组织能力的培养和语言艺术运用上的机智灵活的训练。常用的训练方法有：模拟训练、公开辩论和实践训练等。

总之，营销人员应努力加强思想修养，掌握必要的专业知识，加强语言技巧训

练,使自己成为一名优秀的营销人才。

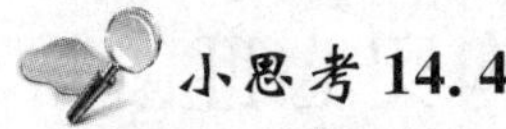

小思考 14.4

营销人员需要良好的口才,所以营业人员越是伶牙俐齿,越显得精明,就越讨顾客的喜欢,对吗?

答 不对。只有真诚、坦率、恰到好处的表达,才能获得顾客的信赖和喜欢,单纯的伶牙俐齿、外表精明,有可能引起顾客的怀疑和戒备心理。

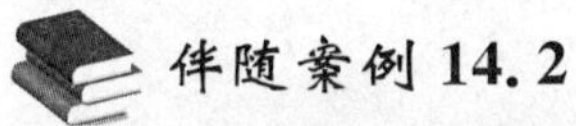

伴随案例 14.2

恰当的赞美

适时地恭维别人,真诚地赞美别人,会拉近彼此之间的距离,赢得对方的信任。聪明的销售员在推销过程中都会找机会发现客户引以为豪的事情来加以赞美,让客户得到一种被恭维的心理满足,然后很愉悦地购买其产品。

艾特森是美国一位著名的商人,他总是能够成功地把自己的产品推销给很多的富商,其屡试不爽的秘密武器,就是会说奉承话,说得不露声色,说得真诚而自然,在不知不觉之中就使客户与自己签订了买单。艾特森曾经说过:“人人都有虚荣心,虚荣招致奉承。没有人不喜欢奉承,世界上最美妙动听的语言就是奉承话。”

因此,作为销售员一定不要吝啬自己的恭维,要学会对客户在乎的事情、感兴趣的东西,给予真诚的赞美,甚至是恰如其分地恭维,使客户心理愉悦,从而慷慨解囊,顺利地拿到订单,使生意自然成交。必要的赞美和恭维,可以使你比别人更快一步地走向成功,让你提前到达财富的门口。

值得注意的是,客户虽然喜欢销售员的赞美和恭维,但是却并不喜欢他们露骨的溜须拍马,当你夸奖的事情连客户自己都认为不现实,那么就会遭到客户的反感,认为你这个人圆滑、虚伪,而不愿意购买你的东西。

因此,恭维话说得要巧妙,要不显山露水,要恰到好处,不过分夸张,发现客户最引以为豪的地方并适当地赞美。

分析启示 这个案例告诉我们,喜欢被人赞美和恭维是每个人都有的一种心理。销售员每天都要与不同的客户打交道,赞美性话语要适时地讲,这样才能令客户高兴,从而使你实现成功的销售。但是,恭维的话不能说太多,否则会给人一种油腔滑调、虚伪造作、缺乏真诚的感觉。推销不是光靠耍嘴皮,发自你的内心的赞美性用语,不卑不亢的自然表达,更能获取人心,令人信服。

14.3 营销人员的仪表与消费者购买心理

仪表，即人的外表，包括人的容貌、服饰、发型、姿态、举止、风度等外观形象的综合。仪表既是一个人的外在形象，又反映其内在素质。在营销过程中，营业员良好的容貌、美观大方的衣着、端庄的姿态和优雅的举止，会直接影响顾客在购买活动中的心理活动和对商店商品及营销人员的综合形象。

14.3.1 营销人员仪表美的重要性

注意仪表不仅是营销人员基本素质的要求，而且对营销工作会产生重要的促进作用。

1. 良好的仪表可以给人难忘的第一印象

社会心理学研究表明，在人的交往过程中，尤其是初次见面的人，仪表风度是一个重要的刺激吸引因素，会给人产生重要的心理导向作用，这就是人们常说的"第一印象"或称"首因效应"的心理反应。在人际交往中，仪表给人的第一印象使人形成一种特殊的心理定势和情绪定势，并因此影响人们相互交往的进度和深度。基于这种理论，营销人员应注意仪表美，保持良好的精神风貌，力争给消费者留下良好的第一印象。

2. 良好的仪表能增强对消费者的影响力

在推销行业中流传着一句行话："要推销商品，就得先推销自己。"换句话说，你想推销商品，就得让顾客喜欢你、信任你。喜欢和信任往往是从仪表开始的。爱美之心，人皆有之。就仪表而言，顾客喜欢举止优雅、态度大方的营销人员。仪表体现一个人的精神风貌，整洁美观、端庄大方的仪表会给消费者以信任感，产生"爱屋及乌"的心理效应。一个不修边幅、形象邋遢的营销人员，不会受到顾客的欢迎和信赖。

3. 良好的仪表是自尊和尊重别人的表现

仪表是心灵的表象。一个有理想、有事业心、自信向上的人，会自觉地注意自己的仪表。落落大方，高雅美观的仪表是自尊和自爱的表现。讲求仪表是注意礼节、礼貌的需要。以高雅整洁的仪表参与交往，本身就是对交往的重视，自然也是对交往对象的尊重，这也有利于交往双方的感情交流、信息沟通，因为尊重别人和受别人尊重是人际交往中最普遍的心理要求。

4. 良好的仪表是营销活动的需要

营销人员的仪表，不仅是个人精神面貌的反映，也体现了企业的管理水平和服务质量，代表着企业的形象。良好的仪表能给顾客留下良好的形象，产生积极的广告宣传作用。柜台营业人员的仪表美能有效促使顾客购买商品，推销人员仪表美有助于推销谈判的成功。

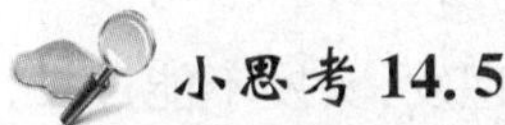

小思考14.5

许多零售企业要求营业员统一着装，化妆上岗，这是为什么？

答 这是企业重视营销人员仪表美的表现，是企业管理和企业形象建设的一个重要组成部分。

14.3.2 营销人员仪表的基本要求

尽管一个人的长相是无法随意改变的，但其仪表可由精心打扮得以修饰，使思想修养、内在素质、精神风貌得以烘托。营销人员仪表的基本要求主要包括：

1. 强调秀外慧中

良好的仪表应该是内在美与外在美的和谐统一。外在美是仪表的形象，内在美是仪表美的内涵。只有以文明礼貌、文化修养、积极向上的自信心理为基础，配以外在的容貌、服饰、打扮、举止，方能体现真正的仪表美。

2. 讲求整体协调

仪表美应当是整体协调的美。对于营销人员来说，整体协调主要表现在：

(1) 营销人员本身的整体协调美。个人仪表应讲求各方面因素的和谐统一。某一局部之美并不等于仪表美，相反，过分突出某一部分的美，会打破美的和谐，给人以矫揉造作、支离破碎的感觉，使美失去平衡。真正的仪表美应该是注意仪表各部分的协调性和整体性，创造一种和谐的整体仪表美。

(2) 营销人员仪表与周围环境的协调。鲜艳的服饰、醒目的打扮，在晚会上可给人留下深刻的印象，但在一般的营销场合就显得刺目，与周围环境格格不入，自然谈不上仪表美。因此，企业对营销人员的仪表设计一定要考虑到职业要求和周围环境,并与之相协调。

(3) 营销人员仪表美要与营销的商品联系起来。营销人员的仪表美既是一种生活态度的表现,也是一种促销手段。与商品联系在一起的仪表美能有效提高对商品的宣传作用。如金银饰品柜的营业人员应具有高贵、优雅的仪表,儿童用品柜组应有活泼、可爱的面容。

3. 保持健康,讲究卫生

健康、快乐、自信,也是仪表美的一个重要因素。营销人员要保持健康的体魄、健康的心灵,因为意气风发的精神面貌会给顾客留下良好的印象。

干净卫生也是仪表美的一个重要方面。营销人员应定期理发,头发不能过长、过乱;牙齿洁白,不能有口臭;勤剪指甲,不能污垢;勤洗澡,勤换衣服;男士应经常修面,女士应适当化妆。

4. 克服不良习惯

行为举止在很大程度上影响着营销人员的仪表美,高雅、得体的行为举止会受到顾客的欢迎。一些不良的行为习惯会严重影响营销人员的形象。因此,营销人员应避免以下行为:讲粗俗的语言,不听顾客讲话而东张西望,皮笑肉不笑,搔头,掏鼻,挖耳,吐舌,舔嘴唇等。

14.3.3 营销人员服饰的基本要求

服饰穿着是营销人员仪表美的又一重要内容。服饰是一种无声的"语言",它能表达一个人的文化修养、审美观念、生活态度和工作作风。在营销业务交往中,服饰更是业务人员的"门面",得体协调、整洁大方的服饰会给顾客留下良好的印象,为进一步的交往奠定良好的基础。

服饰可以表现一个人的精神风貌,所以不同的工作对服饰有着不同的要求。

1. 营业员服饰的要求

因工作性质和特点的要求,营业员的服饰应满足顾客的心理要求,表现营业员的责任感和可信程度。首先,服饰要整洁、大方、雅致,不可过分惹人注目,避免穿太时髦和过于暴露的服装。女士化妆不宜过重,最好不戴珠宝首饰(首饰柜除外);其次,服饰应与所销售的商品相联系,与特定的购物环境相和谐,与接待顾客的需要相一致,以提高服饰的宣传作用和顾客购物的安全感。如服装柜的营业员可以穿与销售类似的服装,可起模特的宣传作用;食品柜的工作人员可穿白大褂,以满足顾客对食品卫生的心理需要。另外，如果条件允许，企业员工应统一着装，以显示良好的企业形象。

2. 推销人员的服饰要求

推销人员应该注重礼仪，讲究穿戴。但推销人员走南闯北，多是单独与顾客交往，因个人条件、工作内容及顾客的不同，其穿戴不可能有一个固定模式。总体来讲，推销人员的衣着要合乎企业形象和产品形象，以稳重大方、整洁清爽、干净利落为基本原则，不要打扮得过于奇特艳丽、式样怪异，或者褶皱不堪，衣冠不整不洁会给消费者留下极不雅观甚至反感的印象。这不仅会导致客户产生回避和不信任心理，抑制购买行为，甚至会引起客户对营销员品行的疑虑，在情感上产生隔阂或不安全感。

小思考 14.6

人们常说："以貌取人，失之偏颇"，但企业在招聘营销人员时，为什么很注重外貌条件？

答　"以貌取人，失之偏颇"是就一般意义上的人际知觉判断而言的。而营销人员注重外表是营销工作性质和特点决定的，二者并不矛盾。

补充阅读 14.2

推销人员衣着标准

美国著名服装设计师约翰·J·莫洛伊在其所著的《成功的衣着》一书中为推销人员提出了下列一些衣着标准。

1. 穿正统西服或轻便西服上装，保持干净、烫平，打一条质地优良的领带。
2. 衣着的式样和颜色尽量保持稳重大方，不宜过于鲜艳和时髦。
3. 太阳镜或变色镜会影响双方眼神的交往，导致顾客对推销人员的怀疑。
4. 头发整洁，但不油腻。
5. 不要佩戴太多的饰品或配件，珠光宝气会使人感到俗不可耐。
6. 应佩戴某一种能代表公司的标记，或穿上与产品形象相符合的衣服，使顾客加深对本公司和产品的印象。
7. 可能的话，应携带一个大方的公事包，使用较高级的圆珠笔、钢笔或铅笔。
8. 洽谈过程中，应尽可能不脱去上装，以免削弱推销人员的权威和尊重。

上述内容虽是针对西方推销人员而说的，但就其内容来看，具有普遍指导意义,值得我国的销售人员学习、借鉴。

14.4 营销人员的心理素质训练

14.4.1 营销人员心理素质要求

在商品销售活动中,营销人员的心理素质如何是实现商品销售的重要前提。如果把商品质量、价格、包装等视为商品销售的"硬件",那么营销人员的心理品质就是商品销售的"软件"。在市场竞争日益激烈的今天,特别是推销员,软件比硬件更具影响力。营销人员事业成败的关键就在于是否具备良好的心理素质。营销人员的心理素质要求大致包括以下三个方面。

1. 营销人员情感品质的要求

营销人员介绍商品、诱导需求、劝说购买实际上是一个循序渐进的心理诱导过程,心理学认为,成功的引导总是与有效的情感组织相联系的。情感的组织从情感和情绪的角度唤起对象,并运用情感的力度感染、打动对方,"感人者先乎于情"。情感主要包括:感情、态度和情绪三个方面。

1) 感情

感情是指心理上对人或事物亲疏远近的感觉。在营销中真诚、亲切地对待顾客,"以心换心"是取得促销成功的诀窍之一。"顾客乃是企业的衣食父母",认识到这一点,对顾客充满感激之情也就是顺理成章的。营销人员要真正树立"顾客至上"的观点,设身处地地为顾客着想,怀着真诚的情感和顾客交流。这是营销成功的心理基础。

2) 态度

态度是指言行举止所表现的神态,是认知成分、情感成分和行为倾向的综合表现。营销人员的工作态度对其业务活动的影响是显而易见的。包括对营销工作的态度和对顾客的态度。营销人员首先要端正工作态度,热爱营销工作,爱岗敬业;其次要以诚恳的态度、彬彬有礼地接待顾客。良好的态度是成功的关键。

3) 情绪

情绪是指人的心情、心境,可分为积极情绪和消极情绪等。不同的情绪会带来不同的行为和表情特征。营销人员要有效地控制自己的情绪,始终保持愉快、平静的积极情绪,不把生活中的不良情绪带到工作中,并在面对有不良情绪的顾客时,也要保持冷静，因势利导，用自己良好的情绪去感染对方。控制情绪是心理素质的难点。

2. 营销人员意志品质的要求

意志对人的行为起着控制和调节的作用。营销人员在营销活动中，要具有坚强的意志力，明确营销活动的根本宗旨，根据不同的顾客选择合适的交往和促销行为，始终把握自己的情绪，克服困难，努力排除营销中的各种障碍和挫折，为顾客提供优质服务等，是对营销人员意志品质的根本要求。

事实上，营销工作不仅非常辛苦，而且精神压力也很大。营销人员每天要接待或拜访许多顾客，工作时间长、单调、繁重，有时还会碰到过分挑剔，甚至看不起营销人员的顾客，如果没有坚忍的意志品质，是很难有效控制自己的情绪并坚持工作的。

3. 营销人员能力品质的要求

对于营销人员来说，能力主要指把握市场机会，赢得顾客，促进销售成功的本领。它是多种因素的综合体现，主要包括：

1）专业技能

营销人员应熟练地掌握一些专门的营销技能，它既是衡量营销人员业务素质高低的重要标准，也是能为顾客提供快捷满意服务的保证。专业技能一般包括：商品展示技能、商品拿取技能、包装捆扎和算账技能等。

2）控制营销活动过程的能力

营销活动是一个复杂多变的过程，会遇到各种各样的顾客和意想不到的事件。营销人员要有效控制营销过程，首先应具备稳定的心理素质和自制能力，保持理智和行为的目的性，平静沉着地处理各种偶发事件，排除干扰，使营销活动顺利进行。其次，应具备机智灵活和良好的反应能力，面对不同的顾客运用不同的营销策略，随机应变。第三，把握时机，及时促使成交。面对不同的消费者，营销人员应能准确地发现其行为信号，抓住稍纵即逝的机会，积极引导并促成交易。

14.4.2 企业对营销人员心理素质的训练

1. 影响营销人员心理素质的因素

1）思想素质

坚持服务第一，用户至上是营销人员思想素质的重要内容。营业人员首先要树立为人民服务的思想，一切从顾客的需要出发，适时提供适销对路的商品和优质的服务，才能赢得消费者的信赖，取得营销的成功。提高服务意识，有助于营销人员在业务活动过程中，摆正与顾客的位置，任何情况下都能坚持良好的心理状态，心悦诚服地为消费者服务。

营销人员的自身修养程度也是影响其思想素质的重要因素。良好的修养能有效地提高营销人员的思想品味和行为规范，在业务活动中就会保持较高的理性和行为自律。

2）知识素质

知识素质是营销人员所必备的文化素养和知识水平。它是营销人员智力、才能形成的基础，也是构成其心理素质的基本组成部分。它主要包括：产品专业知识、市场知识、消费者心理学知识，以及人际交往、语言表达和社会学等方面的常识。

3）个性特征

个性特征是影响营销人员心理素质的重要方面，个性特征主要包括：思维、情感意志、气质和性格等方面的内容。正确的思维方式有助于营销人员在复杂多变的市场环境中作出正确的判断，准确地从消费者行为中洞察他们的心理活动。因此，营销人员应努力学习，勤于思考，反复观察、体验，掌握正确的思维方式，不断提高思维的敏捷性。

性格是人的态度和行为方面较稳定的心理特征，是人们在社会实践过程中逐步形成的。营销人员的性格应该是外向型的。热情、开朗、谦虚谨慎、严于律己、宽以待人，具有对工作的强烈责任感，对顾客的满腔热情等。

营销人员应根据上述要求，养成良好的个性品质。

2. 培养营销人员健康心理的途径

健康的心理素质是营销人员搞好本职工作的前提条件，而健康的心理素质既受先天因素的影响，更取决于后天的培养和训练。加强对营销人员心理素质的培养和训练的途径主要有：

1）认真做好营销人员的甄选工作

营销工作的特殊性，提出了对营销人员心理素质的特殊需求。做好营销人员的甄选，是培养营销人员的健康心理、造就优秀业务人员的前提。

一个有前途的营销人员应该是：积极进取、自信、热忱、外向、口才好、情绪稳定、思维敏捷、反应灵活、富有幽默感、善于搞好人际关系、讲信用等。企业可据此严格挑选。挑选的方法有日常选拔、面试和试用等手段。

2）加强营销人员的心理训练

营销人员经过恰当的选拔后，应进行一定的心理培训。常用的训练方法有：

一是接触训练。就是给训练对象重复呈现使之引起焦虑和恐惧等不良反应的事物，使训练对象在不断接触，逐步弱化甚至消退其不良的心理、态度和行为反应。

其训练过程是：由训练对象与各种不同类型的顾客(由专人扮演)反复多次接触，由训练对象临场处理形形色色的问题，逐渐达到提高其心理素质的目的。实践证明，接触训练对于矫正不良性格、纠正偏见、消除心理障碍、提高心理承受能力都具有良好的效果。

二是参与训练。是指安排训练对象担任“某一角色”，参加某一观点的形成或传递过程，使之从不自觉到自觉地转变相应的态度。参与训练实际起着促使训练对象“角色投入”的作用。通过角色行为的改变来促进态度的形成和转变。

三是角色扮演。这实际上是心理位置互换训练，即通过训练对象想象自己是某一假扮角色，从而通过角色行为来培养自己健康的心理和纠正自己的态度。常用的方法是由训练对象扮演顾客，面对各类营销人员进行实际体验。这样有助于训练对象设身处地地体验顾客的心理，从而转变心理情感和工作态度。

3) 恰当的管理与激励

对于工作中的营销人员，企业领导者应采用有效的方法予以管理和激励，以培养其健康的心理素质。如建立严格的规章制度，明确奖惩，把个人收入与工作效果联系起来；改善工作条件，关心体贴职工，增进理解与心理沟通，使之能正确对待成功与失败，坚定工作信心和应付挫折打击等，这些都是促使营销人员形成健康心理素质的有效途径。

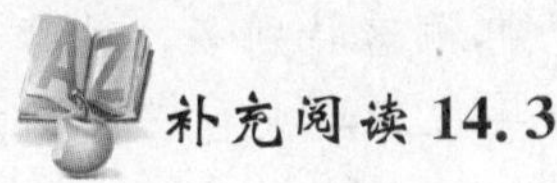

补充阅读 14.3

自信——推销员必备的心理素质

“不是由于有些事情难以做到，我们才失去了自信；而是因为我们失去了自信，所以有些事情才显得难以做到。”美国当代最伟大的推销员麦克，曾经是一家报社的职员。他刚到报社当广告业务员时，不要薪水，只按广告费抽取佣金。他列出一份名单，准备去拜访一些很特别的客户。

在去拜访这些客户之前，麦克走到公园，把名单上的客户念了 100 遍，然后对自己说：“在本月之前，你们将向我购买广告版面。”

第一周，他和 12 个“不可能的”客户中的 3 人谈成了交易；在第二个星期，他又成交了 5 笔；到第一个月的月底，12 个客户中只有一个还不买他的广告。

在第二个月里，麦克没有去拜访新客户。每天早晨，那拒绝买他广告的客户的商店一开门，他就进去请这个商人做广告。而每天早晨，这位商人都回答说：“不!”每一次，当这位商人说“不”时，麦克假装没听到，然后继续前去拜访，到那个月的最后一天。对麦克已经连着说了 30 天“不”的商人说：“你已经浪费了一个月的时间来请求我买你的广告，我现在想知道的是，你为何要这样做。”麦克说：“我并没浪费时间，我等于在上学，而你就是我的老师，我一直在训练自己的自信。”这位商人点点头，接着麦克的话说：“我也要向你承认，我也等于在上学，而你就是我的老师。你已经教会了我‘坚持到底’这一课，对我来说，这比金钱更有价值，为了向你表示感激，我要买你的一个广告版面，当作我付给你的学费。”

知识题

1. 什么是营销服务？企业加强营销服务有何重要意义？
2. 营销服务的内容有哪些？
3. 结合实际，分析营销语言有哪些具体要求。
4. 营销人员仪表有哪些具体要求？
5. 营业员应如何注意自己的穿着？
6. 营销人员心理素质要求有哪些？
7. 讨论并分析营销人员加强心理素质训练的重要性。

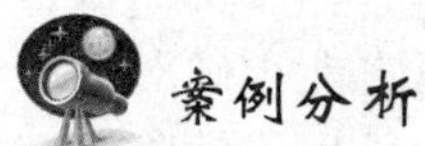

案例分析

情绪控制:化干戈为玉帛

一天上午，最佳服务员吕兰所在的商厦进了一批上海大钟，顾客特别多。尽管吕兰同志再三解释保证供应，顾客仍然向前拥挤。忽然，有一位青年火冒三丈地说：“卖货的，你瞎眼啦，没见站了半天了？”这位青年的突然举动，使在场的顾客都吃了一惊。这些顾客觉得这位青年太没礼貌，营业员决不会和他善罢甘休。吕兰当时被这句话噎得两眼噙着泪花，真想回敬几句，但还是克制住自己，向这位青年说：“对不起，让您久等了，待我把前面两位同志要的钟包扎好，就给您拿。”青年见她没还嘴，而且对他以礼相待，也觉得自己骂人太不应该，便向她赔礼说：“对不起，刚才我是准备和你吵架的，结果你倒向我道歉，这真使我不好意思。”这一场可能爆发的吵架就这样平息了，化干戈为玉帛，这也使这位青年和在场的顾客深受感动。

问题

1. 这个案例说明了什么问题？
2. 它对开展营销工作有何启发？

实践训练

在班级开展一次“自我介绍”，或选择某商品进行推销演示活动。

附录　心理自测练习

一、测测你的智力

这是美国一家智商协会发明的一套智力测验题。测验时要求全部试题须在18分钟内完成。测验题及分数如下。

1. 你刚才将硬币任意抛掷十次，掉下后都是正面朝上。现在你若再抛一次，正面朝上的可能性是多少？（2分）

2. 假定你是一个经理，来你这儿的人要么绝对说真话，要么绝对说假话。现在来了一位要求工作的人，显得很真诚。他告诉你，马上就要来你这里求职的一位女人告诉他，她是一位说假话的人。请判断一下他说的是真话还是假话？（2分）

3. 五个人赛车。A不是第一名，B不是第一名也不是最后一名，C刚好次于A，D不是第二名，E比D低两个名次。请排列五个人的名次。（2分）

4. 下面排列的数字中，括号里应是什么数？（1分）

3　7　15　（　　）　63　127

5. 40个人两小时烘20个肉饼。两个人烘十个肉饼需要多长时间？（1分）

6. S的女儿是我儿子的母亲，我是男的，那么我是S的什么人？（1分）

7. 我的孙子都在17岁以下，都是红头发、蓝眼睛。孙女都很美丽。最大的孙子头发很长。法定的选举年龄是18岁。下面四句话中，哪句话能在资料中得到证实？（1分）

A. 最大的孙子不能参加选举

B. 最大的孙女是个美丽的女孩

C. 最小的孙子按法定年龄还不能开车

D. 最小的孙子有短的红头发

8. 正如马铃薯与花生的共同点一样，苹果与哪样（香蕉、百合、桃子、番茄、黄瓜）有共同点？（1分）

9. 一只蜗牛从井底向外爬。井底有20尺深。它白天爬上3尺，晚上又滑下2尺。问它爬出井底需要多少天？（1分）

10. 六千六百零六写成6606,那么十一千、十一百、十一应该怎么写?(1分)

11. 一位妇女收买旧鼻烟壶。她买了两个后因缺钱花又以每个600元的价格把它们卖了。其中一个卖价比原价高20%,另一个低20%,问她是赚了还是赔了?(1分)

12. 下面第一行的三个图案如此变下去,会变成第二行图形中的哪一个?(1分)

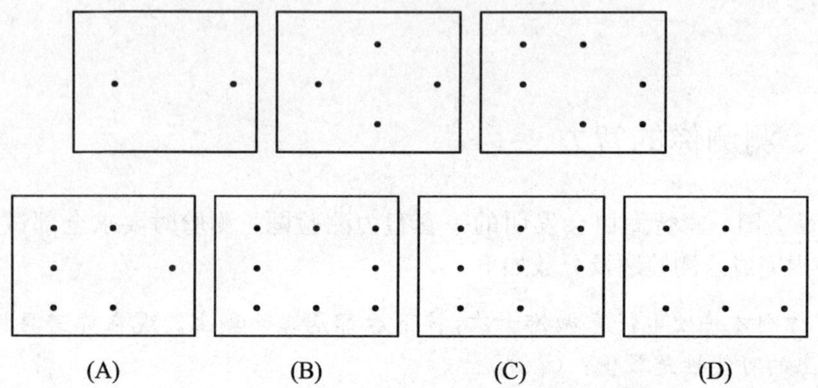

答案 1. $\frac{1}{2}$; 2. 他在说假话; 3. DBEAC; 4. 31; 5. 20小时; 6. S的女婿; 7. A. 最大的孙子不能参加选举; 8. 苹果与桃子; 9. 18天; 10. 12111; 11. 她亏了50元; 12. B。

说明 总分的计算方法为:在18分钟之内答完的加1分;在15分钟内答完的加2分;不到13分钟的加3分。

据总分判断智力水平的方法如下:

16~19分:极聪明,有天才;

14~15分:智力水平较高,比大多数人聪明;

12~13分:智力水平略高于一般水平;

12分以下:智力水平平常,但不必担忧。

二、心理健康测查表

附表1是广州中山三院心理咨询室集多年对中国人心理状态的研究经验首创的心理健康测查表,现已在全国范围内使用。请认真回答本表问题。如回答“是”,便加入题后分数,将每题分数累加计出您各项指标的总分并填入测查报告单。

附表1 《心理健康测查表》测查报告单

项目	1	2	3	4	5	6	7	8
	H分	D分	P分	O分	A分	HS分	N分	SP分
	健康分	抑郁分	恐怖分	强迫分	焦虑分	疑病分	神衰分	精分分
分数	1～14（总分37）	15～28（总分45）	29～42（总分62）	43～56（总分52）	57～70（总分60）	71～84（总分47）	85～98（总分35）	99～112（总分58）

心理医生忠告

如果H分超过30分，其他分低于15分，则心理健康或基本健康。

如果H分低于25分，其他分有一项超过健康分，超过20分，则可能有某种神经症倾向，需要找心理医生咨询。除健康分外，哪种疾病的分最高，判断有哪种疾病倾向。

是 分

1. 我感到我的身体好，精力旺盛。…… ○ 5
2. 我很少有头痛、头晕、心跳、心慌等现象。…… ○ 3
3. 我的食欲正常。…… ○ 2
4. 我很容易入睡，也不会早醒。…… ○ 3
5. 有时我有小病，但很快就能治好。…… ○ 2
6. 我精神较愉快，很少有什么忧郁。…… ○ 3
7. 我的家庭是和睦的家庭。…… ○ 2
8. 我能胜任学习或工作，有自己的奋斗目标。…… ○ 3
9. 我对人诚恳，有不少好朋友或好同学经常往来。…… ○ 2
10. 我与周围大多数人的关系都不错。…… ○ 3
11. 我是一个有同情心的人。…… ○ 2
12. 我认为我是一个较为乐观的人。…… ○ 3
13. 如果有机会去风景优美的地方玩，我一定玩得很开心。…… ○ 2
14. 我有时也有不愉快或伤心事，但不久我就能想开或忘掉它。…… ○ 2
15. 我的心情总是抑郁和悲伤。…… ○ 4
16. 我感到处处不如意，对过去喜欢做的事情也引不起兴趣。…… ○ 3
17. 我感到生活得很凄凉、很痛苦。…… ○ 5
18. 即使在风景优美的环境中，我亦毫无欣赏的心情。…… ○ 4
19. 遇到亲友同事我不想打招呼。…… ○ 3
20. 我经常觉得什么都不如人。…… ○ 2

	是	分
21. 我有时曾失去生活的勇气，甚至想到过死。	○	5
22. 我经常失眠、易早睡。	○	4
23. 我常头痛、头晕、全身不适。	○	2
24. 我的命运不好，生活道路上有许多挫折和困难。	○	5
25. 我总感到全身乏力，难于胜任日常学习或工作。	○	2
26. 我性欲减退或月经不调。	○	2
27. 我是一个内向、孤僻、多愁善感的人。	○	3
28. 我作过检查，医生说没有大毛病。	○	1

我不知为什么，在下列情况下发生强烈的恐惧和紧张不安的心跳，极大影响我的学习、工作或生活。我明知没有必要害怕，但无法控制。(29～42 题)

	是	分
29. 在与人谈话时，特别我的目光与人对峙时，即心跳、心慌、紧张，有时脸马上发红。	○	5
30. 在公共场合讲话时特别紧张和恐惧。	○	5
31. 在登高时出现异常恐惧症状。	○	4
32. 在过桥时出现异常恐惧症状。	○	4
33. 在见到刀、剪、针等尖物时出现异常恐惧症状。	○	5
34. 当自己被人注视或自己注视别人时出现异常恐惧症状。	○	4
35. 在接触或想到某些疾病，如麻风病、癌症等会出现异常恐惧症状。	○	5
36. 在见到血液时出现异常恐惧症状。	○	4
37. 在见到不干净的东西时会出现异常恐惧症状。	○	4
38. 在想到可怕或可能发生的不祥之事时出现异常恐惧症状。	○	4
39. 我到空旷的地方时，如无树木、无房子的地方，恐惧到要绕道。	○	5
40. 我遇到害怕的对象时，我尽量避免接触它，因而妨碍学习和工作。	○	5
41. 我由于恐惧症状无法克服，有时抑郁，甚至绝望。	○	3
42. 我的性格倾向内向害羞，胆小怕事。	○	5
43. 我出门后常想想门或抽屉是否锁好，总要反复检查才放心。	○	4
44. 我把信寄出后，总怀疑地址有无写错而惶惶不安。	○	4
45. 我经常反复思考一些无实际意义问题，明知无必要，但无法控制。	○	4
46. 我老担心在某一场合丧失自我控制能力，会作出荒唐或不道德的事来。	○	4

是 分

47. 我在某些场合总会产生与自己内心相反的意向。…………………… ○ 4
48. 我总要反复洗手或换衣,不洗或不换就不舒服。 ………………… ○ 3
49. 我总是强迫自己计算一些无意义的数字。 ……………………… ○ 5
50. 为了自己内心的安宁我总是刻板地重复一些动作。 ……………… ○ 4
51. 我老强迫自己回忆一些事,自己无法控制。 ……………………… ○ 4
52. 当我见到、听到某些事时,总会联想到别的事情。 ………………… ○ 3
53. 对一些无关紧要或一些现象,我总是要追问到底,反复询问。 …… ○ 3
54. 我常失眠,一上床就想三想四,难以入睡。……………………… ○ 3
55. 我怕得精神病,怕治不好病,因此,常悲观失望。 ………………… ○ 2
56. 我的性格倾向于好思虑、喜幻想、做事总是过分认真,较固执刻板。 ……………………………………………………………………… ○ 5
57. 我有时会感到莫明其妙的紧张。 ………………………………… ○ 5
58. 我有时突然发生惊恐,常感到“气不够用了”或“马上要死去了”,但过后一切如常。 ……………………………………………………… ○ 5
59. 我常处于紧张、焦虑的心境之中,甚至惶惶不安。 ………………… ○ 5
60. 我常发生突发性的心跳、胸痛,但心电图检查又大致正常。 ……… ○ 5
61. 我经常失眠,常常是无名状的焦虑。 …………………………… ○ 5
62. 我常感到疲乏无力,即使休息了也无明显好转。 ………………… ○ 5
63. 我神经过敏,常因小事而大发脾气,但事后又后悔。 ……………… ○ 5
64. 我怕声音、怕光线、怕拥挤,故怕上街串门。 ……………………… ○ 5
65. 我经常头昏脑涨,口周或指趾发麻。 …………………………… ○ 2
66. 我经常想哭。 …………………………………………………… ○ 2
67. 我担心我的病治不好,因此渐渐失去信心,心情抑郁。…………… ○ 5
68. 我的性格倾向于胆小、怕事(怕得罪人)、敏感多疑、小气。 ……… ○ 5
69. 我与周围人的关系尚好,生活道路也较顺利。 …………………… ○ 4
70. 为自己的病,我或亲人曾去求神问鬼,但也不能解决问题。 ……… ○ 2
71. 我坚信我有严重疾病,但不知为什么许多医院都无法确诊。 …… ○ 3
72. 我常感到喉部有东西阻塞,很不舒服。 ………………………… ○ 3
73. 我觉得我的肠子被扭曲了。 …………………………………… ○ 5
74. 我感到我的血液在皮下流动,有时直冲脑部。 …………………… ○ 3
75. 我感到身体某些部位总不舒服或疼痛。 ………………………… ○ 2
76. 我的下腹部经常痛,怀疑有内脏器官的病。 ……………………… ○ 2
77. 我感觉有病的部位症状明显,甚至可用图描绘出来。 …………… ○ 5

	是	分
78. 当我听医生说我有什么病后，我的症状越来越明显。	○	5
79. 我对我的病非常烦恼，四处求医，花了不少钱。	○	3
80. 我的病历一大堆，每次我均详细给医生介绍病情，但每次检查又没有病。	○	4
81. 个别医生说我有病，个别医生说我没大病，我认为个别医生的意见较正确。	○	4
82. 我常为自己的病而紧张、焦虑、忧郁，但别人不理解。	○	4
83. 尽管医生一再向我保证我的身体没有大问题，但我总怕有。	○	2
84. 我承认我是个较敏感多疑的人，人家说我较主观、固执。	○	4
85. 我的注意力难以集中，记忆力降低。	○	4
86. 我经常一看书就头痛、头晕，头痛位置不固定，与情绪好坏有关。	○	4
87. 我有时易兴奋，兴奋时回忆及联想增多，控制不住。	○	2
88. 我易烦恼，为精力不足而焦急。	○	2
89. 我早上起床就感到疲劳，但晚上症状反而减轻。	○	3
90. 我常感到紧张。	○	2
91. 我常失眠，主要是入睡困难和浅睡多梦。	○	3
92. 我对一些声音和强光很敏感，有一点声音就不能入睡。	○	2
93. 我常怀疑我得了严重的疾病，并为此担心、恐惧。	○	2
94. 我有时遗精或月经不调。	○	2
95. 我有时觉得全身肌肉酸痛，肢体有麻木感。	○	2
96. 我的病时轻时重，用脑工作后加重，但休息后减轻。	○	2
97. 我的工作和学习过度紧张，压得我喘不过气来。	○	2
98. 我的性格大致是较敏感、多疑、急躁。	○	3
99. 我这几个月来经常失眠，有时全晚都睡不着。	○	5
100. 我一出门就很恐惧，觉得许多人都在注视着我。	○	4
101. 我学习成绩明显下降或工作无法完成，故我索性不上学或不上班。	○	4
102. 我最近心很烦，动不动就发脾气，骂人，甚至打人、砸东西。	○	3
103. 有时我一人想好笑的事就笑，自己无法控制。	○	4
104. 当我心烦时，喜欢一个人出外散心，无目的地到处走。	○	4
105. 我现在什么也懒得干，如洗澡、洗衣、理发等。	○	3
106. 有时只有我一个人在时，耳边却能听到有人讲话的声音。	○	5

	是	分
107. 我有时白天曾见过死去的人或其他图像。 ……………………	○	5
108. 我感到周围的人对我不怀好意,怕有人跟踪或放毒害我,故很不放心。 ……………………	○	5
109. 我怀疑有人用窃听器、无线电或其他仪器控制我。 …………	○	5
110. 我脑子里想的事似乎别人都知道。 ……………………	○	3
111. 我的性格倾向于内向、孤僻、离群,是较小气一类的人。 ………	○	5
112. 家里人怀疑我有病,但我认为我没病,故不想找医生看病。 ……	○	3

三、你的情商有多高

美国耶鲁大学心理学教授彼得·塞拉斯提出:现代社会,凡期盼在人生道路上获得成功者,不但要有高智商(IQ),而且要有高情商(EQ)。你关心过自己的情商水平吗?根据国内外有关情商的研究,这里设计一组测试指标。你不妨试试,自测一下你的情商有多高。

对下列问题请回答“是”或“否”。

1. 对自己的性格类型有比较清晰的了解?
2. 知道自己在什么样的情况下容易发生情绪波动?
3. 懂得从他人的言谈与表情中发现自己的情绪变化?
4. 有扪心自问的反思习惯?
5. 遇事三思而后行,不赞同“跟着感觉走”?
6. 遇有不顺心的事能够抑制自己的烦恼?
7. 遇到意想不到的突发事件,能够冷静应对?
8. 受到挫折或委屈,能够保持能屈能伸的乐观心态?
9. 出现感情冲动或发怒时,能够较快地“自我熄火”?
10. 听到批评意见包括与实际情况不符的意见时,没有耿耿于怀的不乐?
11. 在人生道路上的拼搏中,相信自己能够成功?
12. 决定了要做的事不轻言放弃?
13. 工作或学习上遇到困难,能够自我鼓励克服困难?
14. 相信“失败乃成功之母”?
15. 办事出现差错,自己总结经验教训,不怨天尤人?
16. 对同学、同事们的脾气性格有一定的了解?
17. 经常留意自己周围人们的情绪变化?
18. 与人交往知道要了解和尊重他人的情感?

19. 能够说出朋友各自的一些优点和长处?

20. 不愿为参加社交活动是浪费时间?

21. 没有不愿意同他人合作心态?

22. 见到他人的进步和成功就没有不高兴的心情?

23. 与人共事懂得不能“争功于己,诿过于人”?

24. 朋友相处能够“严于律己,宽以待人”?

25. 知道失信和欺骗是友谊的大敌?

上述25题,测量的情商所包含的五个方面的内容:认知自身的情绪、控制自身的情绪、自我激励、了解他人的情绪、人际关系管理。

说明

如果你在第5～10题中答“是”达到4个以上,表明你对自己的情绪有较高的控制能力;

如果你在第11～15题中答“是”达到4个以上,表明你善于自我激励;

如果你在第16～18题中答“是”达到3个以上,表明你能够了解他人的情绪;

如果你在第19～25题中答“是”达到5个以上,表明你会处理人际关系;

总体衡量:

25个题中,答“是”达到20个以上者属于高情商;

答“是”在14～19个之间,情商属于中等;

答“是”在13个以下,则属于情商偏低,应该有针对性地加强自我训练。

四、你是个受欢迎的人吗?

每个人都希望自己成为一个受欢迎的人,通过下面这个心理测试,可以帮助你了解自己,使你在生活中不断扬长避短。下面有九个问题,各分A、B、C三个答案,请你从中选择一个与你最相符或最相近的答案,打上记号。

1. 如果别人说你是个温和的人,你会:

   A. 心胸狭窄地认为:“我的胆子实在太小了。”(3)

   B. 暗暗地下决心:“从今以后要更温和些。”(5)

   C. 漠不关心地认为:“别人怎么说,我无所谓。”(1)

2. 在公共汽车上,如果旁边的小孩子又哭又闹,你会:

   A. 讨厌地认为:“真烦人,家长有办法制止他就好了。”(1)

   B. 认为:“小孩子真没办法,什么也不懂。”(3)

   C. 认为:“教育孩子真不容易啊”。(5)

3. 和朋友急诊完了回家之后，你一个人独处时，你会：
   A. 高兴地认为："人的想法真是各不相同，很高兴有机会能谈论自己的想法。"(5)
   B. 遗憾地认为："当初我如果那样说就能驳倒对方了。"(1)
   C. 后悔地认为："当时没有充分说明自己的想法。"(3)
4. 当你突然遇到一个很会打扮的人时，你会：
   A. 说道："服装有什么必要去讲究呢，随便一点不是更好吗？"(1)
   B. 羡慕地说："我也要那样会打扮。"(3)
   C. 认为："装束能体现人的内心，那人内心世界一定很丰富吧！"(5)
5. 如果不是你的错，但结果却给对方添了麻烦，你会：
   A. 道歉地说："因为没办法，对不起。"(3)
   B. 诚恳地赔礼道："不管怎样，是我给对方添了麻烦了。"(5)
   C. 认为："因为不是我的错，不道歉也可以。"(1)
6. 如果别人说你是个独具一格的人，你会：
   A. "我独特在哪里呢？"在考虑这个问题的同时，心中颇有些兴奋。(5)
   B. 生气地认为："一定是在讽刺我。"(1)
   C. 认为："不管怎样，别具一格是好事。"(3)
7. "人类只有相互帮助才能生存。"对于这个观点，你认为：
   A. "道理上是这么说，但人往往是自私的。"(3)
   B. "如果都为别人着想，那就不能生存。"(1)
   C. "要认真做到这一点也许很难，但我一定努力去做。"(5)
8. 如果在谈话时，你的朋友的优点受到别人赞扬，你会：
   A. 一起赞扬道："我也这么认为。"(5)
   B. 问道："我该怎么说才好呢？"(3)
   C. "那人果真这样吗？"然后强调其缺点。(1)
9. 如果别人问你："你是受欢迎的人还是不受欢迎的人？"你会：
   A. 不高兴地回答："不知道受欢迎还是不受欢迎。"置之不理。(1)
   B. 沉思片刻道："我究竟属于哪一种人呢？"(3)
   C. 笑着说道："还算是受欢迎的。"(5)

记分与评价

将你选择的九个问题的答案按括号内的分数累积计分得出你的总分值。然后对照下列评价方法。

9～12 分：属于没人接近，惹人讨厌的人；

13～19 分：幼稚、虚荣心强，不受欢迎；

20～35分:志趣向上,但是个平凡的人;

42～45分:属于深受欢迎的人。

五、人际关系状况测验

请你根据自己的实际情况,对其中的每个问题作出回答,符合的,把该问题后面的“是”圈起来;不符合的,把“否”圈起来。

1. 你平时是否关心自己的人缘? 是 否
2. 在食堂里你一般都是独自吃饭吗? 是 否
3. 和一大群人在一起时,你是否会产生孤独感或失落感? 是 否
4. 你是否时常不经同意就使用他人的东西? 是 否
5. 当一件事没做好,你是否会埋怨合作者? 是 否
6. 当你的朋友有困难时,你是否时常发现他们不打算来求助你? 是 否
7. 假如朋友们跟你开玩笑过了头,你会不会板起面孔,甚至反目? 是 否
8. 在公共场合,你有把鞋子脱掉的习惯吗? 是 否
9. 你认为在任何场合下都应该不隐瞒自己的观点吗? 是 否
10. 当你的同事、同学或朋友取得进步或成功时,你是否真的为他们高兴? 是 否
11. 你喜欢拿别人开玩笑吗? 是 否
12. 和与自己兴趣爱好不相同的人相处在一起时,你也不会感到兴趣索然,无话可谈吗? 是 否
13. 当你住在楼上时,你会往楼下倒水或丢纸屑吗? 是 否
14. 你经常指出别人的不足,要求他们去改进吗? 是 否
15. 当别人在融洽地交谈时,你会贸然地打断他们吗? 是 否
16. 你关心并常谈论别人的私事吗? 是 否
17. 你善于和老年人谈他们关心的问题吗? 是 否
18. 你讲话时常出现一些不文明的口头语吗? 是 否
19. 你是否时而会作出一些言而无信的事? 是 否
20. 当有人与你交谈或对你讲解一些事情时,你是否时常觉得很难聚精会神地听下去? 是 否
21. 当你处于一个新的集体中时,你会觉得交新朋友是一件容易的事吗? 是 否
22. 你是一个愿意慷慨地招待同伴的人吗? 是 否
23. 你向别人吐露自己的抱负、挫折以及个人的种种事情吗? 是 否

24. 告诉别人一件事情时，你是否试图把事情的细节都交代得很清楚？　是　否

25. 遇到不顺心的事，你会精神沮丧、意志消沉，或把气出在家里人、朋友、同事身上吗？　是　否

26. 你是否经常不经思索就随便发表意见？　是　否

27. 你是否注意到赴约前不吃大葱、大蒜，以及防止身带酒气？　是　否

28. 你是否经常发牢骚？　是　否

29. 在公共场合，你会很随便地喊别人的绰号吗？　是　否

30. 你关心报纸、电视等信息渠道中的社会新闻吗？　是　否

31. 当你发觉自己无意中做错了事或损害了别人，你是否会很快地承认错误或作出道歉？　是　否

32. 有闲暇时，你是否喜欢跟人聊聊天？　是　否

33. 你跟别人约会时，是否常让别人等你？　是　否

34. 你是否有时会与别人谈论一些自己感兴趣而他们不感兴趣的话题？　是　否

35. 你有逗乐儿童的小手法吗？　是　否

36. 你平时告诫自己不要说虚情假意的话吗？　是　否

计分与评价

下列各题答“是”的计 1 分：1、10、12、17、21、22、23、27、30、31、32、35、36；

下列各题答“否”的计 1 分：2、3、4、5、6、7、8、9、11、13、14、15、16、18、19、20、24、25、26、28、29、33、34。

具体分值与人际关系状况见附表 2。

附表 2　评价表

总　　分	人际关系状况
30 分以上	很好
25～29 分	较好
19～24 分	一般
15～18 分	较差
15 分以下	很差

六、气质测试

测试说明：在回答下面问题时，你认为很符合自己情况的，记 2 分；比较符合

的,记1分;介于符合与不符合之间的,记0分;比较不符合的,记负1分(-1);完全不符合的,记负2分(-2)。

测试题目:

1. 做事力求稳妥,不做无把握的事。
2. 遇到可气的事就怒不可遏,想把心里话全说出来才痛快。
3. 宁可一人干事,不愿很多人在一起。
4. 到一个新环境很快就能适应。
5. 厌恶那些强烈的刺激,如尖叫、噪音、危险镜头等。
6. 和人争吵时,总是先发制人,喜欢挑衅。
7. 喜欢安静的环境。
8. 善于和人交往。
9. 羡慕那种善于克制自己感情的人。
10. 生活有规律,很少违反作息制度。
11. 在多数情况下情绪是乐观的。
12. 碰到陌生人觉得很拘束。
13. 遇到令人气愤的事,能很好地自我克制。
14. 做事总是有旺盛的精力。
15. 遇到问题常常举棋不定,优柔寡断。
16. 在人群中从不觉得过分拘束。
17. 情绪高昂时,觉得干什么都有趣;情绪低落时,又觉得什么都没有意思。
18. 当注意力集中于某一事物时,别的事物很难使自己分心。
19. 理解问题总比别人快。
20. 碰到危险情境,常有一种极度恐怖感。
21. 对学习、工作、事业抱有很高热情。
22. 能够长时间做枯燥、单调的工作。
23. 符合兴趣的事情,干起来劲头十足,否则,就不想干。
24. 一点小事就能引起情绪波动。
25. 讨厌做那种需要耐心、细致的工作。
26. 与人交往不卑不亢。
27. 喜欢参加热烈的活动。
28. 爱看感情细腻、描写人物内心活动的文学作品。
29. 工作学习时间长,就感到厌倦。
30. 不喜欢长时间谈论一个问题,愿意实际动手干。
31. 宁愿侃侃而谈,不愿窃窃私语。

32. 别人说我总是闷闷不乐。
33. 理解问题常比别人慢些。
34. 疲倦时只要短暂的休息就能精神抖擞,重新投入工作。
35. 心里有话,宁愿自己想,不愿说出来。
36. 认准一个目标就希望尽快实现,不达目的,誓不罢休。
37. 同样和别人学习、工作一段时间后,常比别人更疲倦。
38. 做事有些莽撞,常常不考虑后果。
39. 老师或师傅讲授新知识、新技术时总希望他讲慢些,多重复几遍。
40. 能够很快忘记那些不愉快的事情。
41. 做作业或完成一件工作总比别人花的时间多。
42. 喜欢运动量大的剧烈体育活动,或参加各种文艺活动。
43. 不能很快地把注意力从一件事转移到另一件事上去。
44. 接受一个任务后,就希望迅速完成。
45. 认为墨守成规比冒风险强些。
46. 能够同时注意几件事。
47. 当烦闷的时候,别人很难使自己高兴。
48. 爱看情节起伏跌宕、激动人心的小说。
49. 对工作认真严谨,具有一贯的态度。
50. 和周围人们的关系总是相处得不好。
51. 喜欢复习学过的知识,重复做已经掌握的工作。
52. 希望做变化大、花样多的工作。
53. 小时候会背的诗歌,似乎比别人记得清楚。
54. 别人说自己“出语伤人”,可自己并不觉得这样。
55. 在体育活动中,常因反应慢而落后。
56. 反应敏捷,头脑机智灵活。
57. 喜欢有条理而不麻烦的工作。
58. 兴奋的事常常使自己失眠。
59. 老师讲新的概念,常常听不懂,但是弄懂以后就很难忘记。
60. 假定工作枯燥无味,马上情绪低落。

气质测试结果分析

1. 将分数分类,并汇总各类得分。

① 胆汁质题号:2、6、9、14、17、21、31、36、38、42、48、50、54、58,总得分________。

② 多血质题号:4、8、11、16、19、23、25、29、34、40、44、46、52、56、60,总得

分________。

③ 黏液质题号：1、7、10、13、18、22、26、30、33、39、43、45、49、55、57，总得分________。

④ 抑郁质题号：3、5、12、15、20、24、28、32、35、37、41、47、51、53、59，总得分________。

2. 如果其中一种气质得分明显高出其他3种，均高出4分以上，则可定为该类气质类型。此外，如果该类气质得分超过20分，则为典型型；如果该类得分在10～20分，则为一般型。

3. 两种气质类型得分接近，其差异低于3分，而且又明显高于其他两种，高出4分以上，则可定为这两种气质的混合型。

4. 三种气质得分均高于第四种，而且接近，则为3种气质的混合型，如多血-胆汁-黏液混合型或黏液-多血-抑郁质混合型。

七、性格测验

下面有50道题，请根据自己的实际情况作出回答。A为符合；B为难以回答；C为不符合。

1. 与观点不同的人也能友好往来。
2. 读书较慢，力求完全看懂。
3. 做事较快，但较粗糙。
4. 经常分析自己、研究自己。
5. 生气时，总不加抑制地把怒气发泄出来。
6. 在人多的场合总是力求不引人注意。
7. 不喜欢写日记。
8. 待人总是很小心。
9. 是个不拘小节的人。
10. 不敢在众人面前发表演说。
11. 能够做好领导团体的工作。
12. 常会猜疑别人。
13. 受到表扬后会工作得更努力。
14. 希望过平静、轻松的生活。
15. 从不考虑自己几年后的事情。
16. 常会一个人想入非非。
17. 喜欢经常变换工作。

18. 常常回忆自己过去的生活。
19. 很喜欢参加集体娱乐活动。
20. 总是三思而后行。
21. 使用金钱时从不精打细算。
22. 讨厌工作时有人在旁边观看。
23. 始终以乐观的态度对待人生。
24. 总是独立思考回答问题。
25. 不怕应付麻烦的事情。
26. 对陌生人从不轻易相信。
27. 几乎从不主动订学习或工作计划。
28. 不善于结交朋友。
29. 意见和观点常会发生变化。
30. 很注意交通安全。
31. 肚里有话藏不住,总想对人说出来。
32. 常有自卑感。
33. 不大会注意自己的服装是否整洁。
34. 很关心别人会对你有什么看法。
35. 和别人在一起时,你的话总比别人多。
36. 喜欢独自一个人在房内休息。
37. 情绪很容易波动。
38. 看到房间里杂乱无章就静不下心来。
39. 遇到不懂的问题就去问别人。
40. 旁边若有说话声或广播声,总无法静下心来学习。
41. 口头表达能力还不错。
42. 是一个沉默寡言的人。
43. 很快就能熟悉新的环境。
44. 要同陌生人打交道,常感到为难。
45. 常会过高地估计自己的能力。
46. 遭到失败后总是忘却不了。
47. 感到脚踏实地地干比探索理论原理更重要。
48. 很注意同伴们的工作或学习成绩。
49. 比起小说和看电影来,更喜欢郊游和跳舞。
50. 买东西时,常常犹豫不决。

评分规则

题号为奇数的题目(即 1,3,5,7,…),每选择一个“A”记 2 分,每选择一个“B”记 1 分,每选择一个“C”记 0 分;题号为偶数的题目(即 2,4,6,8,…),每选择一个“C”记 2 分,每选择一个“B”记 1 分,每选择一个“A”记 0 分。最后将各道题的分数相加,其和即为你的性向指数。

性向指数在 0 与 100 之间。由性向指数的值就可以了解一个人内倾或外倾的程度,见附表 3。

附表 3　性向指数与性格倾向的关系

性向指数	0～19	20～39	40～59	60～79	80～100
性格倾向	内向	偏内向	中间型(混合型)	偏外向	外向

八、情绪小测验

1. 如果要你选择,你更愿意:
   A. 和许多人一道工作,亲密接触　B. 和一些人一起工作
   C. 独自工作
2. 当为了解闷而读书时,你喜欢:
   A. 选择真实的书,如史书、秘闻、传记及纪实文学
   B. 纪实加虚构的读物,如历史小说或带有社会背景细节的小说
   C. 最喜欢幻想读物,如果浪漫的或荒诞的小说
3. 你对恐怖影片反应如何?
   A. 不能忍受　B. 害怕　C. 很喜欢
4. 哪种情况最符合你?
   A. 对他人的事很少关心　B. 对熟人的生活关心
   C. 对别人的生活细节很有兴趣,而且爱听新闻
5. 在你去外地时,你会:
   A. 为亲戚们的平安感到高兴　B. 陶醉于自然风光
   C. 希望去更多的地方
6. 你看电影时,是否哭或觉得要哭吗?
   A. 经常　B. 有时　C. 从不
7. 你遇到朋友时,通常是:
   A. 点头问好　B. 微笑,握手种问候
   C. 拥抱他们

8. 如果在车上有个烦人的陌生人要你听他讲自己的经历,你会怎样?

A. 显出你颇有同感　B. 真的很感兴趣

C. 打断他,看你自己的书

9. 你是否想过给报纸的问题专栏投稿?

A. 绝对不想　B. 有可能想　C. 想过

10. 在一次工作会见中,你被问及私人问题,你会怎样?

A. 感到不情愿和气愤,拒绝回答

B. 平静地说出你认为适当的话

C. 虽然不快,但还是回答

11. 你在咖啡店里要了杯咖啡,这时你发现邻座有一位姑娘在哭泣,你会怎样?

A. 想说些安慰的话,但却羞于启齿　B. 问她一下,你能帮助她吗?

C. 移开你的座位

12. 你在一对夫妇家参加了聚餐之后,那一对和你很好的夫妻激烈地吵了起来,你会怎样?

A. 觉得不快,但却无能为力　B. 赶快离开

C. 尽力为他们排解

13. 你在什么时候送友朋友礼物?

A. 仅仅在圣诞节和生日时

B. 全凭感情,只要你感到他们特别亲切就送

C. 在你觉得愧疚时或忽视了他们时

14. 某个你刚认识的人对你说了些恭维的话,你会怎样?

A. 感到窘迫　B. 谨慎地观察他或她

C. 非常喜欢听,并开始喜欢他或她

15. 如果你因为在家里不顺心而带着不快的情绪去上班,你会:

A. 继续不快,并显露出来

B. 工作起来,把烦恼丢在一边

C. 尽力想理智些,可是却压不住地发脾气

16. 你生活里的一个重要关系破裂了,你会:

A. 感到伤心,但尽可能正常地继续你的生活

B. 至少短时间内感到痛心

C. 耸耸肩摆脱忧郁之情

17. 你家里闯进一只迷路的小猫,你会:

A. 收养并照顾它　B. 扔出去

C. 想给它找个主人,找不到时,便把它无痛苦地弄死

18. 你是:

A. 无情地将信或旧纪念品丢掉,甚至在你刚收到它们时

B. 将它们保存多年　　C. 每两年清理一次这些东西

19. 你是否因为内疚或后悔而痛苦?

A. 是的,甚至为了很久以前的事　　B. 偶尔是这样

C. 不,从来不后悔

20. 当你必须同一个显然很羞怯或紧张的人谈话时,你会:

A. 感到不安,多少也受到他的影响

B. 觉得有意思,并且逗他讲话

C. 稍微有点生气

21. 你在什么时候喜欢孩子们?

A. 在他们小的时候,而且有点可怜巴巴时

B. 在他们长大了的时候

C. 在他们能与你谈话,并且形成了自己的个性时

22. 你的朋友或者配偶抱怨你花在工作上的时间太多了,你会怎样?

A. 解释说这是为了你们两人的共同利益,然后仍像以前那样去做

B. 试着把时间更多地花在家庭上

C. 对两方面要求感到矛盾,试图使两方面都令人满意

23. 在看完一次特别好的演出之后,你会:

A. 用力鼓掌　　B. 勉强地鼓掌

C. 加入鼓掌,可是觉得很不自在

24. 当你拿到一份母校出的刊物时,你会:

A. 扔掉之前通读一遍　　B. 仔细阅读,并保存起来

C. 还没看完就丢进垃圾桶

25. 你在马路对面碰到一个熟人,你会:

A. 走开　　B. 穿过马路和他问好

C. 招手,如果没有反应,便走开

26. 你听人说一位朋友误解了你的行为,并且在生你的气,你会怎样?

A. 尽快和他联系,作出解释　　B. 让他自己清醒过来

C. 等待一个比较自然的时机与他联系,但对误解的事不说什么

27. 你怎样处理不喜欢的礼物?

A. 马上扔掉　　B. 热情地保存起来

C. 把它们藏起来,仅仅是赠送者来的时候才摆出来

28. 你对示威游行、爱国主义活动、宗教仪式的态度如何？

A. 冷淡　　B. 感动地流泪　　C. 使你窘迫

29. 你有没有毫无理由地觉得害怕？

A. 经常　　B. 偶尔　　C. 从不

30. 下列哪种情况最与你相符？

A. 我十分留心自己的感情　　B. 我总是凭感情办事

C. 感情没什么要紧，结局才是重要的

评分标准

题号	A	B	C	题号	A	B	C
1	3	2	1	16	2	3	1
2	1	2	3	17	3	1	2
3	1	3	2	18	1	3	2
4	1	2	3	19	3	2	1
5	1	3	2	20	2	3	1
6	3	2	1	21	3	1	2
7	1	2	3	22	1	3	2
8	2	3	1	23	3	1	2
9	1	2	3	24	2	3	1
10	3	1	2	25	1	3	2
11	2	3	1	26	3	1	2
12	2	1	3	27	1	3	2
13	1	3	2	28	1	3	2
14	2	1	3	29	3	2	1
15	3	1	2	30	2	3	2

评价方法

30～50 分：理智型。特点是冷静而有克制力，情绪非常稳定，善于用理智支配一切，感情适度。

51～69 分：平衡型。特点是情绪水平一般，有时会感情用事，有时也会克制自己，一般情况下能够得体处理各种事件。

70～90 分：情绪型。特点是重感情，热情而朝气，善解人意，好强，为人随和，行为易受情绪左右。

九、人际冲突平息能力测验

1. 你正忙的时候,一个朋友来找你倾诉苦闷,你的做法是:

A. 放下手中工作,耐心倾听　　B. 显得很不耐烦

C. 似听非听,思维还在自己的事情上　　D. 向他解释,同他另约时间

2. 你的朋友向你借新买的录音机,你的做法是:

A. 借给他,但牢骚满腹

B. 脸色很难看,使你的朋友不得不改变主意

C. 骗他说你已经借给了别人

D. 告诉他,你需要先用一个时期,然后再借给他

3. 在公共汽车上,你无意之间踩了别人一脚,别人对你骂个没完,你的做法是:

A. 听其自然,充耳不闻　B. 同他对骂

C. 推说别人挤了自己

D. 请他原谅,同时提醒他骂人是不妥的

4. 影剧院不准高声喧哗,但你的邻座却旁若无人地讲话,你感到厌烦,你的做法是:

A. 很反感,希望有人向讲话者提醒注意

B. 大声指责他们“没修养”

C. 请服务员来干涉,或自言自语地对讲话者旁敲侧击地进行指责

D. 很有礼貌地提醒对方不要影响别人

5. 休息日你忙了一整天,把房间全部打扫干净,你爱人下班回家却指责你没有及时做晚饭,你的做法是:

A. 心里很气,但仍勉强去做饭

B. 骂爱人自私,要爱人自己去做饭

C. 气得当晚不吃饭

D. 向爱人解释,然后请爱人一同出去“改善”一顿

6. 某一天你家里有急事,领导不了解情况,要你加班,你的做法是:

A. 同意加班,但心里暗中埋怨

B. 拒绝加班,不做解释

C. 借口身体不爽,不能加班

D. 同领导商量,然后选择更为重要的事情去做

7. 你辛苦了好长时间,自己觉得某项工作做得颇为出色,但上司却很不满意,

你的做法是：

A. 不耐烦地听上级指点，心中充满委屈但默不做声

B. 拂袖而去，认为自己受到的对待不公正

C. 寻找各种借口开脱自己

D. 诚恳地注意自己做得不够的地方，以便今后改善和提高

8. 别人做了一件很对不住你的事，却又试图掩盖，知道事情真相后，你的做法是：

A. 不客气地告诉对方，自己已经知道了一切

B. 与对方撕破面皮，威胁报复

C. 将事情埋在心底，装作什么也不知道

D. 诚恳地告诉对方事情对自己造成的苦恼，并表明双方以后仍可真诚相处

评分标准

题号	A	B	C	D	题号	A	B	C	D
1	2	1	3	4	5	2	1	3	4
2	2	1	3	4	6	2	1	3	4
3	2	1	3	4	7	2	1	3	4
4	2	1	3	4	8	2	1	3	4

评价方法

满分为 32 分。得分越高，表明平息人际冲突的能力越高，处理人际冲突的方式越富有建设性。每道题目的 B 项选择（记 4 分），是最有建设性的处理人际冲突的方式，也是最理性、从长远看最有利的处理方式。这类方式是值得提倡的。得分越低，意味着处理人际冲突的方式越情绪化，越容易使事情变得更糟，也会使自己付出更大的代价。

十、创造力小测验

请用“是”或“否”来回答以下问题，回答“是”得 1 分，回答“否”得 0 分。

1. 你勤于开动脑筋，提出各种新设想吗？
2. 你欢迎反对意见吗？
3. 在公众面前，你是否充满信心，从不担心会出丑？
4. 你喜欢用违反常规的方法解决问题吗？

5. 你不害怕犯错误吗?
6. 你相信自己的直觉吗?
7. 你不要求做事一定要有程序,一眼一板吗?
8. 你是否宁可接受挑战也不愿过宁静的生活?
9. 你不认为批评现状是多管闲事吗?
10. 你经常召集会议征求意见吗?
11. 你是否要求部下与外单位的人合作,取人之长,补人之短?
12. 你能将部下的创新介绍给高级管理层并引起他们的重视吗?
13. 在过去一年里,你实施的变革措施超过三项吗?
14. 你遭到别人反对时不会轻易放弃自己的主张吗?
15. 你注意搜集本行业的新情报吗?

说明

10～15 分,你非常富于创造性,总是在不断探寻新方法;
6～9 分,你欢迎新思想,但过于小心谨慎,怕冒风险。

参 考 文 献

冯丽云,孟繁荣.2000.消费心理学[M].北京:经济管理出版社.

刘亮如.1999.营销心理学[M].北京:中国物资出版社.

舒咏平.1996.实用策划学[M].北京:中国商业出版社.

董雅丽.1998.现代消费心理学[M].北京:中国工人出版社.

聂文喜.1994.市场营销学[M].北京:中国商业出版社.

万力.1997.名牌营销策划[M].北京:中国人民大学出版社.

方光罗.1995.消费心理学[M].北京:中国物资出版社.

方光罗.2001.市场营销学[M].大连:东北财经大学出版社.

陈思.2001.现代消费心理学[M].广州:中山大学出版社.

荣晓华,孙喜林.2001.消费者行为学[M].大连:东北财经大学出版社.

徐萍.2001.消费心理学教程[M].上海:上海财经大学出版社.

林宁.2000.活用顾客心理[M].深圳:海天出版社.

田义江,等.2005.消费心理学[M].北京:科学出版社.

方光罗,朱吉玉.2005.消费心理学基础[M].北京:中国财政经济出版社.

单凤儒.2003.营销心理学[M].北京:高等教育出版社.

姚会民.2009.销售要懂心理学[M].天津:天津科学出版社.

白战风.2006.消费心理分析[M].北京:中国经济出版社.

朱吉玉.2006.公关心理学[M].辽宁:东北财经大学出版社.

王中言.2004.营销一定有窍门[M].北京:中国宇航出版社.

刘佩华.2005.营销心理学[M].北京:机械工业出版社.

朱吉玉.2007.管理心理学[M].辽宁:东北财经大学出版社.

专业水平考试教材编写委员会.2013.客户心理与沟通[M].北京:中国经济出版社.

刘国防.2010.市场营销心理学[M].成都:西南财经大学出版社.

李晓霞,刘剑.2006.消费心理学[M].北京:清华大学出版社.

王保衡.2013.最轻松的销售心理学[M].北京:北京工业大学出版社.

李会影.2010.销售中的心理学策略[M].北京:中国纺织出版社.